Sport2.0

Transforming Sports for a Digital World

進化するeスポーツ、
変容するオリンピック

アンディ・ミア 著
田総恵子 訳
稲見昌彦 解説

NTT出版

日本語版への序文──二〇二〇年東京オリンピックに向けて

『スポーツ2・0』の出版からわずかの間に、デジタルスポーツ界は大きく変化した。こうした変化は、二〇二〇年の東京オリンピック大会に向けて、メディア業界の将来を形作る重大なイノベーションをスポーツ界がリードしていることを表している。たとえば、二〇一八年の平昌冬季オリンピック大会の数日前に、国際オリンピック委員会（IOC）が主催のeスポーツ競技大会が開催された。ワールドワイドオリンピックパートナーの一つであるインテル社が共催である。eスポーツがオリンピック開催に関連して正式なプログラムとして導入されたのはこれが初めてで、二〇二四年のパリ大会ではeスポーツを公式種目とする見通しが話し合われていることを背景としている（Tarrant 2018）。

コンピュータゲームで競うことがスポーツの正反対に捉えられていた時期もあったが、今ではeスポーツは、スポーツの将来の中心に位置するものであり、スポーツをデジタル環境で生活する若者にとって価値のあるものに引き止める道具でもある。既に、複数のスポーツ連盟がデジタルゲームの要素を活動計画の中心に取り入れる方法を模索しており、実際に結果が表れ始めている。平昌では、eスポーツ・プレーヤーのサーシャ（スカーレット）・ホスティンが『スタークラフトⅡ』部門で女性プレーヤー初の優勝を果たした。eスポーツが業界全体でジェンダーの平等を達成する可能性を秘めていることに気づかせる出来事であった。彼女の勝利は同時に、ここまで到達するためにどれほどの努力が必要かも気づかせてくれた。eスポーツは参加やガバナンスの面では、まだまだ平等とは程遠いところにある。オリンピックムーブメントの最初の一〇〇年間の歴史においては大会でのジェンダー間の平等が重要な関心事であったが、次の一〇〇年間ではデジタルスポーツで平等を達成する努力が最大の関心事となるかもしれない。

eスポーツの盛りあがりは、二〇二〇年の東京大会でも重要なテーマとなるだろう。二〇一六年のリオデジャネイロ大会（以下、リオ大会）閉会式におけるオリンピック旗引き継ぎセレモニーでは、安倍晋三首相がスーパーマリオの格好で登場したことが記憶に新しい。日本社会でのゲーム文化の重要性を示唆する場面だ。コンピュータゲームが大会の主題となるオリンピックが出てくるとしたら、それは二〇二〇年東京大会だろう。このテーマに一層ワクワクさせられるのは、東京では技術革新というお家芸が一九六四年の日本初のオリンピックの基盤にもなったからだ。新幹線の完成は歴史に残る出来事だったし、しかも大会開始のわずか九日前に開業したのは、この大会がテレビで国際放送される初の大会となったことと同じように素晴らしい偉業だ。

二〇二〇年の東京大会では技術革新が根底を貫くテーマで、開催地に立候補した段階から、テーマは「Discover Tommorrow――未来《あした》をつかもう」だった。大会プログラムに新種目を取り入れる点にもこの精神は示されており、オリンピックプログラムがどのように変化していくかを指し示しているようだ。さらに二〇二〇年東京大会では、未来への責任という考え方にもデジタルの要素が含まれており、選手たちが受けるメダルのデザインにも、不用になった携帯電話から回収される希少金属を取り入れるらしい。

こうした変化は、デジタルテクノロジーが今後一〇年間にスポーツのイノベーションにおいて果たす中心的な役割について、幾つかのアイディアを示してくれている。二〇一六年リオ大会も、大会をバーチャルリアリティ（VR、仮想現実）で体験できる初の大会であったし、大会のビデオコンテンツが携帯アプリ専用配信権を持つ事業体に提供された初の大会ともなった。eスポーツの人気に密接に関連したこととしては、仮想現実や拡張現実（AR）の領域に関わる活動の拡大があり、それらはeスポーツ競技にも新たな次元を生みだしている。そのようなイノベーションの最たるものの一つが、『ポケモンGO』であろう。世界に知られる日本ブランドの最新作である。二〇一六年夏、このゲームをきっかけに、ARが新たな形態の身体運動を生みだす可能性について議論が巻き起こり、ゲームは座りっぱなしの社会を作るという考え方に一石を投じた。『ポケモンGO』にとって、身体を動かすことはゲームに内在する要素なのだ。

若者たちが突然、スマートフォンを手にして外を歩き回り、新種のポケモン探しに夢中になった。プレーヤーの歩いた距離も含めた達成度に応じて、レベルアップするという機能も提供された。このゲームは、スマホとグラフィック化された実世界を一つにし、実際の場所にコンピュータで作られた何層もの拡張コンテンツを重ねた。そうすることで、テクノロジーが私たちを物理世界から引き離すという挑戦にVRが応える可能性についての議論が深まった。だが、これは、私たちが実際に生存している、現実社会にとってはマイナスとなるものかもしれない。『ポケモンGO』はARを生活の主たる部分に持ち込んだことで、その相乗効果についてさらに探る方向を指し示している。

　こうした変化は、スポーツファンがスポーツを楽しむ方法がVRによって拡大された時期と重なっている。それは、「スポーツ2・0」のインフラに加わる、さらなる要素でもある。VRを通じて、スポーツはスポーツと社会の関係を再編し、より複雑なものにしている。スポーツは通常の社会規範や精神とは距離を置いたところで行われるものだと論じられたことがあったかもしれないが、今や、eスポーツの代表的なゲームの『リーグ・オブ・レジェンド』や『スタークラフト』に見られるように、ファンタジーまでが融合され、その距離はさらに遠くなっている。ゲームの内容がスポーツに関連するものであっても、私たちの現実感覚を損なうものもある。本書でも取りあげるが、バーチャリー・ライブ社がここでは特に興味深いケースで、二〇一八年六月にはゲーム内での「ゴースティング」〔対戦相手のプレイを相手に気づかれずに監視し、攻撃のチャンスを見つけること〕を可能にすると発表した。リアルタイムで「フォーミュラE」レースをVRでCGIに組み込むことが中核となるが、さらに、実際のドライバー相手にリアルタイムでレースができる次元を加えることになる（FIA Formula E, 2018）。

HD（ハイデフィニション）画像と完璧なピクセルのコンピュータゲームの画像で違いがほとんど感知できないレベルに達し、その融合によって新たな現実感覚が生まれ、さらに複雑な、だが興味深い領域に到達することになった。これは、真実を確認する手段としてのカメラの役割が失われることを意味するが、それだけではなく、新たな種類の現実に移行していくことも意味している。その現実は、私たちの外に存在する世界とは何の関係もなく、代わりに私たちが住む新たな世界を作りだす。ここでの最大の関心は、コンピュータが作った風景に広告を加えて、より効率よく利益をあげられるか、また、視聴者のフォロー状況をモニターできるかという二つの問題で、これらはスポーツ業界にとっては最重要課題である。

こうした事例以外にも、スポーツがデジタルとの融合で変化している例がある。この二年の間に、ドローンレースという新たなスポーツが登場した、まったく新しいタイプのスポーツで、ドローン・レーシング・リーグ社CEOのニック・ホルバチェフスキは「リアルライフのビデオゲーム」と呼んでいる（Cao 2016 に引用）。ワールドワイドオリンピックパートナーのインテルが、平昌大会開会式で世界初の大規模なドローンショーを行ったことは記憶に新しい。一二一八機のドローンを使って、五輪マークから競技中の選手の様子までを空に3Dで映像化して見せた。このように技術革新と密接に関係した例を見ると、スポーツの意義においてデジタルテクノロジーが重要な役割を演じていることを感じざるをえない。

こうしたことのすべてが、生物システムとデジタルシステムのより包括的な融合を目指す世界で起こっている。過去二年間だけでも、病気の診断を補助する人工知能プラットフォームが登場したり、eスポーツ用のスタジアムをデザインする設計事務所が出てきたりした。また、デジタルテクノロジーが世界の重要課題の多くを解決できるという感覚も生まれている。それは高望みだとしても、スポーツ業界がデジタル的イノベーションの要になっていることは明らかであり、スポーツ界の主要ブランドがその発展の中心的な役割を担っていることは間違いない。

ソーシャルメディアは、引き続きスポーツ界で重要な課題である。二〇一六年リオ大会では、テレビ放映時間やライブストリーミング配信の影響をいかにして評価するか、オリンピック業界の見方に変化が訪れた。二〇二〇年東京大会が近くにつれ、注目すべきは、VRのさらなる融合と、観客の体験にゲームをいかに融合するかの二点であろう。これまでの変化を追ってくると、次はスポーツ3・0や4・0がどのような様相を見せるかを問いたくなる。広く社会では、スポーツがデジタルテクノロジーによってどのように変化するかの視点も含めて、「インダストリー4・0」について議論されている。その主たる関心は、デジタルインフラが私たちの社会のあらゆる側面で徐々に基盤となっていく道筋についてだ。たとえば、インテルが平昌大会開会式で見せたドローン技術は、単にショーだけではなく、スタジアム周辺の空域に脅威が及んだ際には空中監視や戦術的介入にも利用できるかもしれない。最近、ドローン飛行が禁止されている空域にドローンが入り込んだりする報告があるが、それもこうした必要性を高めている。

一方、「スマートスタジアム」や「IoT（モノのインターネット）」が拡大する状況――実在するスペースのあらゆる表面でデータが集められる状況――では、私たちの日常生活にデジタルテクノロジーがますます入り込んでくる。それに伴い、人々が常にオンラインでいることが期待され、自分のデータを公にしない人には疑いの目が向けられることになるかもしれない。その意味では、「スポーツ２・０」も問題がないわけではない。デジタルライフのさらなる発展は、快適と言えるレベルを凌駕するようなものになるかもしれない。そうだとすれば、二一世紀においてもスポーツが私たちにとって意味があるものにするためには、スポーツを発展させつつ、「スポーツ２・０」をさらにスマートなものとし、スポーツを楽しむうえで不可欠な価値を維持することが課題となる。二〇二〇年東京オリンピック大会ではそれについての様々なアイディアを目にすることができると、私は期待している。最近のオリンピックは、二〇世紀初頭の万国博覧会の様相を呈してきている気がする。オリンピック大会のような巨大イベントを通じて、未来を垣間見ることができる。オリンピックを通じて、そのような未来は私たちが望むものかどうかを議論するようになる。その論戦こそがオリンピックの最大のレガシーではないだろうか。

Sport 2.0

目　次

はじめに　デジタル文化がスポーツをアップデートする

身体に装着するタイプの高度なデバイス（データグローブ、データスーツ、ロボット義肢、スマート人工皮膚など）は動作を感知し、力や圧力を加えることで、タッチ操作を行うデバイスとして機能する。……トレーニングマシンには、コンピュータ制御の動きや反応がますます組み込まれるようになり、いずれ、スポーツのパートナーはロボットになるだろう。……今日の初歩的な、通信速度の遅いビデオゲームは、肉体を動かすことを伴うテレスポーツに進化するだろう……。

ウィリアム・ミッチェル（Mitchell 1995, p. 19）

テクノロジーはスポーツを問いなおす

ウィリアム・ミッチェルが語った人間とコンピュータの接点についてのビジョンは、私がスポーツとデジタルテクノロジーの関係について興味を抱く一つのきっかけとなった。彼が描いた、「身体に装着するタイプの高度なデバイス」が人間の機能や感覚を補完する世界は、スポーツが向かう方向についての私の見方に相通ずる。これはバイオテクノロジーの分野で当時起こっていたことにも影響を受けた。一九九〇年代後半、サイボーグ研究者は、デジタルテクノロジーのシステムと生物システムの共通基盤に関心を寄せ、この二つの統合で私たちの身体的経験に新たなものが加わる可能性を見せてくれた。その意味で言えば、世界とのつながりについての、このような新しいアプローチはスポーツだけでなく、音楽やダンス分野のパフォーマンスで新たな可能性も示してくれる。

既存のスポーツにも小さな変化が起き始め、従来のスポーツ界の仕組みでは、科学技術にサポートされるアスリートの身体能力についていけないことも見えてきた。そうしたアスリートたちは、経歴でも、精神的にも、身体的にも、スポーツ科学とテクノロジーの知見を借りて成長してきた。たとえば、男子テニスではサーブのスピードがどんどん速くなっていることで、ボールを大きくするとか、ネットの高さを上げるとか、物理的環境を変更するかどうかの議論が巻き起こった。これまでのスポーツを管理する組織は、そのスポーツのあるべき姿を保持するために試合方法をどのように修正するかを考えているが、その一方で、能力が向上した人間を意識した新たなスポーツを考える人びとも出てくるかもしれない。後者の例では、ミッチェルは「遠隔腕相撲、電子ピンポン、バーチャルスキー、バーチャルロッククライミング」など、超人的な能力に見合った、サイボーグのような体験満載の、文字通りお祭りを想像していた。

ミッチェルが描いたポストヒューマンな未来世界は、私に影響を与えたもう一つのこと、すなわちステラーク〔身体をメディアとして使うオーストラリア人アーティスト〕のパフォーマンスアートに代表される動きにも呼応していた（Smith 2005）。スポーツ関連の文献でステラークの名前が出ることは滅多にないが、サイボーグとの接点を追求した彼のパイオニア的作品は、スポーツの未来にも関わってくる。彼が使った、体に装着するデバイスやユーザーを映像で包み込むような没入型のデジタルデバイスは、私たちの動きや考えがテクノロジーに媒介される未来——人工知能（AI）とロボット工学が融合し、人間に代わる新たな存在が身体的体験の新しい方法をもたらす未来——を垣間見させてくれる。一九九〇年代にこのような可能性を現実に見せてくれたのは、ステラークのようなアーティストの作品だったり、ウィリアム・ギブスンのような作家の小説であったり、ウィリアム・ミッチェルのような知識人の著作だった。今日見ると、まだまだ未熟なアイディアにしか思えないものもあるが、発表当初は、デジタルテクノロジーの急速な進歩もあって、すぐにでも現実のものになるように思えたのだ。二一世紀が始まると、新しい世代のネチズンがデジタルテクノロジーをさらに発展させ、人びとがメディアを消費する形に変化が生じ、「プロシューマー」（Toffler 1970）と呼ばれる人びとが登場してきた。こうした新しいデジタルコミュニティはデジタルメディアを消費するよりも生産することに熱心になった。テクノロジー文化において受け身でなく能動的でありたいという願望を見れば、こうした未来像が出てくることも納得できるだろう。

　デジタルデバイスとスポーツ文化の発展によって、人びとは、スポーツに参加する場が実際の競技場ではなく、デジタル的に仲介される場であるという、バーチャルスポーツの時代に限りなく近づいてきている。バーチャリー・ライブ社が最近発表した「オキュラス・リフト」の例を見てみよう。これは、モーショントラッキング技術を利用してサッカーの試合で選手の動きをライブで追えるようにしたものだ。データをコンピュータで生成し直してオキュラス・リフトで経験できるようになる。見ている側は、まるで観客席に座って、リアルタイムで試合を見ているようなスタジアム体験ができる。本書で取りあげる疑問の多くは、こうした可能性に関するものだ。スポーツ体験や身体運動、そして人びとが自らについて持つ実感は、これによってどう変わるのか。テクノロジーは、スポーツの意味、その社会的機能、そして、スポーツによって形成される参加型社会をどう変化させるのか。スポーツ体験がバーチャルリアリティ（VR）の中で行われるのであれば、人びとの社会的・文化的生活の中でスポーツが占める位置は変わってくるのか。バーチャルな経済に具体性を与えること、つまり、デジタルでのやりとりに基づく制度に実体を与えることにはどんな効果があるか。そのシミュレーションが完璧であれば、区別はつけられるのか。

こうした疑問、そしてさらなる疑問の答えを見つけようとして、私はデジタルスポーツというテーマに興味を覚えた。本書はまず、こうしたテクノロジーがパフォーマンスに、ライブであることの意味に、そしてバーチャルについての考え方にどのような影響を及ぼしているかについて取りあげる。そして次に、スポーツがデジタルテクノロジーを通じて、どのように新たな体験を提供するかについて論じる。まず、このような発展によって揺らいでいる概念について検討したい。具体的に言えば、「スポーツ」「ゲーム」「プレー」の意味を考え、それらがデジタルレジャーという分類に置かれると意味は変わってくるのかについて検証する。さらに、「スポーツ文化」と「デジタル文化」という二つの文化体験の違いと類似性についても考えてみたい。たとえば、コンピュータ文化におけるプレーとスポーツにおけるプレーにはどのような違いがあるのか。この二つには、その融合が納得できるくらいの類似性はあるのか。その類似性は、バーチャル世界でのゲームにスポーツと同様の地位を認めるのにも充分だろうか。こうした検討を最初に行うことで、デジタルスポーツというサブカルチャーの範囲を定めることができる。その内容は私が「スポーツ2・0」と呼ぶものの豊かな歴史を語るのに役立つ。「スポーツ2・0」は、スポーツの生産と体験がアナログからデジタルに変化する過程を表す言葉である。

融けるオンラインとオフラインの境界

バーチャル世界における体験はすでに、生活の様々な側面に密接に結びついている。医療における遠隔手術からグローバル経済の運営まで、オンライン活動は、世界の多くの社会で欠かせない要素だ。程度こそ違うが、デジタル経済への参入によって、人びとはこれまでとは違うテクノロジー格差に踏み込んでいる。たとえば、インフラが充分でなかったり、経済不安を抱えていたりする発展途上国では、携帯電話が少なくとも一〇年間ほどは地域経済の鍵となった（Plant 2003）。こうした地域ではスマート機器が急速に普及している。さらに、デジタル製品はクリエイティブな文化産業——スポーツも含まれる——には今や欠かせないもので、利益を上げる方法としてライセンス、スポンサー、ブランドなど、メディア関連の様々なクリエイティブなアイディアが生まれている。デジタル製品はまた、ブランドの収益効果を最大化する戦略の中心を占めるようにもなった。

オンラインで過ごす時間が、もっとも個人的な（プライベートな）体験ともっとも集合的な（公の）体験の双方を巡るスペースを占めているということが、決定的なポイントとなる。たとえば、二〇一五年一一月にＩＳ（イスラム国）がパリでテロ攻撃を起こした際、すぐに反応したのはフェイスブックのユーザーだけではなく、企業としてのフェイスブック社だった。ユーザーに、プロフィール写真の背景にフランス国旗のトリコロールを取り込むことを奨励し、一体感を作りだした。プロフィール写真を変えることで連帯を示す。そんな連帯行動に人びとが参加できるようになったことで、一晩で数百万人のフェイスブックユーザーが政治に関わることになった。つまり、ソーシャルメディアというプラットフォームを使って、数百万の人びとが一つの行動に団結し、ユニークなイメージ――個人のプロフィール写真――を世界共通のシンボルと組み合わせることで、抗議の意思を示したのである。もちろん、これは単に連帯を示す行動というだけではない。本書の後半で、そのような行動の地政学的影響について論じ、ソーシャルメディアというプラットフォームを――特に大規模であれば――政治的に中立な社会スペースと単純に考えるわけにはいかないことにも触れるつもりだ。ソーシャルメディアのこの側面を考えると、ソーシャルメディアが、他者が制作したコンテンツを流通させるだけのネットワークではなく、あらかじめ編集され、制約のあるプラットフォームとして機能することについても充分に検討しなくてはならない。

このようなプロセスがスポーツ体験にどのような影響を及ぼすか、また、社会におけるスポーツの役割についての私たちの理解にどう影響するのか。こうした疑問はこれまであまり問題にされてこなかった。これらの問題は、スポーツに内在するロジックやその環境に特に強く関係するが、広く社会問題にもつながる。たとえば、第10章では、二〇一二年のロンドン・オリンピック（&パラリンピック）へのブリティッシュ・ペトロリアム（BP）の関与について、SNSユーザーがどのような反応を示したかについて論じる。BPは主要な国内スポンサー企業であったが、その関与は大きな問題となり、抗議の声も強くあがった。論議の場となったのは主に、オンライン上である。この反応の背後には気候変動と化石燃料の使用という大問題への懸念があった。オリンピックはしばしばこのような非難、批判、さらには暴力行為にさえさらされる。だからこそ、グローバルな社会問題を反映する指標と捉えることに意味がある。

「スポーツ2・0」はまた、コンピュータゲームについての一般論など、デジタル文化についての私たちの思い込みを再検討する道を示してくれる。すでに二〇年以上オンラインで生き続けてきたにもかかわらず、コンピュータゲーム文化は未だに論争の元だ。受け身の態度を醸成するとか、中毒性があるとか、暴力的・反社会的行動を生むなどと批判され続けている。こうした非難はデジタルゲームの中でも特に目立つ例をターゲットにすることが多い。『グランド・セフト・オート』がその典型だ（アメリカの架空の都市を舞台にしたアクション・アドベンチャー・ゲームで、プレーヤーの目的は、犯罪組織の中でのし上がっていくことだ）。こうした非難は、ゲーム環境内での展開に関する根拠薄弱な推論を前提としている。さらに、ゲームは特定のコミュニティ内で行われていると考えがちだが、実際には多様だ。ゲームは形を変えれば、デジタル参加を通じて相当なレベルの創造性や想像力溢れる方法を活性化できる。そのおかげで「ゲーミフィケーション」は様々な分野で、人びとが参加するための理想的な方法となりつつある。サイエンス分野で財政支援を行っている大規模団体「ウェルカム・トラスト」は最近、博士号の取得をゲームの形にしたプログラムを開始した。市民レベルの科学プログラムの多くも、参加を促す方法としてゲームを利用し始めた。ゲームが持っている力として、私が指摘したいのは、市民の間に積極的な政治参加を醸成する力と創造力を活かした活動の活性化である。この力は、スポーツに結びつけたフォーマットにすると、より明確に表れてくるだろう。

どちらにしても、デジタルテクノロジーは創造力に満ちた表現や社会参加の機会と捉えるべきで、そうした機会を損なうものではない。オンライン生活についての懸念は歴史的に見て、モバイルになる前のデジタル時代の懸念にすぎないのかもしれない。モバイル以前のデジタル時代は、物理世界が侵食されるような変化については社会が神経質で、デジタルに媒介されたコミュニケーションが人間の交流をどのように変化させるかについて不安を感じていた時代であった。しかし、モバイル機器によって、コンピュータが手の上に乗るデバイスに、さらにはウエアラブルデバイスへと変身すると、オンライン生活は二〇年前とはまったく異なる様相を呈するようになった。今日オンライン生活は、電気や他の基本的サービスに感じるのと同じく、当たり前の感覚で受け入れられている。インターネットへのアクセスは人権として扱われるべきだという考えを推し進め始めた社会もあるくらいだ。そう考えると、オンライン生活もオフライン生活も質的にはそれほど違わない。

そうした文脈の中で、本書ではデジタル文化に関する議論がスポーツにどのように適用できるかを検討する。私たちがデジタルを経験するのは未だに、指先や手を通じてのことが多いが、その経験が身体的にもっとハードな活動に変化したら、その経験についての私たちの評価も変わるだろうか。身体経験とバーチャルな経験に明確な関係性が見えてくる活動になるわけだが、スマホアプリの行動記録テクノロジーにその一端を垣間見ることができる。最近『ポケモンGO』が世界中を熱狂させた。そこからスマホのテクノロジーが身体運動や探検の新たな可能性を開き、場所や地域を見る視点が変わる可能性を示すものではないかという議論が起きている。そのような傾向を踏まえて、私たちがデジタル世界を見る目が変われば、そこで費やす時間の価値についても見方が変わるのではないだろうか。

デジタル文化とスポーツ文化を融合する

本書は、新たなデジタルテクノロジーをスポーツ文化の中で創造的に活用する方法を検討することで、先に挙げたような活動が、デジタル世界を見る私たちの視点を複雑に変化させていく様子を明らかにしていく。スポーツ界もデジタル世界も変化している。その変化のかなりの部分が、両者の融合によってもたらされている。ウエアラブルテクノロジーによってますます身体でデジタルな体験ができるようになった。一方、スポーツはシェア、ビッグデータ、さらに没入型観戦を通じて、デジタル化されている。デジタルな体験は身体性を基盤とする文化の中で起きている。そうした状況では、新たな展開に対してどのような期待感が生まれてくるのだろうか。具体的には、高度なデジタルテクノロジーをスポーツに適用することで、スポーツが新たな文化経験に進化することを論じる。その体験は、これまでとは異なる価値観や期待感によって特徴づけられ、実践する人びともまったく新しいタイプの人びとで構成される。つまり、デジタルテクノロジーはスポーツに関与する人びと、行われる場所、そこに込められる目的など、スポーツ文化のあらゆる側面に変化をもたらす。そして、別の形のスポーツの登場など、変化するスポーツ文化は翻って、デジタル環境に変化を促す。

それでも、スポーツ産業におけるデジタルテクノロジーの評価については、プレー方法を変える道具としての評価をはじめとして曖昧な部分が残る。テクノロジーによってアスリートが人間としては扱われず、試合結果への人間の貢献をないがしろにすることさえあるという批判がある。伝統を重んじる人びとには認められないからだ。こうした批判はデジタルテクノロジーに限ったものではない。自動車レースのF1での技術変更についても言われたことだ。他方、スポーツにおけるデジタルテクノロジーは、審判の役割に取って代わるものとして批判されることもある。どこにでもカメラが存在する時代、競技場はジェレミー・ベンサムが考案した一望監視施設「パノプティコン」の現出に他ならない。ここでは、オートメーション化された機器がアスリートの動きを監視し、指示を出すだけでなく、重要な結果について、より正確な判断を下す。このような世界では、人間の審判の役割は矮小化され、スポーツが持つ側面の一つが失われることにもなる。

デジタル的に具現化された身体活動によって人間性が侵食されることへの懸念はあるが、その傾向を容認するに充分な社会的理由もある。「スポーツ2・0」は、スポーツが環境に優しくない場所で行われる必要がなくなる時代を想像させてくれる。実世界ではそのような場所は街にとっては、しばしば「無用の長物」と化し、資源の配分にも大幅な歪みを引き起こす。代わりに、スポーツが、ハードドライブに必要なスペースと電力という形でしか環境への負荷を引き起こさない、持続可能なデジタル世界で行われるとしたらどうだろう。そのような新たなスポーツ界に対しては、現在のスポーツの持続不可能性の観点から支持も生まれている（ゴルフは水資源の乏しい国でプレーされている）。eアスリート――試合の場がコンピュータゲームであるアスリート――の登場は、バーチャルゴルフなどが盛んになる、新しい時代の序章なのかもしれない。本書では、オンライン生活の拡大やバーチャルとリアルな世界との融合の影響についての懸念も検討する。その流れで、「第二波の融合」という概念を紹介したい。コンテンツの共有とデジタル文化形成の条件としての制作方法に注目する概念である。この特徴は、デジタルテクノロジーの活用と密接に関連してきたスポーツ体験の形成にも影響を与える。

没入型デジタル体験の拡大は、競技場以外でも大きな意味を持ち始めている。参加型デジタルメディアは、すでに二一世紀の市民像に期待されるものとして描かれ、スポーツ観客の体験はそれを指し示している。また、「デジタルデバイド」の拡大についての議論は――オンライン生活の初期の研究では盛んに取りあげられたが――、この一〇年ほどで変化し、デジタル化が進んでいない国々で起きていることについては、もっと微妙な差異に留意した説明が必要になっている。デジタルデバイドが消えてなくならないことは否定できないだろうが、デバイドの特徴は変わってきた。これまでのようにテクノロジーへのアクセスを問題にするよりは、参加を可能にする知識システムへのアクセスの方が問題だ。たとえば、どこにいてもモバイル機器やブログのプラットフォームが使えるかどうかも重要だが、デバイステクノロジーやオペレーティングシステム（OS）、オープンソースソリューションが急増している中では、エンドユーザーが参加し続けるためには常にスキルを磨いて、新たなインターフェイスに適応していく必要がある。ある意味、ウェブ1・0からウェブ2・0へのシフトを表すものだが、それは変化の一端を表現する一つの方法でしかない。

デジタルテクノロジーの民主化については困難も待ち受けているが、デバイドの中身のこうした変化の中に人びとの力を強化する可能性があり、楽観的になっていい理由を見いだせる。たとえば、インド人教育学者のスガタ・ミトラによるコンピュータを使った自己学習プロジェクト「壁の穴」だ。これは、コンピュータを貧しい地域に紹介するもので、人びとが自由に利用できる場所に置いておくだけのことだ。コンピュータテクノロジーをクリエイティブに活用することで、特にインフラや公共サービスに限界があるところでは教育の普及の入り口となり、教育改革の道具ともなる。人びとはデジタルリテラシーの格差を縮める方法を自力で見つけだせる。だが、そのためにはデジタルデバイドを過去のものとしなくては駄目だ。インターネットがまだ届いていない世界にインターネットを広げようとする、フェイスブックやグーグルの野心は、近未来の急激な変化を私たちに垣間見させてくれる。

オリンピックとテクノロジー

本書はスポーツにおけるデジタルテクノロジーの様々な側面について論じる。オリンピック競技からコンピュータゲーム、遠隔観戦などがトピックとなる。オリンピック大会は常にメディアの革新を披露してくれる場であり、その発展を時系列で観察できる方法を提供してくれる。たとえば、スローモーション再生や衛星生中継などテレビ放送の新技術が採用された初めての公的イベントだった。本書では、このような革新がメディアテクノロジーを所有する側だけでなく、ユーザーによっても発展してきていることを見ていく。またオリンピックは、競技の周辺でも幅広い活動が起きているという点からも興味深い。そうした活動が、デジタルスポーツとデジタル文化という二つの世界を結びつけ始めている。新しいメディアテクノロジーを通じて、オリンピックは斬新な観客体験を生む保育器《インキュベーター》のようなな役割を果たす。たとえば、市内にスクリーンを設置して、オリンピックを祝うための公共のデジタルスペースを提供することだ。今や、開催地にこれは欠かせない。こうしたスペースによって観戦体験が拡大し、観客が遠くからでもスポーツに接することができる方法について考える新たな機会が生まれた。さらに、人びとが公共のスペースに関わり、祝典を構成する重要な要素として集団で参加するという意味にも変化をもたらしている。加えて、モバイルテクノロジーもオリンピック放送の重要な部分となり、聖火リレーはモバイル機器を通じてオリンピックの重要な役割を果たすようになった。競技でも同じで、セーリングではデジタルによる航海術や追跡システムが使われ、テニスでは「ホークアイ」テクノロジーが判定に使われている。デジタルテクノロジーはプロスポーツ競技の一部を形成している。

このようにオリンピックは、新しいテクノロジーが実施に移される場となっており、スポーツは人類の進化を例証する役割を担うようになった。参加者が身体能力の進化を表すだけでなく、そうした人類の進化を見せつけようとしてテクノロジーがより派手な表現方法を目指した変化も示している。特にプロスポーツに組み込まれてきたこうした役割を理解することは、プロスポーツのこれからの道すじや社会的役割を理解する鍵となる。オリンピックはまた、観戦体験を一変するきっかけとなる。競技を遠隔地で観戦する方法もそうだが、観客体験の新たな形を作りだす道具にもなる。この点から、本書では、デジタルテクノロジーによって「観客」にとってのオリンピックの意味がいかに変化しているかについても注目したい。スポーツファンだけでなく、オリンピックを重要な社会運動だと捉える人びとも含めての変化である。

私が「スポーツ2・0」と呼ぶものを通じてのデジタルテクノロジーの拡大は、オリンピックというブランドの普及にも新たな機会を用意している。これは一方で社会的な懸念の元ともなるが、それについても論じるつもりだ。たとえば、オリンピック期間中、市内に設置された大型スクリーンが常にオリンピック関連のメッセージを表示するのは、関連組織が訴えたい政治的中立性を信じない人びとを洗脳するためと見えないこともない。これは、巨大イベントの強大な力と、それが市民の自己表現力を阻害する危険について問題を投げかけている。ジェイソン・オハラが二〇一六年のリオ大会の準備を描いた映画『例外状態（State of Exception）』がそれをよく表している。同時に、オリンピック産業が間接的にデジタル的な抵抗も作りだしていて、市民がこうした圧力に立ち向かう重要なメカニズムになることも示した。本書は、デジタルテクノロジーを通じて起きているスポーツの変化の実状を描き、検討すると同時に、脱アナログ時代に人びとは自分自身や社会についてどのように考えるかというイデオロギー的な疑問にも目を向ける。そうすることで、個人から社会へという、二つの道すじがスポーツとデジタルテクノロジーを背景として密接に絡み合っていることを明らかにしたい。さらには、スポーツというもっとも普遍的で文化的な活動におけるパフォーマンスと参加方法の未来にどのような影響を及ぼすかについても考えてみたい。

本書の構成

本書は三部一〇章の構成で、「スポーツ2・0」が発展するにしたがって生じる問いに順番に取り組んでいく。第1部は、広い視点から、いかにデジタルテクノロジーがスポーツ体験を変化させているかについて取りあげる。同時に、本書の哲学的根拠についても説明しておきたい。第1章では、スポーツ、デジタルテクノロジー、オリンピックそれぞれの文化を検討する。私たちの生活のあらゆる側面と切っても切れなくなっているグローバルなデジタル文化について語るには、まだまだ不足しているものがあることを確かめる。さらに、スポーツ文化がいかに変化し、特にメディアの変化にいかに左右されるようになってきたかを、それが様々なガバナンス制度が考える文化へのアプローチにどのような影響を持つかについても論じたい。これは、のちに論じるテーマとなる、スポーツ体験の特徴と意義——つまり、スポーツの社会的機能と価値——の検証につながる。本章ではまた、スポーツの社会的「正当化」も検証して、デジタルテクノロジーがそうした根拠に呼応するのか、あるいは対峙するのかについても取りあげる。オリンピック文化（おそらくはイデオロギーに動かされるスポーツイベントとして最大の例）の分析を通じて、オリンピックムーブメントがいかにしてスポーツ文化の価値やビジネスを形成する中心的な動力となったか、そして、将来、スポーツ界でその地位を維持するためには何をしなくてはならないかを検討する。

第2章では本書の理論的枠組みを設定する。まず、バーチャルリアリティ、コンピュータ文化、スポーツについて、近年の概念的理解を説明する。ゲームやスポーツについて関連の概念を紹介しつつ、本書の主要テーマ、議論、問題、可能性についてまとめる。バーナード・スーツとブライアン・サットン＝スミスによる示唆に富んだ著作にも触れ、デジタル文化とスポーツが主要テーマにどのように絡んでくるかを説明したい。本書の主要課題を明らかにし、「非現実性」という中心概念を検証して、スポーツとデジタル文化の理論の共通基盤を探る。特に、物理世界でのある種の感覚が、私たちの体験を媒介する「デザインインターフェイス」を通じてデジタルスペースでも生まれる可能性について考えてみたい。コンピュータゲームやスポーツは具体的なアクションを伝達するメカニズムで、デザインによって制限されるが、新たなインタラクションデザインの介入を許す。キーボード、マウス、動作認識テクノロジーは、こうした特徴を持つコンピュータゲームやスポーツの意義について語る際に欠かせない要因だ。

ここにはすでに、スポーツシミュレーションの将来についての問いが隠れている。最適なインターフェイスは、スポーツイベントの、流れるような完璧なシミュレーションを可能にし、実世界やオフラインでのスポーツスペースを不要にするほどのものになるかという疑問である。これはスポーツに限ったことではない。その点については本書の後半で関連する問題として取りあげ、将来スポーツに現実にありうる可能性として論じるつもりである。オンライン生活の例には、私たちが実体験と認識・経験し、意味があると考えるものに再検討を求める。バーチャルリアリティの特質についてのイデオロギー的な前提に照らしてどう評価できるかも考える。ここで、「第二波の融合」という考え方を紹介し、スポーツといった活動における社会技術的な変化がオンライン生活に新たな評価を生むことを説明したい。アナログ生活へのノスタルジアはスポーツのような分野では特に強く、それは、身体的なアクションや身体性の意味についての思い込みが作りだしている。この流れで言うと、「身体化」についての定義も論じる必要があり、特にウエアラブルテクノロジーが、デジタル世界でのアイデンティティはアナログ生活と切り離しては考えられないという見方に、疑問を呈していることにも触れるつもりである。

第2部では、第1部での分析に基づいて、デジタルテクノロジーが広くプロならびにアマチュアスポーツに及ぼした影響に注目し、さらに、アクションに対する観客の距離感を作り直していることについても考える。第3章は、デジタルテクノロジーのプロアスリートへの影響を検討するが、同時に、スポーツ関係者のようにアスリートを取り巻く人びとへの影響についても考える。まず、パフォーマンスに関するテクノロジーを取りあげ、プロスポーツのシミュレーションの例や動きのデジタル化など、新たなスポーツテクノロジーの基礎となっているものについて論じる。デジタルテクノロジーがアスリートの能力を大幅に拡張しているという主張には注意を喚起しつつ、アスリートの訓練などがデジタル機器やシステムによって変化していることにも留意したい。デジタル化で生まれる知識がアスリートのスポーツ体験を形成していることについても目を向ける。プロ、アマチュアの双方のスポーツで、肉体性がバーチャル化していることにも触れるつもりだ。

第4章では、アマチュアのスポーツ体験がデジタルテクノロジーによって変化し、そのためにコンピュータ文化の再評価が求められるようになってきたことを説明する。特に注目するのはゲーム体験で、コンピュータゲームの発展とアマチュアアスリートがゲームのようにスポーツをプレーできるデバイスの双方を取りあげる。デジタルゲームがアマチュアのスポーツ体験の中心的な位置を占めるようになっており、それがどれほど重要なことであるかについても述べていく。たとえば、(教科としての)体育の基本を検討し、コンピュータテクノロジーに関する教育学的前提が技術の進化によって試されている状況について論じる。バーチャルゲームにおける「身体化された知性」はスポーツ教育と新たな社会化を促進するメカニズムとなる。本章ではさらに、かなりの身体運動を伴うゲーム──「シリアスゲーム」あるいはテイラーが「身体化したプレー」と呼ぶもの (Taylor 2012) ──の例を取りあげ、それらがスポーツ活動に代わるものとして現れてきていることについても検討する。こうした例を見ると、ゲームのテクノロジーがますますスポーツに近づき、コンピュータゲームは座りっぱなしの生活スタイルを生むという前提が崩されようとしていることがわかる。eスポーツ産業の誕生はこれがプロのレベルで現れてきたことを示すもので、同時に、身体運動をデジタル的に可能にする世界の登場を示すものである。本書の全体を通じて「スポーツ2・0」という概念が枠組みとなることを説明し、新たに登場してきたスポーツが伝統的なスポーツの地位に迫り、多くの面でそれに取って代わる可能性を秘めていることを説明する。

第5章では、スポーツにおける観客のデジタルテクノロジー体験の分析に進む。アマチュアスポーツは観客が形成するコミュニティの一部であり、観戦を通じてアマチュアはプロのアスリートと結びつく。しかし、市内の大型スクリーンやオンデマンドテレビ、モバイルテクノロジーやソーシャルメディアなどデジタルなインタラクティブ経験の発展により、観戦体験は変化している。それを証明するため、本章では、観戦体験が「遠隔参加」と呼ばれる状態に変化しつつある点に注目する。これは、シェリー・タークルのデジタル文化についての知見につながるものだ（Turkle 2011）。また、観客が第三者の視点から眺めるのではなく、競技の場に入り込む、没入型の視聴を体験できるような状況で、「観客」という概念が意味を持つのかについても考えてみたい。そのようなトレンドの最近例として、アイスホッケーのNHLでは二〇一五年から、小型アクションカメラ「ゴープロ（GoPro）」と動画配信サービス「ヴィズリンク（VISLINK）」が提携してヘッドカメラ視点の放送が行われている。

第3部では、スポーツの実践に関わる文化から、スポーツが生産され消費される具体的な背景に論を移し、スポーツにおける革新的なデジタルメディアの典型例として、オリンピックを取りあげる。第3部は特に、メディアの変化に注目する研究者を意識しており、スポーツイベント周辺で生まれている市民ジャーナリズムや非公式なニュース制作の現状を論じる。第3部の大部分は、二〇〇〇年のシドニー大会から二〇一六年のリオ大会にかけて著者が行ったリサーチを基にしている。

第6章は、オリンピックムーブメントが革新的なメディア制作を可能にし、その最先端での運営を可能にしてきた数々の出来事を歴史的に考察する。また、巨大イベントを扱うメディア産業が発展し、それが排外的な報道規制につながり、報道の量は増えたとしても、その視点を狭めてきた点を探る。オリンピックが世界中で、メディアの変化についての議論を深めてきた経緯についても述べる。

第7章は、オリンピックに登場した新しい形のジャーナリズムに注目し、そうしたメディアのコミュニティがいかに発展してきたかを論じる。オリンピックにおける排外主義的なスポーツ報道の結果、非主流のジャーナリストのコミュニティが拡大した。それはまた、大規模なスポーツイベントが文化的なフェスティバルへと拡大し、スポーツ記者ではないレポーターたちの関心を集めるようになった結果でもある。本章では、非公認のメディアセンターが登場してきた様子や、それがデジタルテクノロジーを使った報道を通じて、主催者側にとってどのような戦略的役割を果たすようになったかについて述べていく。こうした拡大によって、今後のオリンピックでは報道の自由が広がっていくという見込みについては慎重に考える必要があるものの、メディアの拡大が従来の組織運営にも変化をもたらし、メディアの専門知識の民主化とジャーナリズムの新たなプロフェッショナリズムにつながることは確かである。

第8章は、ソーシャルメディアの登場がメディアイベントにもたらした変化を取りあげる。まず、「ウェブ2・0」時代の特徴を検証し、それがスポーツ文化の拡大にどのような影響を及ぼしたかを考える。次に、オリンピック業界が新しいコミュニケーションアーキテクチャへの対応を組織し、それを使うコミュニティにガイダンスを提供していった経緯を説明する。さらに、ソーシャルメディアがオリンピックの財政基盤を脅かす可能性を検討し、オリンピックに関するソーシャルメディアコンテンツを商品化する方法についても論じる。次いで、メディアを広く開放することのリスクやデジタルテクノロジーを通じてのユーザー体験の拡大を取りあげ、オープンソースを駆使するボランティアと従来のオリンピックボランティアの心構えを対比、検討する。最後に、ソーシャルメディアの意義を反映したデジタル文化が、オリンピックが掲げる理想に合致し、さらには社会におけるスポーツの意義も向上させる、思想的な力となる可能性を提示する。

第9章は、二〇一二年のロンドン・オリンピックとパラリンピックを巡るソーシャルメディアの状況を詳細に分析する。ロンドン大会は初めてのソーシャルメディア・オリンピックとも呼ばれた。(1) ソーシャルメディアのプラットフォームは大会中に——他者が作成したニュースを配信するだけでなく——自らニュースコンテンツを生成する基盤となった。また、組織委員会、ステークホルダー、観客らが大会中、これまでにないレベルの大量のソーシャルメディアコンテンツの生成に関わったことについても論じる。

第10章は、個人から社会へという方向で始まった本書の流れの到着点で、デジタル文化はコミュニケーション、行動、表現のもう一つのチャンネルを作りだし、私たちはそれに関わらざるをえないことを示す。新たな市民像の形成である。第9章ではソーシャルメディアを通じてのオリンピック賛美の傾向について取りあげたが、第10章ではそうした傾向への異論に目を向け、オンラインに現れたオリンピックへの抗議や批判を取りあげる。このようにして登場した、オルターナティブな、あるいは現状破壊的《ディスラプティブ》な論調は、オリンピック業界には必要な要素であり、単なるスポーツイベントではなく、一つのムーブメントであるという理想を掲げ続けるうえで必要不可欠である。

おわりにでは、スポーツはこれからさらにデジタル化された運動となっていき、スポーツの未来を想像するには「スポーツ2・0」という枠組みが必要であることを確認する。前半の章でデジタルテクノロジーがアスリートの肉体も変化させていることや、その変化が未来のスポーツの条件を変化させる可能性について論じたが、それに基づいて、デジタル化が生物学的形態に及ぼす影響についても拡大して考える必要がある。ここでは、そうした見方についてまとめるが、その中にはスポーツを物理的世界からデジタル世界に移行させる必要についての考え方も含まれる。さらに、生物界とデジタル世界のインターフェイスが将来、スポーツ文化を変え、進化するスマート義肢などに見られるように、身体性をも変化させる可能性も認めなくてはならない。

本書の執筆中、「これほど急速に変化している世界で、デジタルテクノロジーについての本がどれほどの意味を持つだろうか」とよく自問した。だが、そのような変化の歴史を理解し、歴史的事実や将来のトレンドよりも、リアルタイムで起きていることの方を重視するような圧力に屈しないことがいかに重要であるかを認識できれば、少しでもその問いに答えることになるのではないかと思う。もちろん、テクノロジーの変化についての本の意義は何よりも、スポーツの未来がどのようなものになるかを見せてくれるトレンドをきちんと認識しているかにかかっている。私たちは身体経験とデジタル世界を結ぶ視点を持ち始めた。その意味で、「スポーツ２・０」はその歴史の新たな一章と考えていいのかもしれない。

第Ⅰ部

スポーツとデジタル文化が共有するもの

スポーツとデジタル文化の発展を語る際に必ず使われる概念が二つある。「ゲーム」と「プレー」だ。新しいテクノロジーはゲームが課す試練に耐えられるか、あるいは、新しいソーシャルメディアプラットフォームはゲーム化されてこれまでにない経験を作りだせるのか。どんな問題に取り組むにせよ、この二つの概念はすでに、様々な研究で用いられている。

第Ⅰ部の各章では、人間の行動のうち、どのような形態のものがこの二つの概念に関わるのかを検討して、「スポーツ2・0」を巡る議論の意義を明確にしたい。第Ⅰ章ではそれぞれの概念の基盤となる理論的背景を説明し、さらに、デジタル文化とスポーツ分野で起きている動きについて述べる。二つの概念は、スポーツとデジタル双方におけるイノベーションを論じた文献を参考にしているが、もう一方で、仕事と余暇の関係を理解するうえで重要な文献からもヒントを得ている。人びとが常に仕事をしているようでもあり、遊んでいるようでもある状態か、あるいは、その両方とも正確にはやっていない状態に置かれる現在、二つの区別は混乱している。したがって、ゲームとプレーについて検討することは、私たち人間の状況の基本的な特徴を明らかにすることになり、それはデジタルテクノロジーが私たちの日常を変化させる力を説明する鍵となる。

「ゲームをプレーする」という考え方はスポーツとバーチャルな世界についての議論を同じ土俵に乗せるものだ。スポーツへの参加とバーチャル世界への参加はどちらも、ゲームをプレーするものと考えていい。日常的な表現として、スポーツを「たかがゲーム」と言うこともあり、それとは対照的に、「単なるゲームではない」という言い方もある。前者は、ゲームに負けて（大げさに）がっくりしている人を慰めたり、勝敗にこだわりすぎて、参加することの意義を忘れてしまう人に向けられる言葉だ。「たかがゲーム」というのは、スポーツの試合の結果に大きく一喜一憂すべきではないという考え方に通じる。人生にとっては、結局大したことではないのだ。それに対して、過去三〇年間ほど、社会学者やスポーツ関連の文化研究者らは後者の意味での主張を発展させてきた。スポーツゲームは人生の他の部分に比べてより重要なものであるかもしれないと言うのである。このようにスポーツは、文化的、政治的に重要な意味を持つだけでなく、参加者や観客の人生に及ぼす効果も考えると、競技の場以外の生活とも切っても切り離せないものとして理解されるべきものであると研究者は言う。たとえば、職務やキャリア、家族に関わる時間より、スポーツファンとしての生活の方が大事だと考える人がいないとは限らない。スポーツが持つ社会的機能についてのこうした考え方は、余暇体験について二〇世紀に起きた変化を表すものだ。同時に、脱工業化社会の帰結として研究者がよく描く、労働からの疎外という状況にも注意を払う必要がある。

ここで選択した研究分野に伴う状況の複雑さを理解するためには、現実の様々な状態を判断する規範に使われる言葉を検討しなくてはならない。そうした判断こそが、私たちの研究の意義と重要性を規定するものだからだ。言葉を変えれば、ゲームやプレーで私たちがとる行動は私たちの個人的・社会的・経済的・政治的生活とは無関係だと考えてしまうと、そうした行動は広い枠組みで捉えられる事象の中では些末で、意味のないものになってしまう。社会に対して直接役に立つわけではない人間の行動の例はいくらでもある。しかし、ゲームには、別種の現実を作りだす特定のルールを設定することで、広い世界を意図的に避けようとする目的がある。別種の現実は目的志向で、一定の条件をコントロールすることを意図して設計されている。ゲームの機能はまさに、自分探しができ、自らの能力を試せる、別のスペースを人びとに提供することにある。バーチャル・リアリティ（VR）と同様に、スポーツは一種の（ウェブ研究初期の用語を使えば）サイバースペースとして機能する。だが、スポーツやオンライン生活を単にゲームとして扱ってしまうと、その二つが私たちの社会的・経済的・文化的・政治的環境で果たす役割を単純化してしまうことになる。身体運動と鋭敏な神経を条件とする狭義の例としてのスポーツも、私たちが身体化するものを理解するのに不可欠な手段であると理解できる。ただし、唯一の手段ではない。スポーツ（ダンス、演奏、運動）なしには、私たちは自らの身体的存在を確認できない。他方、デジタル世界は、私たちのアイデンティティや可能性の境界線や限界を変える手助けをしてくれる。そのように、サイバーアイデンティティの探求から生じる問題点については、第2章でスポーツとバーチャルリアリティ（VR）という文脈の中で詳しく論じるつもりだ。

ウェブやスポーツ分野の初期の研究には私たちの関心に着目したものもあり、ゲームとゲームをプレーすることが個人の体験の大きな部分となることを理解しようとする点で、かなりの共通点がある。前者のウェブ研究では、コンピュータがルールやルール遵守、一定のプロトコル、ヒューリスティックス、言語など、人間とのインターフェイスや経験の条件を規定する決まりを設定する。同じようにスポーツでもルールを設定し、特定の経験を追求することに専念する。スポーツでは、参加者の間でそうしたルールを守ることが暗黙のうちに合意されているから、それを破ることが大問題になる。ルール違反が倫理的に問題とされるのは、この自明の理が前提にあるからだ。この場合、イベントの意義はルールを守ることでこそ維持されるもので、ルールが破られればその意義に傷がつく。ルール違反は倫理的に問題になるだけでなく、ルール違反により経験そのものの意味が失われるという、機能的な面からも問題になる。この関係性については数々の理論的研究があり、様々な学問分野の研究者が、ゲームとは何か、なぜ重要なのかについて重要な成果を挙げている（たとえば、Suits 1967, 1978）。本書の目的の一つは、そうした研究成果を比べ、検討し、「スポーツ2・0」――デジタル空間で実施されるスポーツ――が提示する課題を理解する役に立てることである。

先に言及したように、プレーとゲームをプレーすることは仕事と余暇の関係についての議論でも重要な概念である。その関係は、両者の境界線が曖昧になりつつある今日のデジタル文化では特に重要なテーマだ。モバイル機器を使っての個人的なメディア体験が増加し、仕事と余暇の双方の活動にデジタルがどんどん入り込んできている。そのことは、バーチャルを、バーチャルではない、リアルな現実とは切り離された別の世界であるとする考え方が不充分であることを浮き彫りにする。だが、そうした変化に適応するには時間がかかるし、スポーツという文化的活動においてはまだかなりの抵抗がある。デジタル世界からの挑戦には、身体性というカテゴリーを根底からひっくり返す可能性があり、その意味で、根源的で、全体に及ぶものであると言えるかもしれない。何と言っても、人間の経験に特別な意味を与えているのは、デジタルノイズがあらゆるところに浸透している今日の日常から隔離された、絶対的な孤独が身体には確実に存在する点である。その唯一無二の条件がデジタル化されたら、経験の質が危機にさらされる。テクノロジーが身体経験に介入し、没入感覚の障害になるからだ。

本書の第一部はプレー、ゲーム、スポーツ、デジタル性についての哲学的議論に支えられている。本書全体を貫いている前提が一つあるとすれば、それは、今という時代、こうした考え方やその文化的表現が、私たちの生活や私たち自身と、もはやオフラインとは考えられないほどに融合しているということだ。物理的な世界とバーチャルな世界を区別できなくなっている。携帯電話やコンピュータ、タブレットを使っている時間が長くなっているという意味だけではない。デジタルテクノロジーを使った融合を通じてバーチャルが物理的に構成されるようになり、私たちの生活のあらゆる側面がデジタルテクノロジーによって支配される。その傾向はスポーツに留まらない。つまり、こうしたプロセスが進行している他の事象も検討する必要があるということだ。スポーツでは、バーチャルと身体性との完全なる融合があらゆる面で明らかになりつつある。それは他の文化的活動を劇的に変身させる可能性も秘めており、まったく新しいデジタル的身体文化の誕生を予想させるものである。

第1章

「ゲーム」がつなぐ三つの文化

1　デジタル文化とは？

一九九〇年代初頭インターネットに期待されたことの一つに、マーシャル・マクルーハンが提唱した「グローバル・ビレッジ」(McLuhan 1964) を再構成する——というより、実現する——のではないかというのがあった。新しいコミュニケーション方法を創造し、脱工業化社会にふさわしい革新をもたらし、社会を新しい形に組織するというものだ。さらに、インターネットはほんの数社の巨大なメディア組織から権力を奪い取り、メディアの生産・所有に関わる多数の人びとに再配分するとも考えられていた。こうしたことから社会の権力構造が再編され、世界が良い方向に向かうことが期待された。だが、すべての技術革新がそのような崇高な目的を目指しているわけではない。新発明には何かを改善することが期待されるだろうが、国や世界の政治状況を改善することまで期待されることはまずない。これに近い願望としては、メディアの生産方法の変革は人びとの参加が盛んな社会をもたらすというものもある。より多くの人びとが意見を表明する方法が生まれ、それが政治社会の分野にも影響を及ぼすという。

そうした期待感と並行して、インターネットに関する政策や投資についての議論の多くは、デジタルテクノロジーがビジネスのやり方を変化させ、業界や企業にどのような変革をもたらすかに注目した。その傾向は今でも同じだ。二〇一六年五月、イギリス政府はデジタルテクノロジーを活用して腐敗と戦うグローバルアクションを呼びかけたが、ここにもそのような関心が反映されている。デジタルテクノロジーによって政府の透明化を図り、草の根団体による腐敗の告発を奨励しようというのである。この見方によれば、社会変化は、利益を上げる方法や起業の方法、求められるサービスの種類などをこれまでとは違うやり方で左右する新たな貿易通商の形が現れたことの結果として起こる。その好例が、スマホアプリに関わる経済活動で、画像編集関連のアプリや、ヘルスケア、ソーシャルネットワーク関連の新サービスから新たな収益形態が生まれている。

ウェブについての三〇年以上の研究では、こうした期待感ゆえにデジタル化による再編が新しい格差を生む可能性について見落されてきたことが指摘されている。実際、メディア所有の状況に関しては根本的な変化はまったく起きていない。少数のプロバイダーが大多数の人びとのコミュニケーションチャンネルを管理しているという状況に留まっている。新メディアの優等生にはグーグル、フェイスブック、ツイッターなどの巨大組織が含まれているが、従来の巨大メディア企業と同じ批判にさらされている。新旧メディアの唯一の違いは——文化の変遷という意味では——、新メディアがコンテンツの制作者ではなく「ホスト」だということで、結果、その政治的役割が大きく変化している。だが、営利化した、宣伝のようなコンテンツがそのプラットフォームを埋め尽くすようになると、こうした区別もむずかしくなる。さらに、データ収集を営利化する方法がより巧妙になると、ユーザーが個々にメディアにアクセスするだけでも、プロバイダーの所有者が視聴者の嗜好を探る有効な方法となり、ソーシャルメディアプラットフォームは価値中立的な機能を果たすという主張も意味をなさなくなる。こうしたプロセスの結果、プラットフォームもコンテンツ制作者として作用するようになる。ただし、制作というよりはキュレーションといった方が近いかもしれない。

　ハワード・ラインゴールドなど初期のサイバーリバタリアンの高邁な理想とは裏腹に（Rheingold 1993）、デジタル世界の開発に従事した人びとの範囲は——単に消費するだけの人びとに対して——、インターネットが一般的なコミュニケーション方法になった時期に専門家が予測したより、はるかに狭いものだった。実際、インターネットの普及に伴って出てきた議論は「デジタルデバイド」の方だ。この用語は、多くの人びとが未だにインターネットはおろか、コンピュータそのものにもアクセスできない状態にいることを表したもので、結果、いわゆる「第五階級（放送メディア）」〔ヨーロッパ史で出てくる三階級（第一階級＝聖職者、第二階級＝貴族、第三階級＝平民）に加え、第四階級＝紙媒体メディア（新聞など）、第五階級＝放送メディアと呼ぶことがある〕に関わることもできない状況を示した。こうした視点は、インターネットの研究者や実際の戦略に関わったストラテジストらが、インターネットが社会を変革する可能性について二〇〇〇年のあの日まで高らかに語っていた、ユートピア的な将来像に水を差すものであった。あの日とは二〇〇〇年三月一〇日、「ITバブル」がはじけた日のことである。インターネット批判の大半がテクノロジーへのアクセスの問題を取りあげてはいたが、その根底にあったリベラル派の懸念は、インターネットにアクセスできないことが、市民社会にアクセスできないことにつながり、人びとが民主的な公取引に参加できないことについてであった。

オンラインアクセスは劇的に増加したが（たとえば、アフリカでは二〇〇〇年から二〇一〇年の間でオンライン人口が二〇倍に増加している）、デジタルデバイドの問題はインターネット時代の継続的な問題として今でも意識される問題だ。二〇一五年現在、アフリカでインターネットを利用しているのは、人口のわずか九・八パーセントである（Internet World Stats 2015）。一方で、インターネットが他ではできない方法で人びとを自由にする可能性についても、ウェブや新メディアの研究では繰り返し議論されている。二〇〇九年のイランの選挙がその好例となる。ここではつぶやきサイトであるツイッターが関心を高めるのに使われて、インターネットの啓蒙効果が再び注目された。ツイッターは、世界的なメディアが情報にアクセスできない国から情報を発信するための重要なプラットフォームとして機能したと、メディアでは論じられた。グロスマンとモロゾフは、米国務省がツイッター社に対して、イランの選挙時に予定されていたメンテナンスを延期するよう要請して、（イラン）国外とのコミュニケーションが中断される事態が起きないようにした、とさえ主張している（Grossman 2009, Morozov 2009）。同じ理由で、ストレバーニーとキアバニは、ツイッターがイランのネット言論において、より広く革命を象徴する略称となったとする（Streberny and Khiabany 2010）。政治の分野でオンラインキャンペーンへの期待が高まり、その方向に広く文化がシフトしていることを考えると、この主張の説得力も強くなる。

イランの状況に関してもっとも影響力があったツイートは国外からのものであったことが証明されているが、それでも重要なポイントは、再編された新しいコミュニケーション手段が、テレビや活字出版など他のコミュニケーション手段を巻き込むほどに影響力のあるプラットフォームになったということである。ソーシャルメディアで起きていることが、他のメディアチャンネルでも取りあげる価値のある話題になって久しく、スポーツニュースも急速にそのプロセスの一部になっている。つまり、当時のイラン国内でのツイッター利用は限定的であったとしても、影響力を持つユーザーがコンテンツを共有し、マスメディアがその動きを報道したことで、最初のプラットフォームの意味を超えたところまで影響は拡大したのである。フェイスブックやツイッターなどのソーシャルメディア環境が主要な役割を果たすようになったのは、初期に使い始めた少数の人びとのおかげだという仮説を立てることも可能なくらいだ。イギリスのコメディアンで、作家、評論家でもあるスティーヴン・フライの例を考えてみよう。二〇〇八年、フライはCNNのようなメディア大企業も名を連ねる、世界のトップ一〇リストに入るくらいのツイッターユーザーだった。フライはアップルのアイチューンズ(iTunes)と提携しており、イギリスではデジタルの未来についての議論の常連だった。また、有名人だったこともあって、ツイッターを広めるのに貢献したことに疑いはない。メディアの形成過程においては常に、知的エリートが大衆を動かすプロセスを伴うが、同時に、デジタルテクノロジーとスポーツに注目することにも意味が生まれる。なぜなら、注目するのは大衆による利用という側面で、特に、デジタル民主主義というような議論とは無縁の人びとが利用することの影響を探ることだからである。

デジタルデバイドについての議論が始まって二〇年経った今、世界におけるデジタル利用の状況は様々に変化した。格差は縮小している。多くの人びとが、デジタルテレビ、パソコン、公共図書館、モバイル機器など、何らかの形でインターネットにアクセスできるようになった。中国でも、インターネットへのアクセスが激増、二〇〇八年には四億人が携帯電話を利用し、インターネット利用者最大国としてアメリカを追い越している。二〇一三年までにこの数字はさらに増加し、インターネットへのアクセス手段としてのスマートフォンの利用も急速に増加した。二〇〇九年には携帯電話を介したウェブユーザーはおよそ二億三〇〇〇万人だったのが、二〇一三年には四億六〇〇〇万人を超え、二〇一四年末には五億五七〇〇万人（Reisinger 2015）、二〇一五年半ばには六億六八〇〇万人となった。増加しているのは都市部だけではない。新たにインターネットを利用し始めた中国人の半数は農村部の人間だ（BBC 2012）。また、国別の格差も、小さくなっているとは言えないまでも、変化している。この点から言うと、問題はテクノロジーへのアクセス格差が縮小することではなく、これまでアクセスがなかった人びとが適切なデジタルリテラシーを獲得したことで、意味のある行動ができるようになったか、ということだ。

デジタルデバイドに継続して対処する必要を否定するわけではない。パソコンは安価になり、使い方も簡単になった。オンライン公開は、それほど知識のない人でも（特にソーシャルメディアを通じて）できるものになった。それでも、デジタルテクノロジーを早く使い始めた人びとはその恩恵を享受するのにもっとも有利な立場におり、最大限の恩恵を受けることができる。また、オンライン公開や放送がフリーウェアによって、プロでなくてもできるようになったとしても、そのような環境を利用するのに必要なソフトウェアに関する知識には大きな幅や変化が生まれている。たとえば、数年前のウェブデザイナーなら、個人のホームページ作成には一つか二つの専用デザインパッケージさえ利用できればよかった。しかし過去五年ほどで、動的なウェブコンテンツが普及し——数例を挙げれば、ブログ、ワードプレス（WordPress）、タンブラー（Tumblr）など——、それらは利用するのに大した技術を必要とせず、資金も少なくて済むものだ。多くのプラットフォームは実際無料で利用できるが、それぞれ、ユーザーに繰り返し新しいやり方を理解することを求めるもので、多くの人にはその能力がないかもしれない。今人気のプラットフォームはどれも、ライブストリーミング、動画コンテンツ配信、マルチカメラ自動編集、さらにはVRコンテンツの作成までできるようになっている。こうした機能はかつてはかなりの資金を必要とするものだったかもしれないが、今では無料、あるいは廉価で、オンラインプラットフォームとモバイルデバイスで提供されている。そうすると、今日社会がデジタルメディアで直面する最大の課題は、毎日のように新しい環境が開発されているプラットフォームがどう機能するのかを、人びとが理解できる力ということになる。

デジタルテクノロジーの格差は縮小しても、デジタルリテラシーの格差は引き続き存在する。ある意味では、リテラシーの格差の方が単なるテクノロジーへのアクセスの不公平より注意すべき問題かもしれない。インフラやテクノロジーさえ提供すれば簡単になくなるという格差ではないからだ。この格差を縮小できるかは、できるだけ多くの人びとがデジタルテクノロジーの様々な進歩を享受し、そこに生まれる新たな機会を活用できるよう、知識ベースのスキルを継続して学んでいけるかにかかっている。この格差は当然ながら、資金によるものでもある。世界でもっとも利益を上げているオンラインゲームの『ワールド・オブ・ウォークラフト（WoW）』を例に考えてみよう。多くの点で、これはオンラインゲームの革新性を具現化しており、ネットワークでつながったモバイルゲームの発展を予見させるものだ。しかし、このゲームやその他革新的なコンピュータ文化に参加するためには料金を支払い、さらにゲームが必要とするスピードに対応したブロードバンド接続が必要で、これにも金がかかる。コストは他のコンピュータゲームと同じくらい（年間二〇〇ドルほど）だが、誰もが払えるとは限らない。もっと最近のゲーム『マインクラフト（Minecraft）』についても同じで、これを巡っては巨大なネットワークが生まれている。三〇ドルの料金を一度支払うだけなので、参加はしやすいのかもしれない。何にせよ、社会がデジタルデバイドの問題に対処するのであれば、デジタルリテラシーの問題に取り組まざるをえないのである。

今日のデジタル文化についてはこのような懸念があるものの、コンピュータは先進国社会のあらゆる側面に影響を及ぼしている。私たちが社会と関わるその場にコンピュータがなくても、コンピュータは私たちの毎日の行動――車の運転、電車での移動、クレジットカードの使用など――を支えている。流通と経済インフラのグローバルなチャンネルを作りあげ、維持している。その影響力は私たちを取り巻く「ネットワーク社会」という、カステルの概念に集約されている（Castells 1996）。商取引、政治、教育、余暇の分野で、情報通信技術（ＩＣＴ）は人間の能力を変化させ、これからも変化させ続けるだろう。そして、生物学的プロセスや工学的システム、そして社会制度を説明する、複雑なアルゴリズムを新たに作りだしている。コンピュータ作成のモデルやシミュレーションは建築、デザイン、飛行訓練、経営、医療手術、運送システム、人間工学、観光、教育の分野で欠かせない手段である。さらに、これらの分野のどれか一つでコンピュータが達成した革新的な成果は別の分野で応用できるものであることが多く、ネットワーク社会の利点を強めている。

コンピュータが関わる複雑な歴史はこれからも続き、ある意味でそれは、イノベーションと絡み合う歴史でもある。たとえば、ゲーマーは今、コンピュータゲームの豊かで多様な歴史の流れを享受しているが、その歴史は、一九七〇年代のピンボールマシンに始まり、ゲームセンターでのオートバイレースや競馬ゲームを経てきた。さらにパソコンの普及により、オートバイレース、サッカー、スキー、ボクシング、バスケットボールなどのデジタルシミュレーションが可能になり、広く親しまれるようになった。デジタル文化のイノベーションに関わるこうした例はその豊かさを表すものであるが、マスメディアでコンピュータゲームが取りあげられるときにはほとんど語られない。逆に、コンピュータ文化は一定の視点からだけ語られることが多い。コンピュータの発展の様々なストーリーを見れば、デジタルの進歩が一つの方向にだけ向いているとは言い切れない。コンピュータの処理能力が向上し、画像も鮮明になり、接続スピードも速くなったのは確かだが、そうした進歩だけが、コンピュータ業界がゲームを通じて達成しようとしたことではない。二一世紀最初の一〇年では、コンピュータ文化へのノスタルジアが、ポピュラーカルチャーの一つのカテゴリーとして登場してきた。

一九七〇年代後半から一九八〇年代初め頃の、ZXスペクトラムやアタリのゲーム機を覚えているだろうか。こうしたゲーム会社によるゲームが、異なるゲーム機でも再生可能なエミュレータの開発により再びプレーできるようになっている。エミュレータの多くはフラッシュベースの端末を使用し、通常はウェブブラウザ経由で、時にはテレビやモバイルデバイスに直接接続する方法で、昔のゲームを新しいOSでプレーすることを可能にした。ゲームエミュレータや、比較的初歩の画像、音声、ストーリー構造のゲームがインターネット上で無料ストリーミングできるゲームとして人気を博している。「ミニクリップ（miniclip.com）」などがそうしたウェブサイトの典型である。二〇年前にコンピュータゲームを楽しんだ世代がこうしたテクノロジーによって、昔の体験を再現できるようになった。もちろん、ゲーム環境そのものは劇的に変化している。一定のポジションで操作するしかなかった一九八〇年代のジョイスティックは動きに反応するワイヤレス機器にとって代わり、初期のゲームの特徴だったちゃちな画像と繰り返しのメロディはサラウンド方式に代わっている。

このような変化の軌跡を理解することは、コンピュータ文化のイノベーションの社会的意義の分析には欠かせない。コンピュータゲーム産業の誕生を映画産業の誕生に擬えるなら、ゲーム産業はまだ、サイレント映画の段階にいる。ゲームが行われるデジタルスペースさえ、まだ変化の途上だ。ようやく最近になって、ソーシャルメディアの巨大企業のいくつかが、無料のオンラインゲーム体験を統合し始めたばかりだが、単純なプラットフォームゲームか、レトロなゲームが多い。プラットフォーム上で初期のコンソール型ゲームを再現することは、コンピュータに新たな文化を創造することであり、デジタル文化を美しく、豊かにするものであり、さらにその価値を再確認させるものである。そのようなゲームは、デジタルテクノロジーの最先端の体験ではなく、ノスタルジアを味わうものとして、余暇の新たなスペースとなる。それらは、リアルな画像や複雑なストーリー構成、イギリス人数学者のアラン・チューリングが言ったような相互作用を追求したハイテクゲーム機の開発とは違う、ゲーム文化の価値を表している。今日モバイルゲームは、近代都市生活の特徴である、場所と場所のギャップを埋めている。通勤時間や移動中がデジタルを通じて社会の動きを追うスペースとなっているのだ。

新たなゲーム空間は、デジタルテクノロジーの最先端の別の側面を反映している。スペクトラムエミュレータをフェイスブックと混合することは、ゲーム文化のイノベーションをさらに拡大するものだ。このような混合は、レトロゲーム体験を新たに作りだすことであり、ゲーム業界は画像の改良を追求しているという思い込みを打破する新たな一章を、ゲームの歴史に書き加えるものである。これまで述べてきた例でもっとも重要なのは、昔のゲーム体験を再現することの価値だ。様々な形を取るオンラインモバイルゲームはゲーム文化の再定義の道を開き、それには、かつてのボードゲーム（盤上ゲーム）のリバイバルまで含まれる。フェイスブックでは、『スクラビュラス』が二〇〇八年に大人気となった。これに対して、ボードゲームの『スクラブル』の商標権所有者らがデジタルミレニアム著作権法（DMCA）を基に提訴し、ソーシャルメディア上で未認可のゲームの拡散を止めようとした。フェイスブックとしては初の商標権争いである（Ahmed 2008）。結果、二〇〇八年後半にスクラビュラスは北米のユーザーが使えないよう、プラットフォームから削除された（Goel 2009）。その後、インドのデリー高等裁判所の判決に従って、同じゲームが『レクスロス』と名を変えて、再発表されている。

2　スポーツ文化とは？

オンラインゲームについてのストーリーの数々はそのまま、スポーツ参加の文化についての議論にも通じる。二一世紀の文化としてゲームと同じくらいに重要なのがスポーツ参加と観戦であり、過去三〇年の間にどちらも巨大ビジネスに成長した。二〇〇八年の世界金融危機の際には、主要なスポンサーが試合やクラブから撤退したため、危機的状況に陥ったスポーツもあったが、経済価値としては揺るぎなく毎年巨額の成長を遂げている。メディアコンテンツの進化のおかげが大きいが、契約方法の変化によるものもある。たとえば、欧州サッカー界ではボスマン・ルールによって、あるチームから別のチームに移籍する契約が満了した選手について「「移籍料」の要求」ができなくなった（McArdle 2000）。その影響は多方面に及び、ヨーロッパ域内での選手の移籍もその一つだ。だが、もっとも重要な変化は、新しい契約の交渉に選手自らが持つ影響力の強化で、収入の劇的な増加につながった。サッカーの財源確保の方法にも大きな変化をもたらし、業界の価値も大きく変わった。サッカーは単に真剣勝負の試合だけではなく、巨額の投資を呼び込める巨大ビジネスとなった。

その中心となったのは有名アスリートの価値の上昇で、同時に、商品化などでアスリート名をライセンス契約することの意味も大きく変わった。今日、人気スポーツのトップアスリートはオーデコロンから保険までなんでもライセンス契約できる。アスリートが試合に登場する際も身に付けているブランドは明らかで、テレビで見るアスリートの姿のどこかに必ず、何かしらのロゴがついている。二〇一二年のロンドン大会開催前、アメリカ人陸上選手ニック・シモンズは、オークションサイトのeベイで自身の身体を宣伝スペースとして売りに出したくらいだ。落札すれば、二〇一二年の競技中、シモンズの腕にツイッター・アカウント名をタトゥーにして、披露できる。オークションの説明文は次のようなものだった。

二〇一二年のオリンピック参加アスリートの肉体を通じて、あなたのツイッター名を宣伝するユニークなチャンスです。私は二〇〇八年の陸上競技のアメリカ選手団メンバーで、現在は八〇〇メートル走で全米第一位、世界第六位にランクされています。今年二〇一二年のオリンピックでは出場するすべての競技で、オークションで落札した人のツイッター名を左肩にインスタントタトゥーとして入れて走ります。

これは、スポンサーがアスリートの身体を使ってブランド名を宣伝する、史上初の例である。ただし、提案が簡単に消せるタトゥーであることは覚えておくべきだろう。ロゴではなくツイッター名を見せるという提案は、ロゴの意義を考え直させるという従来には考えられなかった疑問も生んだ。ユーザー名の方が――ロゴなどのデザイン画ではなく――、ブランドを覚えさせる方法として当たり前になった状況の表れである。オークションで競り勝ったのは、――もっともだと言えばもっともな――マーケティング会社で、ツイッターのハンドル名は @HansonDodge だった。一万一〇〇〇ドルでタトゥーの権利を買い、その後さらに費用を投じて、シモンズを登場させた宣伝ビデオも製作している（Elliott 2012)。国際陸上競技連盟（ＩＡＡＦ）が競技中にタトゥーを見せることをシモンズに許可するとは思えなかったが、この行為自体、超有名なアスリートのみに注目する、従来のスポンサーシップのやり方に一石を投ずる、革新的なチャレンジであったことは間違いない。事実、オリンピックでのスポンサーシップに関するルールについては、ロンドン大会開始前からアスリート自身が、#Rule40 や #WeDemandChange などのツイッターでキャンペーンを展開して疑問を投げかけていた。キャンペーンがターゲットにしたのは、大会中アスリートが自らの身体や服装を使って商業利益を得てはいけないとする国際オリンピック委員会（ＩＯＣ）のルールで（Rogers 2012)、二〇一六年のリオデジャネイロ大会でも問題として残った。リオデジャネイロ大会に先駆けて、規則第四〇条についてのウェブサイトは次のような意見を掲げた。

- 陸上競技でそれぞれトップ一〇にランクされるアメリカ人アスリートで、その競技で年間一五〇〇〇ドル以上を稼いでいるのは半数だけである。
- アスリートの大多数は、貧困ライン以下で生活しており、賞金、スポンサー契約、奨励金、パートの仕事などからの収入をかき集めて、それでもやっと生きていけるくらいのレベルで生活している。
- アメリカ以外の多くの国のアスリートと異なり、アメリカ人オリンピック選手には連邦政府からの助成金はない。

・全米オリンピック委員会は、限られた数の選手以外には、医療保険や生活補助を支給していない。

同じような例は他にも多くあり、スポーツが排外的な国際ビジネスの利害にますます左右されるようになっている状況を表している。ブランド化が浸透している例は、オリンピック開催都市の契約にも見られる。間接的ではあるが、契約では、開催都市はオリンピック開催中に公式スポンサーではない企業が行う便乗広告《アンブッシュ・マーケティング》を取り締まる義務を負うことになっている。その結果、看板はすべてスポンサー企業のポスターで埋められるか、空白のままとなり、人びとの関心をそこだけに集める宣伝の場と化す。官民双方のスペースをスポンサーが占有することは、——シモンズの行為に象徴されるように——デジタル的に商業化されるスポーツに対しての警告と見ることもできる。それによって、スポーツが高めようとするその他の意義が見えなくなってしまうからだ。デジタル活用のこうした先進的な例は、スポーツのこれからにとって望ましいものなのか、それとも、人間の行為のすべてが金銭的価値でしか測れない未来を暗示するものなのか、私たちに考えさせてくれる。

スポーツの社会的役割には、健康的なライフスタイルを奨励するという側面もある。これは、政府の重要な政策分野とも関連する。スポーツの健康への効果については、世界中でスポーツとエクササイズが医療・健康分野の研究と密接に関連させられてきたことにも表れている。健康科学、スポーツ、エクササイズを専門とする大学の学科は、その関連の研究成果を期待されている。特に、摂食障害など問題となる行動についての理解を深めるものや（Rich and Evans 2005）、経済状況がヘルスケアに及ぼすマイナスの影響を改善できる、革新的なテクニックの開発などだ。ゲノム学もそれに含まれるかもしれない（Miah 2004）。スポーツを活用して健康的なライフスタイルを奨励することは、長い間政府の政策アジェンダにも含まれてきた。近代オリンピックが始まった一八九六年からそうだったと言ってもいいかもしれない。この関連はこれまであまり目立つものではなかっただろう。学校での体育の時間はそれほど多くはなかったし、政策の効果としても、またスポーツ参加の（健康にいいとはとても言えない）実状から見ても大したものではなかった。それでもスポーツは健康増進の道具として、政治的に利用されることが多い。

優れたアスリートが競うスポーツは、国家の野心とアイデンティティとも深く結びつけられている。スポーツの結果は、国家の強さを象徴するものと捉えられることが多い。ヒトラーがベルリン・オリンピックをナチスのプロパガンダに利用した一九三六年以来、長い間、スポーツ界は国家の価値観を示す強力な要素と考えられてきた。近代オリンピック初の聖火リレーはベルリン大会の目玉だったし、今日でも聖火リレーはオリンピックの物語が綴られる中心であり、地元のサポートを作りだすのにも一役買っている。一九三六年大会に見られるイデオロギー的には嫌悪すべき背景はともかく、ベルリン大会のプロパガンダから生まれた原則は、その後のオリンピック開催都市でも生きており、大会を地元の売り込みや宣伝のプラットフォームとして利用する状況は続いている。加えて、スポンサーシップの拡大とテレビ放映権からの収入の増加は、宣伝優先のスポーツ文化の誕生につながった。国家の力を誇示した最近の例としては、二〇〇八年夏の北京大会がある。この大会は、巨大イベントの典型に倣った例としては最後のものと言えるかもしれない。その後は、環境面で持続可能で、責任を果たす開催方法という考え方が登場し、目標も予算もそれまでより控えめだ。二〇二〇年の東京大会のために新たに設計された競技場の計画が中断されたというのは、巨大イベントとしての関心が揺らいでいることの表れかもしれない。東京の競技場の予算が際限なく膨らんでいく中、人びとの支持が弱まり、別の方法を考えざるをえなくなったのだ。

コンピュータゲームのようなデジタル製品のライセンス化によって、スポーツ分野のコンピュータゲームはもっとも儲かるものとなっている。理由は簡単、スポーツゲームが宣伝のためのメカニズムとなり、新たなゲームが常に現れることから、毎年ライセンスが更新されるからだ。ライセンス更新には宣伝に関しても新たな契約が付随している。投資としては安定的で、しかも充分競争力がある。たとえば、ＦＩＦＡ（国際サッカー連盟）ワールドカップのコンピュータゲームはＥＡスポーツ社が四年に一回新しいバージョンを発表し、ＵＥＦＡ（欧州サッカー連盟）欧州選手権優勝チームと選手権についての情報更新とライセンス情報がついてくる。二〇一六年までに世界中で一〇億個を販売した。同じように、オリンピック・コンピュータゲームも夏の大会と冬の大会が開催される度に更新されている。

スポーツの発展が商業的な要因に影響されるのは仕方ないとして、スポーツ団体自体も常に、スポーツが社会で広く果たす役割については積極的に取り組んできた。若者に対して目指すべき模範を作りだすメカニズムとして、あるいは社会について学び、国境を超えた関係を築くチャンスにつながる道を提供するものとしての機能だ。こうした目的を掲げる組織の最たる例が国際オリンピック委員会（ＩＯＣ）である。ゆえに、本書の第3部ではオリンピックを中心に論じる。ＩＯＣが、世界をより良いものにする――というか、これまでの功績をさらに高める――ことに努力しているかについては後に述べるが、そうした義務を自らに課すことによって、他のスポーツ団体以上のことを行っている。その中には本書に関連することもあるが、扱いきれないことも多い。たとえば、ＩＯＣの「オリンピック連帯」プログラムは、大会で得た収入を発展途上国のアスリートがオリンピックに参加するための旅費の資金として使うメカニズムである。他方、「オリンピック休戦」はＩＯＣと国連の共同イニシアティブで、開催中の国際紛争の休戦を奨励するものである。このようなプログラムの成果を批判する研究者もいるが、オリンピックという枠組みの外では実現できないものであり、成功させるためにもっとすべきことはあるにしても、少なくともオリンピック関連組織がそうした問題に関心を示していることは評価すべきだ。

社会的に大きな目標を目指す努力の一環として、ＩＯＣはオリンピックの放映権獲得に関して、最大多数の視聴者に無料で映像を提供できることを条件にしてきた。自らに課したこのような義務は、経済的に困難な時期やテレビ宣伝の市場が縮小している時期には果たせない。二〇〇九年、有料のスポーツ放送専門テレビ局、セタンタ・スポーツ（現 eir sport）が倒産手続きに入ったが、ＩＯＣはその際、主要な競技については無料で視聴できることを条件として、オリンピックの放映権を番組ごとに料金を支払うペイパービューのテレビ局にも与える可能性について話し合いを始めた。二〇一一年には、ヨーロッパ諸国の全国放送局のほとんどが加盟している欧州放送連合（ＥＢＵ）が放映権を失い、ペイパービュー放送局によるオリンピック放送の時代が迫っていることを暗示した。世界中の視聴者に映像を届けることはＩＯＣ憲章の中核をなしており、ペイパービューでテレビの視聴時間は減っても、その目的は達成可能だとIOCは主張している。さらに最近では、ユーロスポーツ——親会社はディスカバリー・コミュニケーションズ——が複数のプラットフォームでの放映権を一三〇億ユーロで契約したが、これは（すべてのプラットフォームをカバーする）放映権全体が一つの契約の下に行われるという新たな時代の到来を告げるものである（IOC 2015b）。

そうだとすると、前に述べたスポーツの商業化は、スポーツの社会的価値への影響としては大した問題ではないのかもしれない。プロスポーツにおいてはスポンサーがあらゆるところに存在するものだとしても、プロスポーツが文化活動の一部である所以は、プロアスリートたちが歴史を作る競技の場を生みだす力にある。新記録の達成や驚異的な身体能力の発揮など人間の能力の限界を超えることだ。これだけでプロアスリートの能力のすべてを描き切れないが、プロスポーツと単なるレクリエーションとしてのスポーツを区別する必要条件ではある。人間の驚異的なパフォーマンスを体験できるという可能性なしには、プロスポーツの意義は成り立たない。

スポーツ文化のこの一面は、広く現代社会の価値観や問題と密接に結びついている。特に、センサーを使って人間の動きを追いかけるウエアラブル端末などの革新的機器を通じて身体化され、物理的な体験となりつつあるデジタルスペースでの私たちの生活に関わる価値観や問題だ。この二つの変化は、次世代のスポーツとコンピュータがどのようなイノベーションに向かうのかを暗示している。身体的でありながら、デジタル的に構成される活動を創造することだ。伝統的には、スポーツとデジタル文化は対極に位置するものだと考えられてきたことを考えると、この変化の意味は決して小さくない。コンピュータ文化の台頭は、ただちに身体活動の崩壊に結びつくと考えられてきたからだ。

世界中の政府の多くは未だに、スポーツを文化活動の一つとして捉えているが、他の文化産業とは異なる面が数多くある。その違いを明確にする理論的アプローチにも色々あり、スポーツや文化についての根本的な論争から、スポーツとその他の文化活動を分つのは単純に、新聞紙上でスポーツが他の文化活動より大きなスペースを占めているという実証に基づいた議論まである。この単純な観察に基づいた比較という方法が成り立つのは、私たちが様々な文化活動を比較する際まず行うのが、メディアでどのように報道されているかを比べることにあるからだ。つまり、それらの活動が社会経済や政治、文化の領域にどのように食い込んでいるかを見ているのである。

文化事業はそれぞれにユニークだが、スポーツ文化が人びとの日常で特別な地位を占めるのは、参加者あるいはファンのどちらかとして関わるという独特な経験を通してだという主張がある。これには用心してかかる必要がある。プロスポーツが歴史に残るような功績を挙げて、その価値を高める様子を目撃できることの魅力に注目しての主張かもしれないが、一方で、スポーツ観戦の願望はファンの幼少期に養われるもので、成長の過程で意識していくものかもしれない。スポーツに関する理論の中には、その体験を一種の宗教的・精神的啓発に準える考え方もある。音楽やダンスのような特異な創造的表現についても使われる考え方だ。要するに、スポーツの意義は他の形態の文化活動とはまったく異なるというのは賢明ではないかもしれないということだ。とはいえ、スポーツの人気に二つのレベルがあるのは確かだ。第一に、有名アスリートのメディア露出が英雄崇拝や賛美の現代的表現として機能し、それがスポーツの人気を支えている。第二に、チームへの忠誠心や競技そのものを追いかける経験を中心にコミュニティを形成させることで、スポーツ以外の様々な社会経験（パブリックビューイング、ユニフォームの着用、シュプレヒコールなど）を共有させる。人びとにとってスポーツが大事なのは、こうした連帯感ゆえだという説明に納得できるかどうかはともかく、この行為が世界中で顕著であることは財政、政治、文化、社会などあらゆる面で明らかである。スポーツは世界共通の言語であるという考え方でなら、その価値も説明できるのかもしれない。スポーツは、個々の主張が入る余地がない、広く同意されたルール内で目的を共有する参加者がいなければ成立しない。スポーツ参加が、国内及び国際的ガバナンスの様々なレベルで作用するルールによって可能になっていることを考えると、スポーツがその価値を高める力もかなりのものとなる。

だが、スポーツを理解するにはさらなる検証が必要だ。スポーツビジネスは規制だらけで、アスリートの身体は足の先から頭の天辺まで、スポンサー収入とライセンス獲得を見込んでの、詳細で明確な規定で管理されている。また、アスリートの肉体そのものに商標を入れることはないものの、スポンサーのロゴはフィールドやコート、アリーナのあらゆるところで目につくようになっている。スポーツ競技場での商標表示のテクノロジーは格段に進歩した。かつてはスタジアムの端に看板を立てるくらいだったが、今では、テレビ画面では（サッカーの）ピッチ内に幾何学的デザインのグラフィックスが浮きでる仕掛けになっていたりして、テレビを通じて視聴者に訴える効果を最大化しようとしている。

スポーツ界での商標顕示は圧倒的で、それが存在しない状況はないと言っていい。オリンピックはそうした操作の典型例であり、同時に、競技の場の中立原則を守る守護者でもある。たとえば、スポンサーの旗はオリンピックスタジアム内ではなく、外にしか掲げることはできない。今後もこうした原則を維持できるかどうかはわからないし、ここでもデジタルテクノロジーが変化をもたらす道具となるかもしれない。モバイル機器がオリンピック放送にとっても重要な役割――（コンテンツを個人仕様で見る）ナローキャスティング――を果たすようになっている現在、スポンサーがスタジアムに組織的に入り込む手段はモバイル機器で受信される拡張現実（AR）コンテンツを通じてのものかもしれない。ライブでの観戦を「セカンドスクリーン」での視聴と連携させるようにするなら、スポンサーが視聴者に訴える範囲を制限するということ自体できなくなる。

スポーツベースのコンピュータゲームもこのプロセスを逃れられない。ゲームアーキテクチャに宣伝を組み込むことは、人目を集める宣伝の重要なメカニズムである。スポーツゲームは何よりも、宣伝する側がターゲットとする視聴者を開拓し、ゲームを通じてファンを惹きつけ続けるための装置であると考えるべきだ。スポーツゲーム文化の根本について考えてみると、業界の経済的指標というのが前面に見えてくる。ここから、ゲーム文化とは単に、ゲームの追求が目的ではなく、ゲーム信奉者を経済活動に結びつける道具でしかないという皮肉な見方も出てくる。

3　オリンピック文化とは？

「はじめに」でも説明したように、デジタルテクノロジーとスポーツの関係は、オリンピックの歴史的発展の研究を通じて明確になる。オリンピックはプロスポーツを巡る業界の様々な動きを追うための恰好の材料である。メディアテクノロジーもオリンピックをきっかけにイノベーションが生まれており、スポーツ文化が過去一〇〇年の間にどのように進歩したかを分析するのに適切なケースにもなる。さらに、オリンピック組織はオリンピック憲章に示されるイデオロギーに導かれるという点で独自の組織であるから、そのインフラはスポーツと文化の基本的な結びつきを表すものであり、社会で作用する様々な価値観の形成にも役割を果たしてきたことを、まずは検証していきたいと思っている。

たとえば、金メダルのシンボルに込められているのはオリンピック大会が持つステータスの高さであり、それは、広い意味で人間の卓越した能力を讃えてきたオリンピックならではのものである。そうした価値観はそのインフラにも浸透しており、だからこそ、最新の技術も、他のスポーツイベントではなく、オリンピックで最初に採用されてきたのである。「卓越した能力」を奨励するという目標は、スポーツ以外の面にも全面的に採用されており、「文化オリンピアード」〔オリンピック開催中、開催都市で催される文化の祭典〕では世界一流のアートを展示することを目指している。オリンピック自体でも、スポンサーのパビリオンでは、レノボのコンピュータやサムスンのスマートフォンなど、最新のテクノロジーを展示している。スポンサーが大会開催中の展示を通じて未来を示すというのは義務になっているわけではないが、最近の大会ではそのような色合いがますます濃くなっており、スポンサーが大会中に配布するマスコミ向けの資料もその役割を果たしている。ここでもまた、スポーツとデジタルテクノロジーが進歩を暗示しているという意味で重なっている。アスリートは人間の進化を示すものとして、デジタルテクノロジーは人間が科学技術を制覇したことの証拠として、進歩を表す比喩となる。

通常「オリンピックファミリー」と呼ばれる組織を、一つのシステムとしてまとめて説明することはむずかしい。オリンピックムーブメントの公式機関である国際オリンピック委員会は、オリンピックブランドの専有権（及びそれを守る義務）を保有している。つまり、オリンピックに関することについては「最高権威」である。現在は九八人のメンバーと二〇六の国別オリンピック委員会から構成され、各種目の国際競技連盟（ＩＳＦ）が切望する認証を授受する権限を有する。ＩＯＣ憲章は、オリンピックムーブメントの広い目標を掲げており、その中には、明らかに人道的な、あるいは社会的な目的も含まれる。そうした目的は、一八九四年にピエール・ド・クーベルタン男爵が古代オリンピックを近代オリンピックとして復活させた際の中核を成している。クーベルタンがオリンピックを国際大会として復活させようと願った時期は、他にも様々な国際運動が発展していた時期と重なっている。実は、それ以前にもオリンピックを復活させようとした試みが二回あったが、どちらも失敗した。クーベルタンの案が成功したのは、それが国際的側面を持っていたからだという説が強いが、もう一つの理由として、当時フランスの若者が社会の現状に失望しており、その社会的停滞感を何とかしようとした彼の意欲も挙げていいかもしれない。

オリンピックの復活についての文献は数多くあるが、ここで重要なのは、近代オリンピックが思想的・社会的意義を追求し、組織団体に対してスポーツ以外の分野の問題についても留意することを求めるものであったからこそ、デジタルイノベーションについてもそれが反映されているのである。そうした目標はＩＯＣの活動の多くに反映されているが、それがもっともよくわかるのは一九九二年のオリンピック休戦の復活であろう。仕組みとしては、ＩＯＣ理事長が国連総会でこうした訴えを行うということになっている。ＩＯＣは長い期間をかけて国連とこうした関係を築いており、二〇〇九年にIOCは国連でオブザーバーの地位を認められた[1]。

こうした目標のもう一つに、責任ある環境計画を通じての持続可能な成長の促進がある。環境はこの二〇年の間にIOCにとって非常に重要な問題となってきた。オリンピック大会は開催都市に対してかなりの環境的影響を及ぼすだけでなく、非常に大きな二酸化炭素の排出が確認されている。IOCは憲章で持続可能性を強調するようになっており、開催都市には大会が引き起こす環境破壊を最小限に留めることが期待されている。その目標については、すでにそれぞれの国が決めた目標達成義務を負わされている開催都市に対して、不合理で、恣意的な目標を課すものではないかと批判されている。環境への懸念を中心に据えるのは、オリンピックムーブメントがその国際的課題を自ら大きく修正するものではないかという見方もある。国連環境計画（UNEP）との協力関係の実状はそれを示すものと考えられる。

オリンピック憲章が掲げる高邁な理想は、しばしば厳しい現実に直面する。オリンピックを、政治からは自由な、人道的な目標を追求する中立地帯として守ることができるのか、IOCの力が試される。IOCが国連と連携したというのは、確かに政治的中立という立場について妥協した一例とはなる。そうではあっても、オリンピックの歴史に描かれた一瞬一瞬は、単なるスポーツ体験を超えたものを象徴するときがある。たとえば、一九六八年のメキシコシティ大会では、アメリカの陸上選手、トミー・スミスとホアン・カルロスが表彰式で「ブラックパワー」〔国旗掲揚の間黒い手袋をはめた拳を突き上げた行為〕を誇示した。一九七二年のミュンヘン大会では、選手村でパレスチナ武装組織がイスラエル選手を人質に取るという事件が起こり、オリンピック史に消しがたい記憶を残した。これ以外にもそれほど話題にならなかった出来事はたくさんあり、オリンピックが政治的立場を表明するプラットフォームとなってきたことを示している。二〇〇八年の北京大会に向けての聖火リレーでは、国をまたがってのリレーコース上で抗議行動と抗議への反対行動があれほど高まることは誰も予想しておらず、結局、その後のオリンピックでは、国際的な聖火リレーは中止された。良きにつけ悪しきにつけ、こうした出来事はオリンピックの歴史を豊かにし、重要かつグローバルなメディアイベントであることを示している。北京大会前の聖火リレーにまつわる出来事は、マスメディア対市民メディアについてのストーリーでもある。リレーについては、組織委員会によって数回にわたって公式ルートが変更され、開催側の情報に依存していたメディアは聖火リレーの進行状況について把握できなかった。一方、様々な場所で、市民ジャーナリスト――インターネット接続のカメラを持った市民たち――は何が起きているかをリアルタイムで報道できた。この例は、ジャーナリズムが個々のジャーナリストや専門機関によってのみ規定される活動ではなく、ジャーナリスト、エディター、メディア組織、そして視聴者がデジタルテクノロジーを通じて、複雑に関係しあって作りあげるものであることを表している。本書の第3部では、デジタルテクノロジーがオリンピック開催に関連したイノベーションの中核を成すようになってきたことを取りあげるが、それは、技術的変化という面からではない。オリンピックに伴う新たなメディアの特徴は、コミュニケーションに関する文化的転換であり、この重要な社会変化に目を向ける。

要するに、デジタル文化、スポーツ文化、オリンピック文化の三つは、スポーツがデジタルテクノロジーと切っても切れない関係であることを示す、「スポーツ2・0」という考え方を本書で発展させていく背景となるものだ。本書はその過程で、この三つが交差する部分のストーリーを語りたいと考えている。それによって、三つそれぞれが「スポーツ２・０」を目指す中でどのような方向に進むのか、テクノロジーや私たち自身の身体性を体験する新たな方法はどのようなものかについて、ヒントが得られるのでないかと考えている。

第2章

融けるリアルとバーチャル

バーチャルリアリティは、集まった人びとがシミュレーションを実際に起きているかのように経験したときに始まった。

ランディ・ウォルサー（Walser 1991, p. 57）

I　リアルとバーチャルは分けられるのか？

スポーツとデジタル文化の研究双方に共通するテーマの一つに、「リアルさ」への関心がある。スポーツはリアルな世界の外で行われるもので、基本的には真剣ではない、意味のない論理に基づくお遊びだと言われる（Morgan 1994）。一定の行為を他の行為と区別して、それについてのルールを定めるという考え方で、そのルールによって、スポーツ独特の行動を導く効率性が定義され、目標達成のための手段が設定される（Suits 1967）。たとえば、野球は、一八・四四メートル（六〇フィート五インチ）離れたところから高速で投げだされる小さな硬球を、独特の形をした棒で打ち返すというものだ。ボールかバットかがもう少し大きければ、または別の材料でできていれば、あるいは投手がもう少しゆっくり投げてくれれば、打つのははるかに簡単になる。だが、野球選手の最大限の能力は、こうした構成要素のバランスをうまくとるということで試される、と思われている。ボールの大きさ、投げる速さ、バットの扱いやすさなどの関係を決めるものは何もない。それでも、現在の選手の身体能力を考えて、道具の仕様はこのように定められている。仕様は決して変えられないわけではない。逆に、スポーツが与える試練やそれが試される方法は変化すると言いたい。野球の構成要素も実は変化してきた。実際、投手と打者の距離は、投手の力が向上するにつれ変化している。

野球の試合の目的は、人間の特定の能力を試すために注意深く考案された運動の組み合わせを下に生まれている。組み合わせの個々の要素は恣意的に見えるかもしれないが、組み合わせられると、選手が自らの能力を試すにふさわしいと思える具体的なセットに出来上がっている。もし投手の打者からの距離がもっと遠ければ、投手は正確なコースには投げられない。逆に、距離が短ければ、打者は投球にうまく反応できない。野球選手は試合でそうした試練にチャレンジするために制限を受け入れ、試合は制限に同意することを前提に成り立つ。同じことはスポーツのすべてについて言える。選手は、自らの能力を試すという喜びを得るために、制限が課せられるという状況を受け入れるのだ。

スポーツは、社会の規範と仕組みの外で行われるという意味で、リアルではないと言われることもある。そうした規範を離れた状況で、アスリートは法的報復について心配することなく、互いに暴力行為を行使できる。格闘技がその例にあたる。このように外からは守られた社会行動領域では、非日常的な行為が許され、通常は法を遵守するコミュニティでもそのような行為が賛美される。

こうした見方は、スポーツ界の出来事と実社会とに関係があるということを認めたうえでも否定されるものではない。スポーツへの参加はスポーツがなければ社会参加の機会がなかった人びとに対して、その機会を拡大するものだと言われる。スポーツの歴史には、スポーツが存在しただけで目に見える社会的・政治的変化につながったり、人びとが象徴的な行動を起こしたりするのにつながった例が満載だ。たとえば、二〇〇〇年のシドニー大会では、政治的な分断状況は変わらなかったにしても、北朝鮮のアスリートと韓国のアスリートが史上初めて共通の旗の下で競技に参加した。そのような行為が可能なのは、シミュレーションされた、シンボリックな世界だけの場合もある。

これら非現実の二つの形は矛盾すると思えるかもしれないが、実はまったく矛盾しない。スポーツは、恣意的な（非現実的な）要素を受け入れる態度があって初めて可能であり、同時に、何百万の人びとの生活に多大な影響を及ぼし、広く政治社会の領域に関連するものでもある。同じ議論はデジタル世界についても展開できる。デジタル世界での時間は非現実的、あるいは、そのような状況の外の生活とは別の、仮想の存在のようなものだ。バーチャルリアリティ（VR）はこうした議論の根本概念で、それがスポーツの実践についての私の解釈とどう関連づけられるかについてはさらなる分析が必要である。

一九八〇年代、サイバースペースにおけるVRは、SF作家のウィリアム・ギブスンによって「合意のうえの幻覚」と呼ばれた（Gibson 1984）。「人間の精神の非空間やデータのクラスターや配列の中で、都市の光が遠ざかるように広がっていく光に」よって生まれる世界である。今日のVR像はこれほど詩的ではなく、バーチャル世界での実体験に基づくものになっているが、「バーチャル」と「リアル」という二つの言葉の違いに密接に結びついていることは変わらない。今日多くの人にとって、オンラインでの生活はオフラインで過ごす時間と同じくらい、当たり前のコミュニケーション手段であり、日常である。私たちにとっては、オフラインとオンラインの生活はしばしば同時進行する。物理世界の移動中にVRを動き回る。たとえば、メールを送る、携帯で話す、あるいはインターネットのナビを使いながら歩くなどだ。デジタルゲームはこの二重性を追求するようになっており、『ポケモンGO』のように、ARを活用してより没入型のゲームに向かおうとしている。今日、バーチャルとリアルの区別についてはより詳しく精査する必要がある。そうすれば、デジタル空間で非現実と現実とされているものを受け入れられるようになるだろう。

一九九〇年代初め、ハワード・ラインゴールドは、VRの概念では、サイバーで過ごす時間がリアルな世界に及ぼす影響について適切に扱えないと論じた。今日のデジタルテクノロジーの機能を考慮すると、この主張についてはどのように考えたらいいだろうか。ポール・ヴィリリオ、ブルース・スターリング、アーサー&マリルイーズ・クローカー、（ある程度は）ジャン・ボードリヤールさえも、目に見える現実と対立するものとしてのVRという議論には関わろうとしない。代わりに、彼らはバーチャルのリアルさを擁護し、ヴィリリオはリアルさの代用としての意義、ボードリヤールはシミュレーションとしての意義を訴える。その違いはあれ、二人とも、デジタル世界での生活には明白な意味があり、確実な影響力もあると見ていた。オンラインとオフラインがますます同じものになってきているとしたら、その二つの関係をどのように考えたらいいのだろうか。

本章では、「非現実性《アンリアリティ》」という言葉を通じて、デジタルとスポーツのそれぞれのバーチャル性の共通項を探り、それらが社会で、似てはいるが、別々のスペースをいかにして構成しているかを論じる。非現実という領域の意味を歴史的・理論的に探求するだけでなく、「非現実性」という位置づけではその意義の一部しか理解できないという考え方についても考察する。その視点から言えば、非現実が意味するものを、公共圏における政治という広い視点から検証することが主眼である。非現実が問題となるのは、従来の現実感覚が揺らいだときだけだ。そのように考えると、デジタルとスポーツのバーチャル性に伴う現実感覚の対比は、単に現実感覚の反映にすぎないことになり、それぞれの存在意義とは無関係となる。言い換えれば、非現実が存在の主流を占めるようになってくると（オンライン生活についてそう言われるように）、人びとはオフライン生活が侵食されると心配するようになる。

そうした状況は「バーチャルな不安」（Kember 1998）を引き起こすと、神経科学者のスーザン・グリーンフィールドは主張した。彼女は、その影響を心配して、オンライン生活を批判している。主張の根本にあるのはバーチャル世界の生活に対する猜疑心で、彼女は、ツイッターなどコンピュータに依存する生活は、オフライン世界の経験でこそ高めうる、豊かで、知的な生活にとって有害であると一蹴する。グリーンフィールドの疑念を知って、私は、独自の文化形態としてのコンピュータゲームが、社会のコンピュータ文化への懸念や、その進展によって身体文化や創造力が衰退するのではないかという心配が集中的に向けられる場となっているのではないかと考えた。私はそのような見方には強い疑念を抱いている。ゲーム文化についての、このような単純な批判に対しては、実際に身体を動かすゲームや娯楽性だけでなく、社会問題の解決を目的としたシリアスなゲームの例を挙げて反論したいと思う。

つづく章では、コンピュータゲームがデジタル文化やスポーツに対する私たちの期待を変化させるかどうかを検証するが、本章では、この二つが似たような内的ロジックによって一体化しているかどうかに注目したい。これは、私の主張にとっては重要なポイントとなる。なぜなら、オンライン生活を批判する側は、VRの判断基準となるはずのオフライン生活が、急速にバーチャルなシステムによって構成されるようになってきているという事実に反する話をするからだ。私たちは、非接触型決済——ビットコイン[1]経済も含めて——から世界大の商品流通を支える巨大なデジタルシステムまで、オンラインに依存している。そうなると、オフライン生活というのは歴史的な概念でしかなくなる。次に訪れるのはデジタル接続の時代で、その特徴は何でもどこでも体験できるということだ。

2　非現実性のどこに価値があるのか？

デジタル世界を非現実と決めつける論は、人びとがオンラインで過ごす時間を減らせば、もっと豊かで、意義深い人生を送れるはずだという主張の根拠にもなっている。一九九〇年代半ばブルース・

スターリングは、そのような懸念はバーチャルな世界での時間によってオフラインの生活がないがしろにされるという不安感にかきたてられていると書いた。

遠くの他人と話ができるのはいいことだ。だが、インターネットを使っている間は、隣人とはおしゃべりしていないというのはよくない。町内の集まりに参加することもなく、地元の友人のためにパーティを開くこともない。近所のベビーシッターを引き受けることもない。自分のこどもとすら話していないかもしれない。こどもたちは居間で、任天堂ゲームに育てられている。

(Sterling 1997, p. 29)

オンラインでの時間が長すぎることの社会的悪影響については、一種の依存症と見る研究が数多くある。「依存症」は社会悪の多くを説明するのによく使われる言葉だ（Funk 2001; Griffiths 2000）。同じことは時にスポーツへの参加についても言われる。スポーツに夢中になっている人の中にはそれだけに熱中し、他の社会活動には参加せず、孤立した生活を送ったり、肉体の鍛錬に異様に固執したりする人もいるからだ。さらに、学校で体育に当てられる時間が減ったことも、スポーツは、数学や科学のようなもっと真面目な科目に比べると大して重要ではないという印象を強くした。プロスポーツでも、トップレベルで活躍するための努力が過剰となり、能力を向上させる薬物を使ってみたり、八百長に関与したりするなど、リスクの高い行為につながると言われる。ここでは、バーチャルな世界とスポーツの場が、軽蔑の対象として扱われている。人との交流を通じて、自らの存在意義を高められる、大切な人生と対比させての二級の人生、つまりはレベルの低い世界だというのだ。新たなビジョンをもたらしてくれる、バーチャルな世界の「セカンドライフ」とは意味が違う。せいぜいが、人生の真面目な部分の支えとなるレクリエーション程度にしか考えられていない。エリアスとダニングの洒落れた言い方を使えば、スポーツの第一の意義はスポーツ以外の生活（Elias and Dunning 1986）、つまり、実生活の役に立つことだ。

デジタルやスポーツの「非現実性」について、このように軽蔑したり、低く評価したりする意見については、どのように対応したらいいのだろうか。今では多くの人びとが対面よりテクノロジー機器経由のコミュニケーションに多くの時間を費やしている。こうした状況をバカにしたり、それに抵抗したりするのは、技術の進歩に背くことになるのか。人びとはほとんどの時間、その二つの世界を難なく行き来し、心地よく時間を過ごしている。携帯電話のユーザーはそれによって人とつながり、すぐに話ができる機会をありがたく思うと同時に、電車内で大声で話したり、飛行機の機内で電話を使うというような行為には眉をひそめる。セイディ・プラントが携帯電話文化について行った初期の研究はこのような矛盾を指摘している（Plant 2003）。彼女が話を聞いた人の中には、携帯電話がないと「何だか物足りない」気がすると言った人もいた（Ibid., p. 64）。同時に、携帯は「緊張やけんか、対立の元」にもなっているらしい（Ibid., p. 33）。

モバイル機器の利用が年々増加していることを考えると、こうした矛盾はさらに目に入るはずだ。だが、文化は適応する。たとえば、会議中に携帯が鳴るのはこれまでは失礼だと思われていた。だが今では、公的な集まりで参加者に携帯の電源を切ることを求められることはまずない。逆に、ソーシャルメディアでコンテンツを共有できるよう、電源を入れておくように言われるときもあるくらいだ。携帯文化にはエチケットなどないと言うつもりはないし、どのような場合でもあらゆる機器の電源を切ることは必要なくなったと言うつもりもない。ただ、テクノロジーについての従来の考え方は変化することを指摘し、好ましくないとか、失礼とか思われていたことが、利用が普及し、それに適応すると、見方も変わるかもしれないと言っておきたいだけである。

現実と非現実という概念は、デジタル文化とスポーツの関係について考えるときに役に立つ道具である。実は私も、非現実という用語が代替現実の意味を揺るがすことは認めながら、その非現実という概念を完全に捨て去ってしまうことにはためらいがある。私たちは、日常生活で現実を求めるのと同じように、非現実も求めるべきだと私は思う。現実空間の決まりごとから離れることは、私たちの想像力と新たなアイディアを追求する能力の発揮には不可欠である。同時に、現実における人間と非現実における人間には存在論的な違いがあるのも確かで、非現実世界での反社会的な行為の例を考えれば、その重要性は明らかである。たとえば、アスリートが審判を脅したり、観客に暴力を振るうなど、そのスポーツの規範を倫理的に侵犯する行為に及んだりしたら、その非現実性は外の世界の関心を呼ぶことになる。スポーツの非現実性が、実社会で広く取りあげられる問題となった例としては、一九九五年にサッカー選手のエリック・カントナが対戦チームのクリスタル・パレスのファンに暴行を加えたことや、一九九七年にボクサーのマイク・タイソンが対戦相手のイベンダー・ホリフィールドの耳を噛みちぎったことなどがある。最近では、二〇一二年のロンドン・パラリンピックでオスカー・ピストリウスが二〇〇メートル走終了後、結果に不満を露わにするということがあった。これに対する観客の反応は、アスリートらは勝敗について文句を言わないという期待を裏切られたというものであった。このような日常の規範を侵犯する行為――あるいはそうしたことがありうるという私たちの認識――があるからこそ、スポーツは特別な意味を持ち、見世物として根強い人気があるのだ。

もちろん、スポーツを単なる非現実とする解釈は、スポーツには現実世界に及ぼす重要な力があるという現実と対立する。単純に経済的な面から考えても、政府が草の根のコミュニティスポーツに金をかけるか、それともトップレベルのスポーツに金をかけるかの違いで、スポーツの意義や体験の意味が劇的に違ってくる。さらに、スポーツの試合での出来事は国家間の政治的関係にも関わってくる。スポーツ政策や参加によって社会変化がもたらされることもある。南アフリカでは、ラグビーが統一の道具として利用された。重要な政治課題に光を当てて、行動を起こす機会を与えることもある。スポーツが競技場を超えて、他の現実にも入り込んでいくことを示す、さらなる根拠である。このように、非現実から現実に移行するからこそ、スポーツは本格的なビジネスとなったのである。

アスリートになることが個人の人生に劇的な意味を持ったことを示す話は数多くある。また、政治的問題への世界の見方を教えてくれることもある。最近ではオリンピック大会がジェンダーの平等を促進するメカニズムとなったり、出場する個々のアスリートが特定のアイディアのシンボルになったりすることもある。オーストラリア先住民族のキャシー・フリーマンは二〇〇〇年のシドニー大会で、競技以外でもっとも重要な行事である聖火台の点火の役割を担い、先住民族の権利を代表するシンボルとなった。彼女の行為、そして、組織委員会が彼女にその役割を与えたことについては、オリンピック公園が建設されたホームブッシュ・ベイ地域で先住民族の権利が無視されていることについて長年抗議運動が続けられてきたという背景抜きには語れない[2]。同じように、一九九六年アトランタ大会で、モハメド・アリが点火の役を担ったことも、アトランタが、一九六〇年代にすでにオリンピックチャンピオンだったアリが差別を経験したアメリカ南部にあるという歴史的重要性と切り離しては語れない。そんなことは単なる見せかけで、本当の社会変化にはつながらないという意見も多い。しかし、このような大々的なスポーツイベントなしには世界が人種差別について知ることもなかったかもしれない。このイベントがそのシンボルとなり、人びとが社会変化を求めて団結することを可能にしたかもしれない。これらの例はどれも、スポーツの非現実性、あるいは、パフォーマンスの場が、その人工的な環境を超越することを示している。スポーツは単なるゲームであるとか、真剣なことが起きているリアルな世界とは別の世界であるという主張は、象徴的な行為がリアルな世界の歴史の重要な一部を成していることがわかった瞬間に瓦解する。

トップレベルのスポーツが真剣なプレーの場であることに疑いはないが、それでも、音楽やダンス、演劇などを通じて得る遊び感覚と同じような要素が強いと考えられている。アスリートは、社会で重要視される美徳――卓越さ、献身的意欲、苦悩など――を象徴する役割を担う。それらの美徳がアスリートの業績に意味を与えている。だが、それぞれのスポーツ環境を離れれば、そのような美徳に実際的な意味はなく、トップレベルのスポーツでの行為は、他の社会的価値にそぐわないと思われるものもある。故に、アスリートの最大の貢献は私たちの価値観を豊かにすることであり、だからこそ、アスリートがいかさま行為を行っていることがわかると大問題なのだ。その努力を通じて、アスリートたちは人間であること、高みを目指すことの意味を深めてくれる。

3　バーチャルリアリティとその歴史

すでに示したように、デジタル世界の現実性についての議論の土台となったのは、バーチャルリアリティ（VR）への関心であった。したがって、現実性を今日のスポーツやデジタル文化にも適用しようとするならば、その前にVRの歴史についても紐解く必要がある。ヘンフィルは、それは今日の社会で特に目新しいものではないと言う（Hemphill 1995）。身近にある（そして、特に気づくことのない）例としては、「文献、レコードプレーヤー、ラジオ、テレビ」が挙げられる（Ibid., p. 56）。これらはすべて、何らかの形で私たちを別の世界に逃げ込ませてくれる。だが、今日のVRはレベルの違いではなく、質の違いに向かいつつあるようだ。少なくとも、VRテクノロジーのレベルの進歩にはめざましいものがある。たとえば、ホログラフィー技術の進歩は、私たちの存在の実感を変化させ始めている。移動の必要性という視点やどこかにいるという感覚そのものが変わり始めた。二〇一五年、マイクロソフト社は「ホロレンズ」なる製品を発表、「あなたの世界とHDホログラムの融合を可能にする、初のライン接続なしのホログラフィックコンピュータ」と紹介した。最近の3Dスクリーンの進歩は、映画製作の可能性や、この芸術様式を通じて表現できることの可能性についての人びとの期待感に変化をもたらしている。VRは様々な意味で、ここでの分析にとって興味あることだが、私はまず、この象徴的な意味について取りあげたい。

VR体験がどのようなものであるか——あるいは単に、別の現実とは区別されるという考え方自体——は、何世紀にもわたる文学作品の数々の中に見られる。文学は一種のバーチャルな現実で、その語りで人は別の世界へと誘われると言ってもいいかもしれない。私たちが存在しているのはシミュレーションの中かもしれない、あるいはそれはどういうものか、といった考え方は、『不思議の国のアリス』や『ライオンと魔女』などのストーリーに共通のテーマで、別の世界で生活するという可能性を私たちに考えさせる。ポピュラー作品もバーチャルな現実を想像させてくれる仕掛けになる。映画『マトリックス』（一九九九年公開）は、私たちが住む世界と区別できない別の世界を見せてくれた。それにより、私たちはシミュレーションの中に存在しているのではない、とは言い切れない感覚を生みだした（Bostrom 2003）。『アバター』（二〇〇九年公開）は精神が肉体を離れて別の肉体に存在できる可能性を提示し、それによってVRについての考え方を、他の存在の中で遠隔的に、認識的に存在するというところにまで拡大した。最近の究極のシミュレーション映画は、『ｈｅｒ／世界でひとつの彼女』（二〇一三年公開）だろう。人間を超えた知性と感性を備えた人工知能が操作するOSと恋愛関係を持つというのはどういうことかを考えさせてくれた。このように「異様な」環境で生きる可能性というのは、個人の独自性というものに疑問を投げかけるだけでなく、私たちが実際に存在している空間を超えた生き方を経験する自由を与えてくれるという意味で、非常に魅了されるものである。

こうしたポピュラー作品は、文学や科学の他の分野ですでに試されてきたアイディアを基にしている。VRの追求は、様々な製作技術を駆使して、物理的な世界を再現する試みだと見てもいいかもしれない。人物デッサンからCADに至るまで、製作技術の発達は私たちの想像力にも密接に関連し、さらには作りだされたＶＲとの関わり方にも関係している。もっと極端な話では、ＶＲを作りだすということは、機械が人間と競えるだけの知的存在として登場してくる可能性を認めることにもなる。つまり、デジタルテクノロジーを駆使して作りだされるＶＲについての議論は必ず、人間が、レプリカント——人間に取って代わることができる自律ロボット——を作りだすことに成功した世界をどう想像するかにたどりつく。一九八二年の映画『ブレードランナー』（一九八二年公開）の世界である。

ＶＲの可能性にワクワクするのは、それがディストピアの要素に覆われているからだ。私たちが介入しなければディストピアが現実になってしまうかもしれないため、対応を考えておかなくてはならない。ＶＲに関する神話と、今日のテクノロジーの実態を区別するには、この点を理解しておくことが重要である。近い将来可能になる応用技術であっても、神話との間には大きな違いある。これは単に現実を確認するために言っているのではない。テクノロジーの進歩は広範囲に及び、生物工学的な変化をもたらすこともありうることを認識するためだ。人間の身体的状態に様々な修正を加えられるようになったことで、私たちは、異なる認識や物質的状況の中で生きることがどのようなものかについて想像せざるをえなくなった。異なる状況は、薬物による興奮状態でも生まれるし、無重力状態のシミュレーションや「エクストリームスポーツ」を通じても体験できる。ブラスコヴィッチとベイレンソンは、薬物使用を、ＶＲ体験を追求する一つの方法と見る（Blascovich and Bailenson 2011）。こうした身近な体験例は、バーチャルな世界での生活がいかなるものかを考えさせるものであり、その効用について考えることにつながっていく。

ＶＲは私たちをいろいろな形で取り巻いている。自動車も一種のそうした環境と考えていい。人間では出せない速さを、風を防ぎ、私たちを濡れずに暖かく保ってくれる殻に入れて守ってくれる、シミュレーションされた環境で体験させてくれるではないか。バーチャルな世界に生きるというのがどんなものかをすでに見せてくれているのだ。飛行機、列車、自動車などでの移動が、VRの一つとして意識されないのは、テクノロジーが境目を感じさせない形で私たちの日常に入り込んでいることの結果であって、それをVRだとする私たちの主張が見当外れだというわけではない。

実際、テクノロジー発展の設計原則は、オフラインからオンラインへの移行の感覚を最小限にすることを目的としている。もっとも優秀な設計は、テクノロジーだと気づかせないようなテクノロジーで、ピーターソンはそれを、「ありきたりのサイボーグ機能」と呼んだ (Peterson 2007, p. 79)。例としては、マッキノンの「サイバースペースでのレイプ」がある (MacKinnon 1997)。テキストベースのゲーム『ラムダムー (LambdaMOO)』で、ゲームコミュニティのメンバー (暴行犯) が、別の人物のペルソナを支配し、他のユーザーが見ている前でゲームのキャラクターに暴行を加えるというものだ。これを、グループ仲間とゲームをしているだけで、キャラクターに起きていることは本当の人間に起きているわけではないとして、問題はないとすることは簡単だ。だが、このような環境は現実と幻想の境を曖昧にする。人びとは異なる理由でゲームに参加する。ファンタジーを体験したいだけの人もいれば、友人と「本当の」話をしたい人もいる。そのコミュニティにいる人びとにとって、そこで行われる行為には意味があり、その点がこのゲームへの道義的な批判の源になった。確かに、サイバースペースは人工的に作りあげられた非現実の環境であると言えば、それならそこで起きることはすべて現実ではないのかと返ってくる。だが、問題は、サイバースペースで起きていることはすべて、参加者にとっては意味があるということなのだ。

マッキノンは、『ラムダムー』上の出来事がレイプを構成するかについては議論の余地があるが、『ラムダムー』上で繰り返しレイプが行われることは、VRのユーザーにとって深刻で、現実的な問題を引き起こす」と述べた（MacKinnon 1997）。事実、この問題は広く取りあげられ、「データベースを社会に」変えた出来事と言われるようになり（Dibell 1993; MacKinnon 1997から引用）、バーチャルの世界が、オフラインでの出来事と同等に扱われたという意味で、日常性を獲得した事例とされた。レイプが日常のものであるというつもりはない。ただ、バーチャルな世界を広く、現実の社会的慣習や考え方の対象にしたことで、バーチャルな世界が単なるファンタジーの場ではなく、意味がある、現実の、日常のありふれた空間に移行することを可能にしたと言いたいのである。つまり、ありふれたものになるということにはオフラインの世界の一部として、どこでも受け入れられるステータスという意味が込められており、それこそが、すべてのテクノロジーが追い求める目標ではないだろうか。新しいテクノロジーのインターフェイス設計にはこの目標が組み込まれているが、達成はなかなかむずかしい。その例としては、「グーグル・グラス」がある。ベータ版発表からわずか二年後の二〇一五年に生産から撤退したのだが、これは、「テクノロジーを排する」デバイスで、邪魔なインターフェイスを無用のものとし、人間の知覚能力に直接訴える経験を創造すると宣伝された。だが、これこそ、これまででもっとも個人のスペースにずかずかと入り込んでくるデジタルデバイスの一つである。

現実とバーチャルの区別をより明確にしたのが、アネット・マーカムが一九九八年に書いた『ライフ・オンライン』だ（Markham 1988）。ここでは、その区別をサイバースペースに関する研究を参考に再検討している。マーカムは、「多くの研究者は、現実という用語について一定の解釈をして、……コンピュータテクノロジーについて語る際には、その現実をバーチャルと対比させて考えることが多い」と書いた（Ibid., p. 117）。だが、その区別自体を問題視することはあまりない。実際、デジタルな現実における相互作用は、架空の現実ではなく、知覚される現実と同じく現実である。ヘイルズによれば、「eメールを使ったり、テキストベースのＭＵＤ〔オンラインゲームのジャンルの一つ〕に参加したりするだけで、自分の身体がたしかに自分のものであるという自明性に問題が生じている」（Hayles 1999, p. 17）。さらに、タークルによれば、「ポストモダンの現在、複数のアイデンティティというのも、それほど突拍子もない考え方ではなくなっている。アイデンティティを、混合したり、組み合わせたりできる複数の役割のセットとして体験する人が増えている」（Turkle 1995, p. 180）。

　今では当たり前のテクノロジーが歴史的に見れば、画期的で、世の中をひっくり返すほどのものであったことに間違いはない。一八三〇年代の人間が、今日のiPhoneや３Ｄ映画、ホログラム映像などを見たらどう思うか。魔法だと思ったに違いないと、スティヴァーズなら言うだろう（Stivers 2001）。だが、そのようなテクノロジーが当時あれば、社会を劇的に変化させただろうと考えるのは軽率だ。現在のテクノロジーを過去の時代に合わせて改良しても、そのテクノロジーが機能し、役割を果たすことを可能にする社会技術システムの影響を考慮していなければ意味はない。魔法を用いてラップトップコンピュータを一八三〇年代に送りこんだとしても、それを動かすソフトウェアやエネルギーインフラなしでは何の役にも立たないし、面白くもない。テクノロジーを、それが機能する特定の社会背景抜きに考えても意味はないのだ。テクノロジーの社会技術的側面は――要するに、テクノロジーを産物としてではなくシステムと見る考え方――テクノロジーについてどう考えるべきかを理解する際に不可欠である（Bijker 1995）。これと同じ趣旨で、パーグマンは、「コンピュータゲームは単なるゲームではなく」、大きな社会構造の一部であると述べた（Pargman 2000）。

ＶＲという考え方の中心には、「没入《イマージョン》」と「相互作用《インタラクティビティ》」という二つの概念がある。形態によってどちらの側面が強く出るかは様々だが、どれにも必ずこの二つの側面が存在する。「没入」は、バーチャルな世界がごく普通に感じられ、現実世界にいるような感覚を引き起こす程度を表す。テクノロジーの性質や性能によって、その体験が、いわゆる実体験の動きや音、形などに比べて自然で、途切れなく、あたかも本当であるかのように思えたりする。没入体験は、三次元ディスプレー、バイノーラル音響システム、動体追跡デバイスを使って可能になる。加えて、オプティックファイバーを使ったデータグローブやボディスーツを使えば、身体感覚がコンピュータ発信の感覚に置き換えられ、ＶＲでの身体接触がユーザーには実際の感覚と呼応する。「相互作用」は、ユーザーがバーチャルな世界で起きることへ与える影響力と、バーチャルな世界がユーザーに及ぼす影響力の効果を指す。周りの環境へのフィードバックは、キーボード、マウス、操作レバーを通じて行われる。運動感覚や触覚を通じて行うシステム、つまり、特殊グローブや油圧式モーションプラットフォームなどを使って動きをコントロールするシステムもある。

デジタルにおけるＶＲはすでに三〇年間以上研究開発されてきたが、それを最初に思いついたＳＦ作家の想像力を満足させるものは未だに現れていない。没入型体験の可能性については、「オキュラス・リフト」「サムスン・ギアVR」「HTC Vive（エイチティーシー・ヴァイヴ）」「マイクロソフト・ホロレンズ」「プレイステーションVR」「グーグル・カードボード」の発表によって関心が再燃してはいるが、完璧に没入できるものはまだ開発されていない。VRが今にも、現実に酷似した体験を可能にすると期待するのは、その可能性の本質を見逃すことになる。かつて想像されたような形で存在することは土台無理である。一九九〇年代の「デジタルテクノロジーへの熱狂」はSF小説やハワード・ラインゴールドのようなサイバーリバタリアンが作りだしたわけではなかった。デジタルな世界が人びとを解放する空間と考えるなら、それは、世界正義を追求する社会経済の変化を示す例として考えた方がわかりやすい。この点は、技術革新とその未来についての議論に潜在するテーマである。インターネットの意義は、この流れで言えば、社会におけるメディアの役割についての私たちの考え方を再構成することだ。その行く末については、ブログの誕生や新聞の発行部数などメディア産業に訪れている最近の危機的状況などに現れ始めているだけで、まだ糸口しか見えていない。メキシコのゲリラ組織、サパティスタ民族解放軍がデジタルテクノロジーを駆使しているという伝説や、ウィキリークスのネットワークについての伝説も、そうした状況を暗示している。VRのこれらの例はどれも実際には、もっとも注目された時期に思われていたほどに多くの人間を巻き込んでいたわけではなかった。それでも、わずかな手段しかなくてもデジタルを使えば多くを達成できるという、私たちの見方には大きな影響を与えた。VRシステムのそうした性格を活かして、VRを真面目な目的で利用しようとする例も出てきた。たとえば、英『ガーディアン』紙は初めてジャーナリズムにVRを導入、グーグル・カードボードを利用して、ユーザーに刑務所に入ってもらい、独房に隔離される経験を伝えてもらっている。

　リアルさの違いについては様々な意見があるが、すべてを凌駕するたった一つの現実があるという前提を立てることはできない。マッキノンによる現実の定義によれば、人間の存在が常に媒介され、解釈されるものである以上、その存在は果たして現実であったことがあるのか、ということになる（MacKinnon 1997）。「現実とバーチャルリアリティの根本的な違いは、感覚と共有された認識の間を媒介、変換する、あるいはインターフェイスするエージェントが介在するか否かである」と、マッキノンは言う（Ibid., p. 4）。マッキノンは現実の条件を、人間の感覚を通じて解釈されることとしていて、それは私が言う「知覚される現実」と同様のものである。だが、この定義では自らの規範の限界を認めていない。つまり、人間はすべて、同じ、あるいは同じレベルの感知力を持っているわけではない。臭覚、視覚、聴覚、触覚などは、人によって違う。すべての人びとが共有する一つだけの現実や様々なＶＲを試す基準となる一つの現実などない。だから、一つの、決められた、真の現実を根拠に、現実と非現実を区別しようとするのは無意味だ。人間の存在は常に自身の感覚やその他のメディアを通じて仲介されてきたもので、バーチャルである。そして、サイバースペースは人間が現実を経験するもう一つのメディアであり、私たちの現実感覚の進化の一例である。

　スポーツについて言えば、この考え方に沿って、参加者と観客を区別する必要がある。さらに、場を移動してイベントをライブで見る観客と、テレビ・ラジオ放送やその他のテクノロジー機器を通じて経験する遠隔参加観客も区別しなくてはならない。このように考えると、ＶＲ観客と参加者の経験も同じようにバーチャルとみなせる。デジタル現実の方がテレビ視聴より楽しいが、実際にその場にいることには敵わないというのはわかりやすい話だ。バーチャル素材（書籍、テレビ、ラジオなど）の経験の仮想性はどれも、読者や視聴者によって同化される。読者や視聴者は観客とみなしてもいい。観客は、自分たちが存在すると思っている物理世界を感じさせる象徴的な動作を介して、現実の文脈に連れてこられる。だからこそ、スポーツを別の形で表現しなおすことは、スポーツ参加が身体化する経験とは比べ物にならないと、ロバーツは論じる（Roberts 1992）。だが、シミュレーションのテクノロジーなら、身体化される行為を忠実に再現する可能性も高いかもしれない。最近発表された「バーチャリー・ライブ」は3DマッピングとGPS追跡機能を使って、スポーツイベントをリアルタイムでコンピュータ動画に翻訳するプラットフォームだ。視聴者は、VRゴーグルを通じてスポーツを観戦し、車の実際の動きを見ることができる。だが、視聴者が見ているのは、カメラが撮影するライブ映像ではなく、コンピュータグラフィックが作りだした画像である。この場合、実際のイベントとVRのタイムラグはわずか六秒で、しかも、シミュレーションなら実際に起きていることに追加情報を重ねて見せることもできる（追加というのは、私たちが自分たちの感覚に依存して見ているものに加えてという意味である）。

一方、参加者のバーチャル体験というのもある。VR内にいて、シミュレーションが功を奏していれば、バーチャルという状況自体に意味がなくなり、単に、現実のもう一つの形になる。ただ参加者に、この経験がシミュレーションだという感覚を思い起こさせるような、認識の残滓のようなものが留まることは考えられる。たとえば、VRで戦闘ゲームをやっているとき、敵軍に攻撃されたとしても、本当に殺されるという心理的トラウマは感じない。自分がゲームの中にいることに気づいているからだ。だが、この点について長々と論じても面白くはない。テクノロジーが濃密な体験を生みだせるかについては、すでに実証の段階だからだ。理論的に言えば、シミュレーションが優秀であれば、認識の残滓などは存在せず、差異を感知できない心理的な幻想のようなものになるはずだ。真のシミュレーションなら、シミュレーションとその外部にあるものとの違いは——映画『マトリックス』で描かれたように——認識できなくなる。そのようなシミュレーションがコンピュータテクノロジーによって作り続けられるかについては、今後のテクノロジーの展開を待たなくてはならない。だが、私たちがそのような感覚を持つにはテクノロジーを待つまでもない。すでに、様々なレベルで見る夢の中で経験している。これだけでも、充分に現実的で、人のパーソナリティに実際に影響を及ぼすような想像の世界を作りだすことは不可能ではないと結論できる。つまり、どちらの側から見ても、感知できる現実と区別できないほど、もっともらしいデジタル環境を創造することは可能に思われるのだ。

これまでに、バーチャルリアリティについての二つの考え方が示された。前者（強いVR）は、人間が経験することのすべてをバーチャルな体験として表現できるから、新たなデジタル現実に画期的なことは（したがって用心すべきことも）何もないと主張する。後者は（弱いVR）、「現実」生活のバーチャル性は認めなくても、デジタルに媒介されるVRも充分に現実的で、それなりに望ましい経験となるとする。どちらにしても、デジタルスポーツ界で起きている「第二波の融合」については一致して認めているようだ。

第二波の融合という動きについてよりよく理解するためには、第一波の融合に関して言われたアイディアを思い出してみることが役に立つ。それに最適なのは、スポーツにおける「情報ハイウェイ」についてブライアン・ストッダートが打ちだしたアイディアだろう。ストッダートは、パソコン、テレビ、ラジオ、電話、eメールなど、様々な情報の仕組みやサービスの融合について想像した(Stoddart 1997)。その発想は、メディア消費の活発化と、ネットワークの境を超えて個人仕様にしたデジタルシステムが可能にする効率性の改善を求める傾向が強くなってきたことに裏打ちされている。それから二〇年、その発想の中の多くが実現され、スポーツがその実現への流れをリードしている。今日のトランスメディア体験では、一つのプラットフォームから別のプラットフォームに移行してコンテンツを共有することが、毎日昼夜の別なく、ある特定の場所でも移動中でも可能である。これは、スポーツのようなゲーム空間での現実と、コンピュータ上のゲーム空間の境界線が曖昧になっていることも意味する。ストッダートが言う融合は、技術革新によって人間の体験がどのように変化するか——ユーザーへの影響——に注目したものではなかったが、人間を中心にした視点から新しいテクノロジーの意味を考えることは、その重要性を理解するためには必要な視点である。

デジタルに関する最近の変化を理解するには、「ウェブ2・0」時代の特徴とそれが人間の相互作用に及ぼす影響を、的確に捉えた表現が必要になる。私たちはもはや、ウェブをサーフィンして、インターネットをブラウズして、データをダウンロードするなどということはしない。すべては、プラットフォームの違いを超えて、クラウドに置かれ、リアルタイムで、一つの次元から別の次元に絶え間なく移行し続ける。現状では、埋め込み型コンテンツのウェブアーキテクチャが崩壊すれば、ウェブ上のコンテンツのほとんどが消失するが、その状況は、アプリベースのウェブ環境へと移行すればするほど、避けられるようになる。

第二波の融合という考え方は、メディアの変化について、技術的な融合だけでなく、社会が文化面でも融合していく必要があることを指摘する、社会技術的な解釈を提唱するもので、それらによって、デジタル変化の恩恵を実際に感じられるものにできる。スポーツは、そんなプロセスの進展を表す恰好の指標である。たとえば、アスリートと観客の体験の融合についての例があるが、これについては第2部で詳しく述べる。こうしたプロセスを動かす最大の力は、アスリートの体験を観客にとってもっと身近なものにして、素晴らしいパフォーマンスを可能にしているものは何かをよりよく理解してもらいたいという、メディア組織やスポーツプロデューサーらの願いである。この願いに応じて、スポーツアリーナは新しいテクノロジーを試し始めている。たとえば、NFL所属のアトランタ・ファルコンズのスタジアムは、観客席が振動する仕掛け「インパクトシート」を導入し、フィールドの選手たちのぶつかり合いに合わせて座席が揺れるようにした。このテクノロジーは、他の娯楽分野でも似たようなものがあり、映画館は4Dの劇場を設置している。観客がシミュレーター内に座って、スクリーン上で起きていることに呼応した動きを体験できるというものだ。観客の体験は単に座って見るだけでなく、将来はこのように、ダイナミックで、全身で感じられるシミュレーションとなるかもしれない。

本章では、VRに対するものとしてのリアルさという考え方について論じてきた。その考えでは、どちらの現実にも独自の意義があるわけではなく、その意味では、デジタル的に可能になってVRが広がってきていることについても、特に心配することはないと主張する。VRにおけるスポーツでは、従来理解されてきた、人間の肉体や身体的な接触は欠落している。だが、これは、接触やコミュニケーションについての私たちの理解の方が適切ではないからだ。オフラインの世界が、他の方法でスポーツに参加するやり方に勝る価値を持っているわけではない。それどころか、他の方法も、スポーツをスポーツ足らしめる特徴には欠けてはいない。バーチャルなスポーツでも人間は存在する。人びとはやはり集まってくる。コミュニケーションも現実に成り立つ。バーチャルなスポーツは人間の存在を単なる、機能的、合理的な存在に貶めるとしてしまうと、その可能性を見誤ることになる。

バーチャルなスポーツでは、チームが共通の場所に移動し、物理的に存在する競技場やフィールドで競い合うことはない。スポーツ2・0におけるインターフェイスは、実際に人びとが集まる物理世界に比べると一体感が希薄かもしれない。だが、人びとが新たな環境に慣れ親しみ、新たなテクノロジーが開発されるにつれ、そのような希薄さは解消されるだろう。さらに、物理的スペースに人びとを世界中から集めることにかかる費用——集まることに関わる環境面の負荷や、真に一体感のある行為をなすことのむずかしさ（すべての人間がそのために、実際に旅ができるわけではない）——を考えると、デジタル的に提供されるスポーツイベントを考慮する意味は出てくる。歴史的には、スポーツは物理的に特定できる場所で体験するものと考えられてきた。数年前までは、社会的なイベントについても同じように考えられていたが、バーチャルなチャット空間が広がるにつれ、そうした方法は数ある相互交流の形の一つと捉えられるようになった。つまり、スポーツをバーチャル化することへの関心が低いのは、スポーツのあるべき姿についての基本的な見方などからではなく、単に人間の肉体を実際に見ることへのノスタルジアの反映にすぎない。そうしたノスタルジアがスポーツを、私たちの歴史観に埋め込まれている一定のフォーマットに閉じ込めている。だが、これでは、私たち人間が種として広く進化していることが視野に入ってこない。私たちの肉体は、データや体験を導く通り道になりつつあり、その相互作用の様式も固定されたものとは限らないのだ。

インターネットに関する初期の議論は、それが、物理世界に立ち戻ることを必要としない、シミュレーション上の生活の可能性を予言するものなのかに終始していた。人は、物理世界での認識をサイバースペースに移し替え、コミュニティの一員であることや自身のアイデンティティなどの意味を同じように再現できるか、というのが主たる疑問だった。今日でも、VRが非現実的な環境なのか、それとも私たちの世界に不可欠のものなのかを巡って、同じような疑問が繰り返されている。こうした疑問は、スポーツやデジタル文化に対してだけ投げかけられているわけではない。同じようなことは、演劇、文学、音楽など、その他の文化・娯楽活動についても言える。確かに、記憶や夢は一種の非現実で、現在議論している現実/非現実二つに見られる非現実の要素によく似ているところもある。私はその二つがそれぞれ、マイケル・ハイムが言う「バーチャルリアリティの形而上学」(Heim 1993)と呼応するスペースを占めていることを証明しようとしてきた。また、別の形の現実が歴史的にはどのように捉えられてきたかを理解し、それに従えば、将来をどのように捉えたらいいのかについても考えてきた。結局のところ、デジタルによるVRの本質が、シミュレーションスポーツのアリーナやその他あらゆる形態の非現実空間とどれほど違うのかについては、まだよく見えていない。マニュエル・カステルは「バーチャルリアリティ」という言葉は誤解を招くもので、なぜなら「私たちが常に、目の前にしたものを何かしらの意味づけシステムを通じて解釈する以上、現実とそれを表すシンボルの間には常に乖離がある」と言っている（Castells 1996）。同じように、N・キャサリン・ヘイルズは次のように述べた。

情報が存在するためには常に、媒介を通じて裏付けられなければならない。媒介は、シャノンの通信路符号化定理〔ベル研究所にいたクロード・シャノンが一九四八年に発表した情報理論〕が掲載された『ベル研究所ジャーナル』でもいいし、ヒトゲノム計画で使われたコンピュータによる位相図でも、VRをイメージ化するブラウン管でもいい。（Hayles 1999, p. 13）。

非現実性についてのカステルとヘイルズの仮説には、VR上の経験は、日常生活に具体的に現れる対面の現実に比べるとその意味も価値も薄く、その体験が非現実性と結びついているがゆえであるとする主張に通じるところがある。この主張では、媒介を可能にする現実が「実際に存在している」ことが前提だ。この見方では、媒介される現実が客観的で目に見える文脈としてあり、他の仮想物はそれと対比されて考えるべきものだとなる。媒介された「現実」もまたバーチャルであるという考え方を否定し、真の現実があることを認めている。VRは劣っているという、このような先入観こそが本書の根本的な問題意識であり、スポーツがその内在的な競争原理の外ではどのような意義を持つのかを探っていく。同様の問題として、ブログには社会を変える可能性があるかという問いを考えることができる。どちらの場合でも、目的は単に、その概念の哲学的意味を明らかにするだけでなく、一定の価値観を示す政策を通じて、そのような考え方が生まれた経緯を理解することである。ブログの場合、サイバースペースに書かれた言葉がそのスペース以外で影響を持つかどうかだけを問題にするのではなく、サイバースペースで作られたものが広範囲の政治社会的議論に登場してくる道筋を明らかにすることだ。これは、その重要性を検証するには不可欠の要素であり、また、その重要性の限界を示す要素でもある。

政治的メディアとしてのインターネットの重要性についての議論は二〇年も続いているが、それでもまだ、ツイッター投稿のようなものをメディア全体としてどのように位置づけるかについては明確ではない。どの形態のメディアが長続きするものなのかの判断がむずかしいのがその一因でもある。週刊誌『タイム』が、ユーザー作成のオンラインコンテンツの量を考慮して、「YOU（あなた）」を「今年の人物」に選んでから一年ほど経った二〇〇八年、バラク・オバマの大統領選キャンペーンでのユーチューブの影響についての議論が巻き起こった。翌二〇〇九年には、イランの選挙についてツイッターが及ぼした世界的な影響が議論の的になった。こうした議論を終わらせることが困難な理由の一つが、ソーシャルメディアの意義についての議論がプラットフォームに集中していて、それを専門的に利用した実践についてではなかったことだ。スポーツについても同じような疑問がある。二〇〇九年、国際オリンピック委員会（IOC）は国連でオブザーバーの地位を認められた。それから数年、IOCはスポーツを平和促進のメカニズムとして訴えることに専念した。だが、スポーツは本当に、世界政治にそのような変化をもたらせられるのだろうか。

この二つのコンテキスト——スポーツとデジタル——を慎重に解析して、それぞれがどのようにして、私たちの現実感覚とそれを規定する社会状況を作りだしているのかを理解してなくてはならない。

『セカンドライフ』の商品化から、バーチャルスポーツのファンのための賭博の発展まで、オンライン生活はオフライン生活に影響を与え、またそれから影響を受けて形成される。私たちの「リアル」という言葉の使い方に微妙なニュアンスを生じさせている。デジタルスペースでの新たな活動の登場を無視するかしないかについての私たちの選択は、こうした活動が私たちの生活の一部となり、それが私たちの世界を形成するのに様々な役割を果たしていることをどのように考えるかにかかっている。

ＶＲの将来について、私はあまり明るくない視点も紹介したが、それは今後への期待に水を差すものではない。スポーツ界には、テクノロジーが存在しない時代へのノスタルジアがあり、それにはＶＲのようなイノベーションへの不信感が纏わりついている。だが、ＶＲを人間の交流がテレパシーで行われる世界と考えられるような豊かな想像力、人がスマート素材によって、コンピュータでシミュレーションされた世界を実際に動いているように感じられる世界を想像できる力があれば、世界の未来像は変わってくる。注目すべきは、世界を変えるテクノロジーの可能性であり、テクノロジーが革新的である前に、当たり前のものになることの重要性である。

第2部

eスポーツの三つの次元

スポーツとコンピュータを使ってのクリエイティブな体験の両方を合わせると、私たちの社会のかなりの部分を占めている。にもかかわらず、二つに共通する土台について、メディアやスポーツに関する研究では取りあげられない。ここまでの章で、人間の経験におけるこの二つの分野のシナジーについて理論化することが大切であることを論じてきた。第2部では、スポーツとデジタル文化を別物として語ることの意味がますます失われていることを指摘し、さらに、最近のeスポーツ人気はこの二つが共有する未来を暗示するものであることを論じたい。そのような考え方は、スポーツを支えるデジタルテクノロジーの全体像を検証すれば、明らかになってくるはずだ。スポーツはデジタルテクノロジーを活用して提供され、デジタル環境はスポーツ独自の論理や倫理に基づくようになってきた。こうした傾向はますます強くなっている。

確かに、スポーツ体験とデジタル世界の体験は明らかに異なる体験だ。それぞれに濃密であり複雑であって、そう簡単に合成できるものではない。スポーツのファンやプレーヤーの中には、インターフェイスを通じてスポーツに関わることには意義を見いだせない人びともいる。その肉体が屈強か、優雅か、あるいは個人スポーツか、相手とぶつかりあうのか、いずれにせよ、スポーツの最たる特徴はその肉体性にあり、デジタルテクノロジーが入り込む隙間はないと、彼らは主張する。同じように、デジタル側の人間は、デスクトップやモバイルでの遊びに、もっと身体を使って入り込もうとは思わないし、そのような遊びがゲーム化されることにも興味はない。しかし、このような抵抗勢力も、スポーツがますますデジタルで伝えられるようになってきて、適応が迫られている。そして、そのような変化は、スポーツとデジタルイノベーションの双方で始まっている。

その変化を示すいい例に、ウエアラブルテクノロジーの登場によって身体運動がデジタル体験の中心を占めるようになってきたことがある。それにより、人びとがデジタルコンテンツを楽しんだり、作りだしたりする方法も変化している。モバイルインターフェイスの新たな形は、デジタル機器の設計や利用でのさらなる変化の可能性を指し示している。たとえば、グーグル・グラスの設計上の特徴の一つに「ウィンク」機能がある。ウィンクするだけで写真が撮れるというものだ。グーグル・グラスが登場するまで、写真を撮影するには、何かしら手に持つ形のインターフェイスが必要で、芸術写真という分野も、カメラのその特徴を巡って発展してきた。グーグル・グラスにも欠点はあるとはいえ、これまでの考え方に挑戦し、写真についての私たちの前提を覆す可能性を見せてくれたことは確かだ。

身体の動きをコンピュータ上に統合することは、デジタルゲームの初期に始まった。スクリーン上で起きていることに呼応して、ジョイスティックを動かすことで、身体的な反応を感じるという経験ができるようになった。ジョイスティックを傾けても、スクリーン上の展開には何の意味もなかったかもしれないが、デジタル文化に遠からず触覚が加わる可能性を暗示するものとなった。その意味では、スポーツもデジタルテクノロジーも同じ目標に向かっているものと言えるかもしれない。つまり、シミュレーションの様々な形を試すことで、別の現実を創造し、経験できるようにすることを目指している。シミュレーションとしてのスポーツが持つ意義には、さらに深い次元があるという解釈もある。スポーツ以外の世界では序列と権力を巡って行われる戦争や武力闘争が、スポーツの世界では、教養を重んじる文明世界の競技として、ルールに従ってプレーされるという見方だ。

今日、ルールに従って行われる文明世界のスポーツは、暴力行為に代わる選択肢として、人間の能力を様々に試すシミュレーションの役割を果たしている。デジタルゲームのプレーヤー――eスポーツ・アスリート――は何年も訓練してまでフライトシミュレーションをプレーしたいとは思わない。プレーヤーが求める体験は、実際のフライトに必要なスキルの開拓と習得の簡易バージョンである。二一世紀のゲーム界はシミュレーションが主流だ。しかも、そのシミュレーションは、元となる現実と区別できなくなってきている。パイロットはシミュレーターで訓練を受けるが、その技術レベルが一般の人間でも手に入れられるようになってきた。二〇〇八年、有名なeスポーツ・プレーヤーが日産のレーシングチームのメンバーに選ばれた。日産初の「ゲーマー出身レーサー」である。さらに、iレーシングのようなプラットフォーム（iracing.comを参照）は公式の自動車レースチームやレース組織団体と協力して、デザイン、物理学、地理学的に見て正確に構成したゲームで走らせるコンピュータモデルの車を設計した。

それでも、こうした融合に対しては抵抗感が残る。人びとは普通、コンピュータゲームとスポーツが同じ位置を占めるものとは考えない。スポーツ観客の中でもテレビやインターネットを通じての遠隔視聴を認めない人びとは、スポーツをライブで見る濃密さには敵わないとして、スポーツとデジタル世界を同等に扱うことには抵抗する。だが、デジタル視聴体験は今では、3Dハイデフィニション・テレビやVRシミュレーターの開発により、ライブで見るより直感的で、没入感の強いものになっている。スポーツとデジタル世界の融合は将来さらに、境目なしのシミュレーション機器の開発によって進んでいく。スポーツ参加のデジタル化が完璧に行われることで、デジタルによる参加と身体的に参加することの違いが感じられなくなる状況である。

VRテクノロジーには、キーボードや手に持つインターフェイス機器以外にも、奇妙で面白そうなものがある。三次元音響効果や立体的な視覚効果、ヘッドトラッキング装置〔特別な装置をつけた、人の頭部の動きを検出する装置〕、データグローブ、ボディスーツ、臨場感を強化するテレプレゼンスを可能にするロボット〔遠隔地の人間と対面で話しているかのような臨場感を提供する機器〕、アンビエンス〔周囲を音が取り巻いた感じを作りだす音響効果〕、身体動作制御装置などだ。こうした高度なテクノロジーの多くが一九八〇年代に想像されたものとは違う形で実現されている。今日のバーチャルリアリティは、わずか二〇年前に考えられていたものとも違う。脱デジタル世界（つまり、デジタル化のさらなる進化よりも、生身の人間として存在することの方に注意を向ける必要がある世界）の視点で捉えなおす必要がある。実際、VR（仮想現実）からAR（拡張現実）へ、さらにはMR（複合現実）へと移行している状況は、VR内から、デジタル的合成により濃密になった物理的な世界への移行を示唆している。こうした形のVRが目指すべきは、物理的な世界から完全に離脱することではなく、そこに何層ものコンテンツを重ねていくことではないだろうか。この方向の可能性を垣間見ることができる最近の試作品としては、スノーボーダー用のAR機能搭載のゴーグル「ライドオン」がある。デジタルゲームのコンテンツを物理世界（雪上）に投影させ、新たなゲーム感覚を楽しむことができる装置である。たとえば、スノーボーダーはこれまでのオリンピックでのスロープを見て、そのスラローム滑走の映像をゴーグルで見ながら滑ったりして、自分のスキーテクニックを過去のオリンピック選手と競うことができる。VR技術はゲームやスポーツに適用されると、ユーザーをバーチャルプレーヤーへと変身させる、あるいは、装置をつけた人間がテレプレゼンスを介してロボットプレーヤーの代わりを務めることができる。バーチャルな世界での体験が私たちの毎日の活動の大半を占めるようになると、物理世界でスポーツを行うことの面白みはなくなる。サイバーアスリートが主流となって、スポーツ界を支配するようになるからだ。もしそうなれば、未来のスポーツ界は、バーチャルへの抵抗どころか、バーチャルではないものや空間への興味が失われていく方向に向かうだろう。人生は芸術を模倣するというが、今や、オフラインがオンラインの人生を模倣し始めたようだ。

第二部では、アスリート、観客、スポーツ関係者――プロスポーツを作りだすのに関わっている人びと――の立場から、こうしたの可能性について探っていく。その道筋は必ずしも技術の発展にだけ注目したものではなく、シミュレーションによって私たちに求められるものは何かを理解することでもある。たとえば、ライブで観戦することに意味があると思っている人を満足させられる空間をシミュレーションで提供するだけでは充分ではない。周りの観客と一緒にスポーツを観戦しているという社会的体験も楽しめるようにしなくてはならない。スポーツの場に身を置き、アクションを見ているときには、他の人びとと交流し、さらには、周囲を取り巻くすべての要素と交わることが重要なのだ。つまり、素晴らしいシミュレーションを作りだすためには、観客が感知する世界の実態を理解することが必要で、試合を見たり、その音を聞いたりする経験はその世界の一部でしかない。コンピュータを通じての経験を提供する、閉ざされたシステムとしてシミュレーションを考えるときも、スポーツ体験の、このように複雑で文化的な側面を無視してはいけない。要するに、デジタルテクノロジーを通じてスポーツをシミュレーションしようとするときも、スポーツを単純化しすぎてはならないということだ。

スポーツの周囲に存在する様々な環境ノイズのおかげで、スポーツ体験は広く社会的コンテキストの中に置かれることになる。スポーツ参加に伴うものは何か、その価値はどのようなものか、こうしたことを理解することが必要である。理解のためには、労働や余暇体験、その他ジェンダー、健康、年齢、民族など広範囲にわたる社会的カテゴリーでの経験が役に立つ。これらの要素の中で再現されるべき、もっとも重要な要素が何かについては、人それぞれの優先順位によって異なる。スポーツを商業活動として見る人にとっては、これから増えてくるクリエイティブな産業に関わる知的財産権が最重要関心事項だろう。スポーツの共同体としての価値を重視する人には、社会ネットワークや家族の絆を強化することが最大の意義となる。そのように考えると、試合やその結果は興味が集中するポイントではあるとしても、ファンの社会的体験としては二義的な意味しかない。それゆえに、イカサマや暴力行為など、スポーツに関わるある種の行為が問題視されるのだ。そうした行為が行われることは、スポーツによって強化されるべき社会的体験の意義を減じるように見えるからだ。

スポーツ文化とゲーム文化についてこのように解釈すると、「スポーツ2・0」の過去、現在、未来についての理解がますます複雑になってくる。私たちは、デジタル文化とスポーツ文化が一緒になって、新たなコラボレーションを作りだす時代に生きている。「スポーツ2・0」という言葉は、このような人間の体験が一つにまとまってくる様子を示すと同時に、世界中のスポーツゲーマーによって構成されるプロeスポーツコミュニティの登場にも目を向けさせるものである。スポーツゲーマーの登場は、伝統的なスポーツの運営に関わる人びとに対し、デジタル的に構成され、しかも身体運動に携わる、新世代のアスリートも考慮するよう、挑戦を仕掛けている。第二部では、プロアスリートの変化から始めて、次にアマチュアのアスリートらが利用するモバイル型の健康関連テクノロジーについて論じ、さらに、二一世紀型スポーツを支える巨大なデジタルアーキテクチャを、「スポーツ2・0」という考え方を使って明らかにしていく。変化の根本にあるのは、どこにでも見られるようになったデジタルテクノロジーの遍在性だが、シミュレーションされた世界を望むかどうかは、デジタル環境だけの問題ではなく、スポーツをどう考えるかの問題でもある。それらすべてを考慮して、ここでは、現在の形のeスポーツは発展段階としてはまだごく初期であること、そして、デジタルゲームがプロスポーツを取り巻く環境の様々な側面で大きな位置を占め始めていることを明らかにしたい。

第3章 デジタル化はプロスポーツに何をもたらすか？

1　デジタル化への抵抗感

本章では、デジタルテクノロジーがプロスポーツのパフォーマンスに及ぼした影響について検討し、それがスポーツの未来にどのような意味を持つのかについて考察する。デジタルテクノロジーはパフォーマンスの向上に深く——しかも合法的に——関わるものとなり、アスリートの生活のいたるところに存在するようになった。その経緯を確かめることで、デジタルテクノロジーがアスリートのトレーニング方法をどのように変化させ、また、スポーツの公正さに影響を与えてきたかを検証する。

さらに、スポーツの円滑な運営を志すスポーツ関係者の役割に及ぼす影響も考えていく。

今日、スポーツのトレーニングプログラムの多くに、デジタルでデータを収集する形が導入され、複雑なスポーツの動きをモデル化している。新型のデジタルセンサーで作成されたデータは、選択した戦術の結果を確かめたり、アスリートの肉体的限界を理解したりするのに役に立ち、それによってアスリートのパフォーマンスを実際に向上させるヒントを得ることができる。これまでは様々な形で出てくるデータを関連させることができなかったが、今日のデジタルテクノロジーは包括的で、統合可能であり、パフォーマンスのあらゆる側面をモニターして、情報の包括的な集約が可能になり、多くの情報に基づいてアスリートのパフォーマンス向上についての決定ができるようになった。二一世紀のデジタル化されたスポーツが、ビッグデータや経済的利益の機会として広く注目されるのは、まさにこうした側面があるからである。

スポーツのパフォーマンスに関しては、こうした分析に価値があるにもかかわらず、デジタルの遍在が進む傾向については、スポーツが持つ人間の肉体性の価値を非人間化する恐れがあるとして批判されることがある。たとえば、デジタルカメラを使った審判方法「サードアイ」については研究者からもスポーツ関係者からも、審判における人間の判断という側面を損なう可能性があるという議論が出ている（Collins 2010）。また、アスリートとしての才能の発掘を、デジタル的に自動検出できるシステムに任せて統計的可能性だけで表してしまうと、新人をスカウトするプロが総合的に行う判断の役割が小さくなり、プロの直観的な判断を頼りにしてきたというスポーツの一つの特徴が失われることになる。

そうは言ってもこの二〇年の間に、インテリジェントシステムを活用する方向への進歩――同時に、人間が持つ専門知識への信頼の低下――には目覚ましいものがある。そのような進歩は、パフォーマンスの評価に関してさらなる精度を求める、スポーツ界の求めに応じるものであり、さらに、スポーツ科学を産業として発展させたいという願いにも適っている。後者は、スポーツを科学として捉えようとする傾向に根ざしたものだ（Guttman 1978; Hoberman 1992）。デジタルテクノロジーの多用は――特に分析の道具として――、スポーツの目的論の延長線上にあり、その考え方では、アスリートのパフォーマンスエラーは偶然だとか、人間ゆえの間違いだとかということでは許されなくなってくる。まさにこの点で、アルゴリズム基盤のインテリジェント審判システムではエラーは少なくなると予想される。だが、そうしたシステムのメリットは、そのデザインの基盤となっているモデルのインテリジェンスのレベルにかかっており、そこに間違いが起こる余地は残されている。

人間の判断を自動的なインテリジェントシステムの判断に置き換えることは、アルゴリズムに落とし込むことができない、あるいはすべきではない、人間的な知性の複雑さを無視した、ディストピア的な未来を暗示するものと見る向きもあるだろう。この見方では、知識は純粋に人間の知識として保持することが重要で、その道を歩んできたプロがその途上で、身体で覚えたからこそ理解できるものである。スポーツに関する知識についての――同様に知識一般についての――、この思い込みを考えれば、コーチや監督の多くが元プロ選手であることも納得がいく。彼らの知識は、スポーツを実践してきた者として体が覚えていることを基本としている。スポーツ神話でも、アスリートとは何かしら稀な才能を持った人間で、自分の身体をどう動かすかについて、他の人間にはわからない、独自のひらめきを持っているからこそ、それだけのパフォーマンスができるのだとよく語られる。

スポーツにおけるテクノロジーへの抵抗感は、人間の判断をアルゴリズムに落とし込むことへの抵抗感以外にも見られる。スポーツコミュニティは一般的に、テクノロジー的変化には抵抗する傾向がある。新しいテクノロジーがスポーツに内在する価値を汚すのではないかという懸念があるからだ。トラバルはこの考え方をさらに発展させ、どんなスポーツでも登場した当初は、様々な抵抗に遭うもので、認められるまでには複雑な道のりを歩んできたことを指摘する（Trabal 2008）。スポーツをより良いものにしたり、パフォーマンスを向上させたりするためのイノベーションの本質的な価値は、それが成功したか失敗したかでは決まらない、と彼は言う。どのようなスポーツテクノロジーでも、その成功は様々な、ダイナミックな要因に左右されるもので、そうした要因には、支援インフラが整っているかとか、そのスポーツが関係するコミュニティ内で政治的支援が受けられるかなどが含まれる。そうしたこともあるかもしれないが、すでに確立され、体系化、制度化されたものを脅かすのではないかという懸念が、テクノロジーへの抵抗の要因となっていることは間違いはない。デジタルテクノロジーがまさにその例となる。

デジタルではないが、その好例として、南アフリカのパラリンピックチャンピオン、オスカー・ピストリウスの挑戦がある。彼の義足が、国際陸上競技連盟（IAAF）が統括するルールに抵触すると見られた件だ。健常者アスリートと競い合いたいというピストリウスの願望は、先と同じ理由でIAAFの反対にあった。つまり、彼が使っている人工的補助装置は競技の規範に反するというのだ。技術的な言い方をすれば、義足によって動力を得るピストリウスの走りは、自分の足で走る選手の走りとは生体的に異なるのではないかということである。もしそうだとすると、競技自体の意義が失われる。アスリートの一人が他のアスリートより有利な条件になるというのは受け入れがたい。

テクノロジー的変化に抵抗したこの例を見てみると、そもそも、人間のパフォーマンスとして重要なものは何かという疑問が生まれてくる。スポーツのあらゆる側面を何らかの科学的公式に落とし込むことは、パフォーマンスの価値を減じるものか。それとも、別の価値を高めることにつながるのか。テクノロジーへの批判的な見方には用心すべきだというのには理由がある。今日のプロスポーツのパフォーマンスに見いだせる意義が、まさに、批判派が疑問視する科学的プロセスに依拠しているということはそれほど問題ではない。言い換えれば、テクノロジカルな方法を通じて、アスリートらが自らの動きを改善したり、技術を磨くことを認めるならば、時間が経てば、結果を出すためにはそれが不可欠となり、そうしたテクノロジーに反対できなくなる。ドイツのパラリンピック走り幅跳び選手、マーカス・レームはピストリウスの後を追って、次世代の義足アスリートとして登場してきた。その能力によっては、オリンピックとパラリンピックの両方でメダルを獲得できるかもしれない〔二〇一六年のリオ大会では、IAAFの新たな規定により、義足が有利ではないことの証明が必要になった。レームの義足に有利になる点はないという意見もあったが、最終的に、ドイツ・チームはそれを証明できなかったとして、出場は認められなかった。〕。

デジタルテクノロジーは、アスリートの直観や才能などと言われてきたものの一部を、見える形で示すことができる。そうであれば、デジタルテクノロジーはパフォーマーを取り巻く神話を取り去ることができ、プロアスリートのレベルでプレーするのに必要なことについても、その秘密を暴くことができる。だからこそ、テクノロジーが論議の的になるのだ。つまり、テクノロジーはそのような謎を単なるテクニカルな話に貶めてしまうという感覚があり、それが果たして、私たちの人生を豊かにするのかがわからないのだ。この論争には、物理世界での経験に帰せられる価値についての重大な懸念が反映されている。観客がデジタルテクノロジーをどう感じるかの問題とは対照的に、アスリートにとってデジタルテクノロジーが歩む道について感じている問題は、スポーツが物理的空間ではなくデジタル空間で行われる興行のようになっていくと、これまでの形のスポーツが不要になるのではないかという可能性である。実際、フィットネスクラブのレズミルズ・クラブでは、コンピュータで作成したサイクルルートの画像を三六〇度のスクリーンに映しだしたスタジオで、会員がサイクリングマシンに乗ってエクササイズをするということが行われている。

高精度のエルゴメーター〔競技者の身体能力を計測するためのスポーツ器具〕が競技環境を完璧に再現し、三六〇度スクリーン、ホログラフィー、あるいは3Dデジタル放送によって観客が視聴できるアリーナが作りだされるようになる未来が訪れるかもしれない。そうなると、スタジアムは無用になる。さらに、アスリートの身体能力は対戦相手と対峙したときに試されるのがスポーツの基本だが、そうしたテクノロジーは身体能力を見せるアスリートの動きを個々に隔離し、アスリートをパフォーマーへと変身させてしまう。たとえば、シミュレーション環境でのサイクリストを考えてみよう。乗っているのは、本物の自転車――今日見られるサイクリングマシンと大して違わないかもしれない――だが、周囲はすべてデジタル的に構成された地形で、競技をもっとも面白くするように、念入りに設計されている。それによって、トーナメントを重ねるアスリートたちの比較が正確にできる。サイクリストたちの動きは直ちにデジタル化されて伝えられ、アスリートと視聴者双方がリアルタイムで体験できるというものだ。既存のテクノロジーでも、アスリートの成績データは対戦相手のデータとともに視覚的に表示できる。

この手のものでは色々な例が登場している。「アクティブテインメント」は、サイクリングシミュレーターとVRゴーグルを組み合わせて、起伏に富んだ地形でサイクリングするという、現実に似た経験を提供している。

スポーツを物理的環境からVRの世界に移し替えるなどというアイディアにたじろぎ、そのような話は、スポーツの競技という側面を著しく損なうと批判する向きもあるだろう。この見方によれば、スポーツを意味あるものにしているのは競技場という環境だけでなく、そのすべてが引きだす相互作用全体であり、競い合うことだけでなく、より広い範囲に及ぶ文化的形態である。スポーツに関わることについてこのように全体的に見る視点では、スポーツはそれが行われる物理的空間の条件、そこでのアスリートの一回限りの行程、その環境での音や匂い、他の人びとと一緒にいるという感覚、つまり、その場が持つ「雰囲気」と言えるすべてを包摂している（Chen, Lin and Chiu 2013）。

スポーツのデジタル化が向かう未来についての二つの見方の対立を解消できるだろうか。それは、シミュレーションされた世界が、物理世界で得るものと比べて何も失われてないと感じられるほどに、説得力のある現実的なシミュレーションを提供できるかにかかっている。さらに、失われたと感じるものが何なのか、それは重要なものか、についての充分な理解も必要だが、オンライン活動については私たちの理解はまだ充分ではない。たとえば、具体的なソーシャルメディア環境での喪失感と、一般的なバーチャルな世界での喪失感の概念については議論がある。心理学的研究の中には、VRの参加者は、他者にリスクが及ぶ可能性があることを知らされても、何の義務感も感じないという結果もある。だから、VRではそのような人間関係が蔓延すると言っているのではない。それが人びとの人生を豊かにするという意見を裏付けるほどに、盛んなソーシャルコミュニケーションも行われている。物理的な世界での交流の方がバーチャルな世界での交流より好ましい（研究ではそうは証明されていない）と考えるにしても、人が、常にその場に出かけ、ダイナミックな交流ができる物理世界を構築できるわけではないことを考えると、オンライン体験からも付加価値を見いだせるかもしれない。テクノロジーが、オフライン世界と比べても物理的存在感が失われたと感じさせない状態を作りだせれば、逆の考え方も可能だ。つまり、バーチャルな世界は、物理世界で可能な範囲を超えた感覚情報を追加でき、ＶＲの方が物理的経験より豊かになるという。それこそが、ＡＲテクノロジーが目指すところである。

デジタル化で広がるスポーツの未来を受け入れない、もう一つの理由が、スポーツはすでに充分エキサイティングだから、拡張する必要はないというものだ。だが、この根拠が揺らぐこともあり、そんなときはデジタルテクノロジーが体験を明確にし、高めてくれる。たとえば、決勝に進出したアスリートが皆、同等の能力を示していて区別するのがむずかしいようなスポーツを考えてみよう。その場合、テクノロジーによって、ゴールの写真判定と同じような方法で区別する、新たな方法が生まれるかもしれない。[1] すでに、トラック競技では、一〇〇分の一秒レベルではなく、一〇〇〇分の一秒レベルで計測する必要がある。ボールドウィンは、このような形で一位と二位を区別するのは不公平だと主張するが（Baldwin 2012）、将来、スポーツは一位と二位が判別できないという問題に直面することになるかもしれない。[2] そうなると、どうやって勝者を決めたらいいか、スポーツは適応を迫られることになる。その流れで言えば、誰が勝ったかをはっきりさせるとか、勝利の基準を変えるとかして、スポーツを再び面白くするには、私たちの感知機能を拡大してくれるデジタルテクノロジーが唯一の方法かもしれない。一方、観客の体験が変化することで、今日のスポーツにある没入型のワクワク体験という前提が崩れることもある。これまでは、観客はアリーナの座席に座って、スポーツを観戦するだけだった。今では、多くの観客がスマホやカメラを持って観戦し、目の前の競技場で起こっていること以上のコンテンツを送受信している。没入の形が変化し、よりテクノロジーに依存したものになっていることを見せつける状況である。

プロスポーツの環境にはさらに詳細に検討すべき側面が多々ある。本章の後半では、そうした側面を少しずつ明らかにしていきたい。まず、①デジタルテクノロジーがアスリートのトレーニングや競技の経験にどのような効果を及ぼしているかに注目し、テクノロジーの進歩によってアスリートに求められるスキルが変化しているかについて検討する。次に、②競技場での審判や監視の方法がデジタルテクノロジーの影響を受けているか、特に、機器を使用して、ルールを適用し、審判の判断だけに依存することに伴う人間的な誤りを排除するやり方について考察する。デジタルテクノロジーはスポーツによって様々な形で採用されるが、そのすべてが、アスリートの競い合いというこれまでの形のスポーツのインターフェイスに大きな影響を及ぼすに違いない。最後に、③アスリートのキャリアにおけるソーシャルメディアの役割の拡大に着目し、それが、アスリートのプロとしての行動に新たな課題を提示しているのかについて論じる。

2 デジタルで訓練される身体

デジタルテクノロジーがプロアスリートのパフォーマンスに関わってくる方法としては、トレーニングとパフォーマンスのデータ収集というものが多い。過去三〇年間で、デジタルテクノロジー（たとえば、タイマー、心拍数計測計、エクササイズエルゴメーター、VRシミュレーターなど）はアスリートのトレーニングを劇的に変化させた。そのインパクトは、競技場をモデル化する方法が発展するにつれ、ますます大きくなっていくだろう。アナログ時代でも、視覚的にデータを集めることは行われていたが（McGinnis 2000）、デジタル化が行われた初期の例としては、競技の記録方法が挙げられる。アスリート間の競争が際どいものとなり、一位と二位を区別するのがますますむずかしくなってくるにつれ、デジタル的に正確に計測することの影響も大きくなってきた。競技中一定のデジタル機器の使用を禁止するルールもある。ニューヨークシティマラソンではプロのランナーが競技中iPodを使用することは禁じられている。音楽のリズムがペース設定に影響を及ぼすかもしれないからだ。これについては、全米陸上競技連盟（USATF）規則一四四条が以下のように規定している。

次のようなことは、補助に当たるとみなされる。……アスリートが競技エリアで、動画、音声、あるいはコミュニケーション用の機器を所持したり、使用したりすること。遠距離ゲーム統括委員会は、聞くだけのためで、通話は不可能な機器の使用を認める場合もあるが、賞品やメダル、賞金がかかった選手権に出場する場合は使用が禁止されている。

しかし、競技以外では、多くのアスリートが高度にデジタル化されたトレーニング法を用いて、成績の向上を目指している。トレーニング以前にもデジタルテクノロジーは利用されていて、トップアスリートになりそうな選手の動きを観察するのに使われている（Ives et al. 2002）。フュージョンスポーツ社によれば、「オーストラリア国立スポーツ研究所が行っている、オンラインで有望選手を開拓、訓練するプログラム（eTID）に参加しているオーストラリアの大学の九〇パーセント以上が、フュージョンスポーツ社のテクノロジーを使って、選抜を行っている」（Fusion Sport 2012）。つまり、多数の集団から才能のある人間を見つけだすのに利用しているということだ。同社のワイヤレスタイマーは今日のプロスポーツが求める精度を確保するもので、こうした例を見ると、アスリートがパフォーマンスを向上させるためには、デジタル的方法がますます重要になってくることを再認識させられる。

アスリートのパフォーマンスを向上させるテクノロジーは広範囲に及ぶが、デジタルテクノロジーはその中でも、テクノロジー決定論者のジャック・エラルが「ラ・テクニック」と呼んだカテゴリーに属するものだ（Ellul 1964）。ハイテク機器の基盤となるいろいろな知識を集めたものという意味だ。エラルはテクノロジーという言葉を、単に人工的に作りだされたものを超えた定義で使っている。このカテゴリーには、情報を集めて、パフォーマンスの結果を評価するデータベースなど、科学的試みによって得られる知識も含まれる。エラルによれば、テクノロジーは合理主義的な論理に導かれたもので、その論理を拡大すれば、近代スポーツを、高度な洗練さや精度、類い稀なパフォーマンスを目指す、科学的なプロジェクトと解釈することもできる。二一世紀初頭、近代スポーツはその進歩の途上にテクノロジーで舗装された道を歩み始めた。デジタルテクノロジーはこうした大きな流れに密接に結びついている。この意味では、デジタルテクノロジーを他の種類のテクノロジーと分けて考えてはならない。むしろ、デジタルテクノロジーの有効性は、使えるデジタルデータを作りだす、他のシステムに依拠しているとさえ言える。たとえば、スロベニアのヨーゼフ・ステファン研究所が開発した「スキーロボット」は、スキー以外の分野で使えるロボットのデザインにもヒントを提供するかもしれない。それらの研究の目的はプロスポーツのために限られるものではなく、「人間の行動を模倣して、ロボットが毎日の生活で役に立つ助手となるようにする」というような、もっと広い目的を持つ (Lahajnar, Kos, and Nemec 2008, P.567)。そのようなデザインや研究のスポーツ界への転用は、すでに数十年に及んで行われている。

デジタルトレーニングはアスリートへのフィードバックという形で頻繁に利用されている (Lieberman et al. 2002; Lieberman and Franks 2004)。プレーヤーやチームの動きや身体の位置をコンピュータを使って分析する (Perl and Memmert 2011; Macutkiewicz and Sunderland 2011)、アスリート同士の互いの動きをコンピュータモデル化する、あるいは、単に競技中の動きを追いかけるというものなどだ。たとえば、プロゾーン社は、サッカー選手の動きを追いかけ、ボール支配と全力疾走の関係を見せてくれる。選手が試合中に全力疾走すればするほど、その選手のボールの支配率も上がるということがわかり、試合に勝つ可能性にも影響してくる（ProZone 2014）。このようなアプリは、GPSからVRシミュレーターまで、様々なデリバリープラットフォームを利用している。

高度なデジタルトレーニングテクノロジーが利用された初期の例としては、一九九四年のリレハンメル冬季大会のための訓練で、アメリカのボブスレーチームが採用した例がある（Huffman and Hubbard 1996）。その後、VRシミュレーターは一九九八年の長野大会のボブスレーコースを再現するようになった。このようなシミュレーションは、競技前に実際にコースで練習する機会が限られている選手たちにとっては、特にありがたいものだ。二〇一〇年のバンクーバー大会で、ジョージア［旧グルジア］のリュージュ選手、ノダル・クマリタシビリが練習滑走で衝突事故を起こし死亡したことで、オリンピック会場に到着する前にこうしたシミュレーションを使うことが重要だと強く意識されるようになる。事故調査ではコース設計に特に問題は見つからなかったが、異例の事故が起こったことで、選手たちが競技以前に新しいルートについて研究する充分な機会が与えられているかが問われている。特にボブスレーとリュージュに関しては、コースの曲折を研究しておくことが重要で、アメリカチームはシミュレーターを使って、それを可能にした。チームはシミュレーターで研究しておいたおかげで、実際に長野に行って、完成したコースを見る前からボブスレーコースについては知識を積んでいた。もちろん、競技前に実際のコースで練習させることが解決策ではあるのだが、スケジュール的に充分な機会を確保することは無理かもしれない。選手を競技環境に馴染ませる方法は他にも、ソレンティーノらによって模索されている（Sorrentino et. al 2005）。カナダのスピードスケート選手団に対して行われたもので、その結果を見ると、バーチャルな環境が、選手らが競技を視覚的にイメージして準備するための役に立っていることは明らかである。

今日のシミュレーターテクノロジーについて楽しみなのが、プロアスリートが使っているシミュレーターとほとんど変わらないものが一般消費者向けの製品として出てきていることだ。たとえば、VROXの娯楽用シミュレーターはユーザーに、ボブスレーの滑走を経験させてくれる。この遊びでのシミュレーション経験と、プロアスリートがトレーニングのために行うシミュレーションの間では重なるところが大きい。シミュレーターと「オキュラス・リフト」のようなゴーグルの発展で、スポーツを観客としてだけでなく、様々な形でシミュレーション体験する方法が見えてきた。

コーチらも、「スポートトラック（SporTrac）」、「トラック・パフォーマンス（Trak Performance）」、「インモーショ（inMotio）」などのウエアラブルテクノロジーを使って、競技中のアスリートをモニターできる。複数のプレーヤーの動きをリアルタイムで追いかけて、アスリートが一人で、あるいはチームとして、どのように動いているかを高度にデータ化して提供してくれる。「スポーツコード（SportsCode）」、「ダートフィッシュ・チーム・プロ（DartFish Team Pro）」、「スポートブイユー（SportVU）」などの装着機器で映像を記録すれば、データを使ってのパフォーマンス評価にさらに役に立つ。アスリートのデータをモニターするのと並行して、アスリートとスポーツ器具の関係の分析も行える。エイキンズは、全米ゴルフ協会（ＵＳＧＡ）が新デザインのゴルフクラブについて、ゴルファーの成績を良くしすぎるような、最新の技術を利用していないかを確かめるためのテクノロジーを採用した経緯を描いている。事実、この二〇年間、ゴルフではクラブやボールが新たなテクノロジーを使って開発され、そのおかげでゴルフという競技の威厳を損ねてはいないかという議論が続けられてきた。さらにエイキンズは、「明日のゴルファーは、それぞれ個人のニーズや能力に応じてデザインされたクラブを使えるようになるのではないか」と予想した(Akins 1994, p. 41)。これはとうに実現しており、コンピュータによるデザインを利用したおかげである。もっと最近のイノベーションでは、GPSを使ってゴルファーがボールの行方を追えるというものもある。「ゴルフロジックス(GolfLogix)」は、プレーの様子を視覚的に詳細なマップに投影して、ボールの軌跡、飛距離、ラウンドから次のラウンドへの展開などを見せて、ゴルファーにプレーについてのヒントを教える。

デジタルテクノロジーをトレーニングの目的に利用するというのは、アスリートに本番に近い状況を用意して、競技の準備をさせるというそもそもの目的に適ったものだ。したがって、トレーニングが本番のようにスムーズに行われれば行われるほど、アスリートは万全の準備ができるということだ。もちろん、テクノロジーの課題は、競技本番の環境を完全に再現できるかどうかだ。リーバーマンとフランクスが言うように、すべてのシミュレーターに同じレベルのことができるわけではない(Liberman and Franks 2004)。中には、乗り物酔いのような症状を起こしてしまうものもあり、それではまったく意味がない。また、ある状況の実態をシミュレーションしようとすると、まったく別の実態を作りだしてしまうこともある。

3 人工知能は善き審判たりうるか?

競技スポーツでのアスリートの体験には、彼らのパフォーマンスがデジタル審判システムが下すルールに支配されるという側面もある。専門職として審判制度にそのような新しいイノベーションを導入すべきだという議論は賛否両論で、衆目を浴びた競技結果があったりするとよく出てくる。こうしたことはメディアの関心も集めるが、その中には、競技中の動きを正確に判断できなかった審判の落ち度が結果を左右したという場合もある。たとえば、二〇一〇年のサッカー・ワールドカップでのイングランド対ドイツの試合で、イングランドのゴールが認められなかったということがあった。リプレーを見ると、ボールは明らかにゴールラインのかなり内側に落ちているのだが、プレーの時点では審判もラインズマンも見落としたのだ。この一件がきっかけで、サッカーにゴールラインテクノロジー（GLT）を導入することについての議論が再燃した。このテクノロジーでは、高速カメラとタイミングテクノロジーを使ってボールの位置を記録する。二〇一〇年の出来事は、それまで一〇年以上も繰り返されてきたエラーの一例で、そのすべてがGLTが採用されていれば防ぐことができたものだ。イングランドがサッカー強国であり、それが大一番の試合であったこともあって、国際サッカー評議会（IFAB）は二〇一二年七月五日、GLTの使用を承認した。二〇一四年のワールドカップ・ブラジル大会の決勝で使用され、ゴールコントロールシステムの判定を元に判断するという最初の例が登場した（Chowdhury 2014）。

スポーツの中には、競技の中身が最近になって大きく変わり、テクノロジーの助けなしには審判が責務を果たせなくなっているものもある。その一番の例が、男子のプロテニスだ。プレーの平均速度が格段に速くなり、ボールがコート内に入っているか、外れたかの判断が三〇年前に比べるとむずかしくなった。グランドスラム大会では、大会ごとにファーストサービスの速度は異なるが、たとえば全仏大会では、二〇〇〇年に時速およそ一六〇キロだったのが、二〇〇八年には一九〇キロ近くまで上がっている。他のグランドスラム大会でも似たようなものだ（Cross and Pollard, 2009）。テニスがデジタル判定システム「ホークアイ」などの導入の先駆けとなったのは、それが一因でもある（Duncan, Thorpe and Fitzpatrick 1996, p. 22）。それでも、テニスの主要トーナメント（二〇〇六年）、クリケットの試合（二〇〇九年）、そして、サッカーのイングランドプレミアリーグ（二〇一三年）に導入されたときは大きな議論を呼んだ。その理由は必ずしも、機器の設置に巨額の費用がかかるということではなかった。

多くのスポーツで、判定をデジタル化することには、二種類の反対があった。一つ目は、人間の判断に任すことが最良であるはずの競技環境を、機械を使ってオートメーション化してしまうことへの懸念だ（Collins2010）。この見方では、審判はただルールを執行するのではなく、試合の雰囲気を差配する重要な存在で、ルールブックを適用するというよりは、オーケストラの指揮者に近い存在だという。人間の審判なら、ルールを厳格に適用すべきときと、ルールではペナルティを課すべきでも、そうせずに試合を継続させるときを判断するだろう。審判の手助けとしてデジタルテクノロジーを使用することへの二つ目の反対理由は、それを使うことによってゲームの流れが中断され、人びとがスポーツに期待する重要な価値である、人間の能力の発揮を妨げるというものだ。試合中の動きは能力を発揮する最大の機会を作りだす様々な環境要因の微妙なバランスがもたらすもので、たとえ小さな変化でもそのバランスが崩れ、環境が変わってしまう。たとえば、サッカーで審判の判定のすべてでカメラが使用されていたら、試合はしょっちゅう中断されてしまうだろう。

スポーツ産業が発展し、それが生みだす利益も大きくなるにつれ、スポーツ関連団体に対しては、テクノロジー利用を決断するにあたって正しい判断を下さなくてはならないという圧力が増している。その点では、将来審判のデジタル化への抵抗が強くなるということは、特に、その使用を試合中の重要な判断に限るのであれば、あまりないように思われる。実際、試合中に重要な判断は何かについては様々な意見があるものの、スポーツ団体はすでに、使用を限定してテクノロジーを導入し始めている。テニスでは、ラインズマンの判定に異議が申し立てられたときだけホークアイ機器を使用している。サッカーでは、ゴールラインに関する判定のみに使用される。

他にも、デジタルシステムがスポーツの審判状況に影響を及ぼしているものがあり、中には、さらに高度化が必要なものもある。いい例が、審判が身につけるマイクだ。審判が選手に対して何を言っているか、聴衆がライブで聞くことができるものだ。これまで観衆は、選手が他の選手や審判に言っていることを知ることは――競技場で見ていても、遠隔地で見ていても――できなかった。今では、誰もが聞くことができるようになり、観客と競技場の距離が縮まり、別々の場所にいるという孤立感も減った。競技場で起きる相互の行動がすべての観客の詮索の対象になったのである。競技中にアスリートや審判の声が聞こえるというのは、人びとが憧れの選手を見る眼を根本的に変えることにもなり、選手に対して新たな規範を課すことにもなるかもしれない。放送されていることを意識することで、選手同士の行動にも変化が生じる。

スポーツ界に見られるテクノロジー的な変化の多くは、勝敗にも影響を及ぼすことになり、だからこそ、こうしたイノベーションがスポーツ団体にとっては大問題なのだ。一九八〇年代にやり投げの槍のデザインが変更されたが、そのため、この競技に求められるスキルが大幅に変化して、新世代のやり投げ選手が登場した。スポーツは、テクノロジーによるスキルの変化の例に溢れている。だが、そうした変化の長期的な影響については、導入時から常にわかっているわけではない。エドワード・テナーが『逆襲するテクノロジー』で、この点について述べている（Tenner 1996）。そこでは、J・ナディーン・ゲルバーグが一九九五年に行った研究に言及しているが、それによれば、アメリカンフットボールでプラスチック製のヘルメットが開発されたことで、頭部の怪我は減ったが、選手たちの間にこれで安全だという意識が生まれ、より大きなリスクにつながる行為が増えたという。結果、プレー中に別の種類の怪我が増えることになった。この事例では、スポーツをより安全にするために開発されたはずのテクノロジーが、アスリートが負う怪我の種類を変えただけになってしまった。このように見ると、スポーツに関するデジタルテクノロジーは、目に見える形での恩恵はなくても、スポーツの精神や価値に対して新たにチャレンジするものという、広い視点で理解されるべきものかもしれない。

テクノロジーの歩みとしてもう一つ挙げられるのが、サッカー・ワールドカップでのボールのデザイン変更だ。大会が開催される度に、その前からニュースの見出しを賑わせ、新デザインが試合をよくするのか、駄目にするのかについて侃々諤々の議論が戦わされる。長年批判の種となっているのが、新デザインはゴールキープをむずかしくし、ゴールの数を増やすことで試合をエキサイティングにして、おそらくはもっと観客を楽しませようとする目的ではないかということだ。二〇一〇年大会に際してのデザイン変更について、アディダス社は次のような記者発表を行った。

「ジョブラニ」〔二〇一〇年大会決勝戦で使用された特別仕様の試合球〕は、新開発の「グリップングルーブ」で、世界で一級のプレーヤーたちに、どのような条件でも安定した飛球と完璧なグリップを可能にするボールである。まったく新しい、熱接着の３Ｄ球面パネルを八枚使用して、完全な球体で、もっとも正確なボールとなった。

イングランド代表監督ファビオ・カペッロ〔当時〕は、選手たちはこれまでのボールより速くて軽いことに不満を感じている、と述べたと言われた。だが、そんなことは、観客や選手にとって問題になるのだろうか。競技について言えば、すべてのチームが同じボールを使うならば競技は公平に行われる。懸念を生んだ理由の一つは、競技の条件を変えるというのは、競技はすべての関係者が同意したルールに従って行われるという暗黙の了解を、主催団体が破ることにつながるのではないかということだった。この場合、そのルールというのが、ボールのデザイン特性だったのである。

サッカーボールを変更することがいかに重要な事態であるかは、国際サッカー連盟（ＦＩＦＡ）がテニスボール大のボールとか、ラグビーボール形のボールとかを導入したと考えてみるとよくわかる。それへの反応として当然出てくるものはどんなものだろうか。ファンたちは当然、サッカーというスポーツの条件をまったく異なる身体能力を試すものに変えてしまうと主張するだろう。アスリートたちは、一定の条件の競技のためにトレーニングしてきたのだから、新デザインのボールではその条件が異なることになり、そんなことに同意していないと言うだろう。テクノロジーを巡るこうした懸念は、競技者の間の公正さに関わるものというよりは、組織団体がその構成メンバーの同意なしに競技の条件を変更することの正当性についてのものである。だが、変更の影響について広範囲に及んで異論があることが、この問題を複雑にしている。もちろん、ボールデザイン変更の原則は、そのスポーツに即して、テクノロジーを使って完璧を目指すべきというものであるべきだ。サッカー・ワールドカップの場合、新デザインがプレーヤーの想像する理想のボールに近ければ、すべてのプレーヤーが共有する価値観にアピールでき、それを基にすれば、様々な懸念を払拭し、認めてもらうことができる。テクノロジー的変化についての倫理的議論はともかく、機器の変化を見れば、スポーツが静的なものではないことは明らかだ。テクノロジー的に何らの変化もなく、何年も同じに留まるスポーツなどない(3)。

この例から、スポーツテクノロジーで重要なのは、可能な限り予想できる範囲内で行われるべきだということが見える。だから、テニスのようなスポーツでは、継続的に使用されるとボールのパフォーマンスが劣化するために、定期的にボールチェンジが行われるのである。だが同時に、これを自分に有利に利用するアスリートがいることも、私たちは目にしている。たとえばテニスでは、可能な限り同じボールでサーブしようとするプレーヤーがいる。どのボールが自分のスキルにもっともうまく反応するか、アスリートが戦略的に判断しているのである。新デザインが競技の行方について及ぼす影響を完全に予想することは不可能だとしても、そのデザインの影響をできる限り予測できるようにし、テクノロジー的なデザインの欠点から生じる、偶然のインパクトをスポーツから排除しようとするのは当たり前だろう。だが、テクノロジーの導入が遅れて、プレーヤーが適応するための充分な時間がなかったり、または、新しいテクノロジーがもたらす変化があまりに急激なものだったりする場合、アスリートの準備が間に合わず、それまでに同意されていた競技条件がテクノロジーによって無効になり、アスリートが騙されるような状況を作りだすことも考えられる。

これらは、テクノロジーの変化がスポーツ界に新たな形の不公平を生みだすことを示している。だが、公平性はスポーツ団体の最大の懸念ではない。実際、新しいデザインが公平性とはまったく関係ないこともありうる。皮肉な見方をすれば、革新的なスポーツデザインは大会などイベントに関心を呼び込む戦略で、革新的な部分についての報道は財政的・政治的利害を考慮したマーケティングの道具でしかないとも言える。新たなテクノロジーがスポーツイベントについてのメディアの描き方にどのような影響を及ぼすかは別として、スポーツにおけるテクノロジーの変化からは実際に影響を受けるものがあり、私たちが公平と考えることにも関係してくる。問題は、そのような変化が持つ意味の全容はすぐには見えてこないということだ。新しいテクノロジーをどう見るかは、スポーツの種類によって違うことは明らかだ。中には、アスリートが自ら好む方法を、それがすでに明確化されているガイドラインに沿っている限り、選べる機会を与えられることもある。サッカー選手が個々に靴を選べるような場合だ。一方、サッカー・ワールドカップのように、すべてのプレーヤーが、組織団体が認可したテクノロジーを受け入れることを期待されていることもある。

多くの場合、新しいテクノロジーの共通点は、想定外の環境変化や不完全なデザインによって競技中に起こるかもしれない不確定性を減じることを目的としていることだ。サッカーボールがピッチのおい茂った芝生でバウンドし、ゴールキーパーを超えてゴールに入ったとしよう。観客はそんな事態にあっけにとられるかもしれないが、結局はその出来事は不公平だと感じるようになる。同じことは、ぶつかって角度が変わったおかげでのゴールについても言える。これは、選手が他の選手を相手に並外れた技術を駆使して、美しいゴールを決めるといったような、予想外のパフォーマンスを見せる場合とは異なる。角度が変わったおかげでのゴールはそれで有利になった側には賞賛されるが、不利になった側からは批判される。大体において、そのような偶然は、滅多に起きないことだと感じられたとしても、褒められる対象ではない。故に、バドミントン選手は、シャトルがネットの上端に触れて相手側に落ちたことでラリーに勝ったときには、相手に謝る。この勝ちが技術の競い合いの結果ではなく、偶然の結果であることを知っているからだ。スポーツによっては、こうしたポイントはやり直しが認められることもある。

新しいスポーツテクノロジーの最大の効果は、応援するチームの負けの理由を、いくらかでもファンに説明できることで、それによってファンには、次の試合はどうなるかについて新たな楽しみが生まれる。今日のスポーツにとって、デジタルテクノロジーに抵抗するか、受け入れるかはすでに問題ではない。デジタル判定をどれほど複層的に使えば、正確な結果を確保できるかである。二〇一二年のロンドン大会の三日目、テクノロジーを利用しての判定はどこまで信頼できるかについて考えさせられる事態が起こった。韓国の女子フェンシング選手、申アラムが準決勝で、世界チャンピオン、ドイツのブリッタ・ハイデマンと対戦した。試合時間が残り一秒になった時点で、ハイデマンが勝利するためには「クリーンタッチ」が後一つ必要だった。それがなければ、申が決勝に進む。ハイデマンはタッチの得点を稼ごうと二度試みるが失敗。だが、時計では、もう一回トライする時間が残されていた。

三度目のトライでハイデマンはクリーンタッチを成功させたが、一秒以上が経過していた。七〇分に及んだ協議の結果、国際フェンシング連盟（FIE）は、ハイデマンの勝利とした判定を公正と判断した。だがその後、計時システムか、審判かのどちらかに問題があったことを示す証拠が出てきた。この一件は、審判による判定をデジタルテクノロジーに置き換える――あるいは単に補完する――ことがスポーツの改善や改良につながるかについての論争の核心を突くものだ。「サードアイ」テクノロジーの使用についての論争とは異なり、ここでは誤りの原因がデジタルシステムにあるようだ。つまり、この件は、どのテクノロジーなら正確な判定を下せるかを考えさせることになった。

この例から、計測するものを計測する二層目のデジタル監視装置が必要ではないかという案が生まれた。単独の計時システムを一つ使うのではなく、二つ以上の計時システムの結果を集計することが正確な結果を得るための最適な方法ではないかというのである。これ以外にも解決策はあるかもしれない。テクノロジーを使わない方法が提案されているケースもあって、たとえば、サッカーではゴールライン審判（「第五の審判」）という案があり、この審判の唯一の役割はゴールラインの判定で、テニスのライン審判の役割に似ていなくもない。これを可能とするならば、競技を仕切る最適な方法について、新たに考慮すべき要因が二つ現れてくる。デジタルシステムにかかる費用と、テクノロジー的にもっとも効果の高い解決法には人間の知性をもっと利用するということも含まれるのではないかという可能性である。

二〇二〇年の東京大会を前にして、組織関係者は、高精度のセンサーを搭載したボディスーツの使用について実験している。フェンシングでのタッチを、テレビ視聴者に一種のARを利用して伝えるものだ。視覚と聴覚を組み合わせた多感覚プラットフォームが、こうした問題には効果的な解決策となるかもしれない。ということで、どちらの審判の方が賢明かという質問に答えるならば――人間か、コンピュータか――、一連のコンピュータシステムと人間の審判とが一緒に働くというのが最善の解決法であるようだ。

4 メディアを介して社会につながるアスリート

この章で取りあげる最後の側面が、最近のアスリートが置かれたコミュニケーション環境に関係するデジタルテクノロジーである。新たコミュニケーションチャンネルが登場し、アスリートはこれまでとは異なる方法で人びととつながるようになったが、それは新たな課題ともなっている。新しいソーシャルメディアの実例を考える前に、そうした変化が、スポーツの経済性とスポーツに関わる大規模インフラの役割について、どのような影響を持つのかを考えておくことが有用である。そのいい例が、IOCが打ちだした「オリンピックチャンネル」だ。これについては、本書の後半で詳しく論じる。

ここでは特に、ソーシャルメディアやその他の参加型メディアがプロアスリートの経験に及ぼしている変化について検討する。たとえば、アスリートがソーシャルメディアに登場することへの期待が高まっているが、そのために、アスリートの本来の活動に影響が出てくる可能性がある。二〇一二年のロンドン大会では、組織委員会委員長のセバスチャン・コー男爵（現国際陸上連盟会長）が、アスリートがソーシャルメディアのために本来のスポーツに専念できなくなる懸念を表明した。だが、ソーシャルメディアとスポーツの統合の傾向はますます進んでいる。そのような変化は、プロのeスポーツビジネスの登場に見てとれる。これは、テレビを介さず、ゲーム実況プラットフォーム「ツイッチ（Twitch）」のアスリート自身のチャンネルを通じて、試合を視聴者に直接ライブストリーミング配信するものだ。

プロスポーツのメディア環境に起きている、こうした変化を背景に、スポーツ関連団体はそれぞれのスポーツを巡っての変化を再考し、モバイル機器しか使わない世代の視聴者にとって意味のある形を考えださなくてはならない圧力にさらされている。だが、視聴者がスポーツに対して、どんな期待を寄せているのかについては、まだわかっていないことが多い。たとえば、近い将来、人気のアスリートが競技の最中にどう感じているかを、ツイッターなどを使って視聴者と共有できればいいという要望が出てくるかもしれない。無理なことのように思えるが、この案がバカバカしいかどうかは、その詳細にかかっている。もちろん、自転車選手がレース中に携帯電話を取りだして、ツイッターで最新の状況を知らせるわけにはいかない。事実、ツール・ド・フランスでは、レース中に選手が携帯電話を使用することは禁じられている。(4) しかし、見方を変えれば、それが可能になるかもしれず、ここではそんな二つの見方を見てみよう。第一に、ウエアラブルテクノロジーを使えば、アスリートが競技中に自分の気持ちを伝える、新たなインターフェイスの方法が生まれるかもしれない。第二に、データがコミュニケーションの内実を表すものとなり、感情の表し方が直接表現ではなく、データの関数として表される方に移行していくことも考えられる。こちらは「スポーツ2・0」の重要な側面だが、デジタルテクノロジーがスポーツを変える可能性を示すものとして、その重要性は決して軽視できない。スポーツをデータ化するということは、視聴者に提供する内容の範囲を拡大することにつながる。アスリートの肉体や心に起きていることは視聴者には伝わらないと考えがちだが、肉体に関するデータを、たとえば、感情を表す指標にリアルタイムで転換できる方法を考案できたとしたらどうだろう。こうすればまさに、デジタルによるスポーツの再生が完成する。デジタル化された情報が私たちの感覚の限界を押し広げ、これまで経験したことのなかった世界を見ることができるようになるのだ。

eスポーツでは、プレー中にコミュニケーションするという特性が、多くのゲームですでに組み込まれている。プレーヤーは競技の最中にプラットフォーム内で会話できる。プレー中のコミュニケーションがいかに重要かは、スポーツコンテンツの商品価値を高めようと絶えず努力しているスポンサーがいることからも察することができる。競技中のツイートはいかにもバカバカしいと思うのであれば、タイムアウトやハーフタイムの休憩中のツイートはどうだろう。それもまた、アスリートとファンの交流の場となる。スポンサーがアスリートに対し、ファンの気持ちをさらに高めるために競技中にファンと交流することを、契約で義務化するというのはどうだろう。勝った側が優先的にインタビューを受けられるよう、集められることは今でも行われているが、それと同じだ。アスリートらはすでに、競技の直前直後に、このようなコミュニケーションに応じている。有名人としての地位をさらに高めるために必要ならば、アスリートもそうした方向に動くしかない。競技という側面に注目すれば、こんなことは大したことではないが、そうすることで、熱中してくれるファンが増え、それによりビジネスとしても利益につながるなら、納得できる代償かもしれない。ポイントは、利益のためにはスポーツも変わるべきだということではなく、アスリートの謎めいたパフォーマンスもデジタルテクノロジーでわかりやすく解明できるということだ。それがなぜ興味を引くかといえば、プロアスリートの並外れた行為が驚きであり、当たり前のものではないものだからだ。スポーツメディアのプロが作りあげた制度はすべて、そうした業績の意味や感覚を観客が緊密に感じられるようにするためのものである。そして、その軌跡を追えば必ず、私が述べている方向が見えてくる。競技中のアスリートの肉体と心に入り込む最初のステップを、今日のソーシャルメディアの中に見いだせる。

ソーシャルメディアがアスリートに及ぼした影響については、二〇一二年ロンドン大会の準備期間中に多くの例が見られた。多くのアスリートがツイッター上の出来事でむずかしい状況に陥った。大会直前、ギリシアのボウラ・パパクリストウが選手団から追放されるという事件が起こったが、それは、ギリシア当局が彼のツイートを人種差別的と判断したからである。

ロンドン大会が始まった後も、ソーシャルメディアのユーザーによる罵倒で、被害を受けたアスリートが出た。特に悪質なツイートの例が、イギリスの水泳飛び込み選手のトム・デイリーの場合で、競技でファンの期待通りの結果が出せなかったことについてのツイートだ（図3－1参照）。これが特に興味深いのは、デイリーが引用リツイートしていなければ、このツイートがそれほど話題になるこ

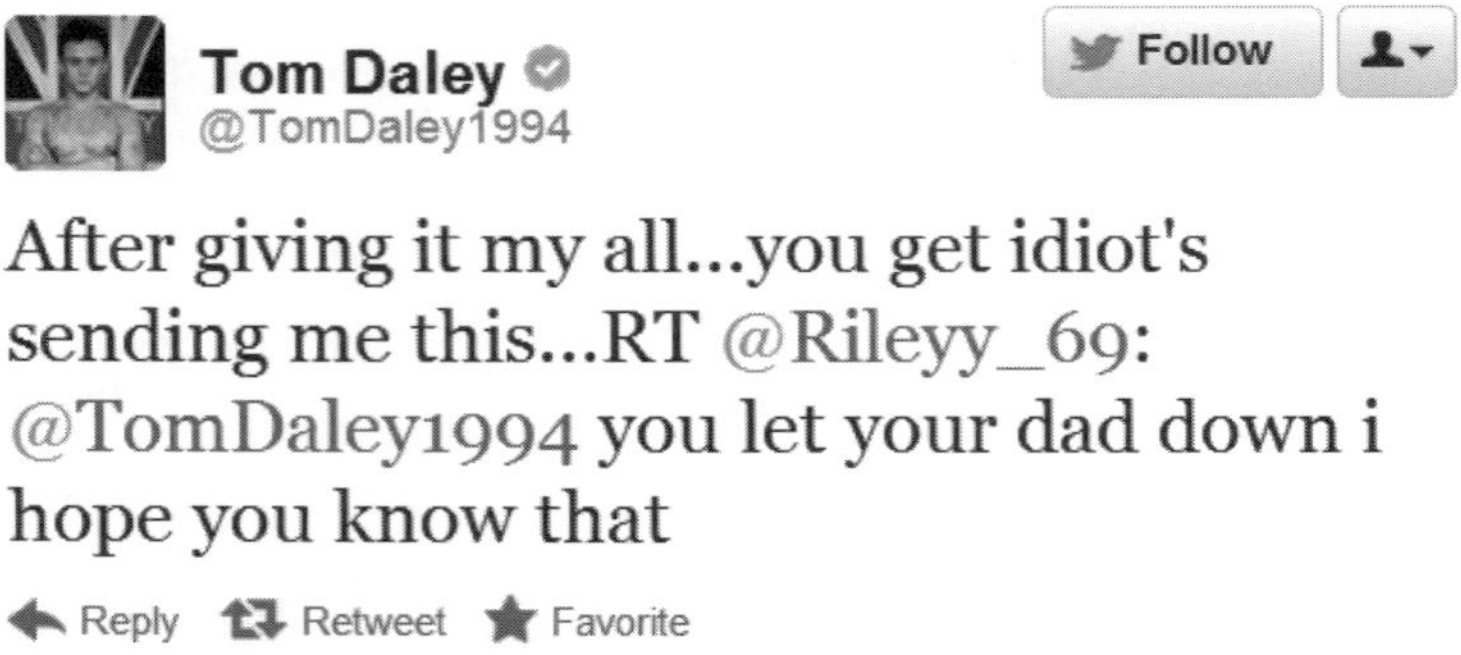

図 3-1　トム・デイリーのツイート
「僕はすべてを出し切ったのに……どこかのバカがこんなことを言ってくる……RT@Rileyy?_69:@TomDaley1994　お前は父親をがっかりさせたんだぞ。わかっているのか。」

とはなかっただろうという点だ。この一件で、罵倒を投稿するツイッター・アカウントについて、また、競技大会中にアスリートはソーシャルメディアを使用すべきかどうかについての議論が始まった。デイリーがそのコメントを無視するよう助言を受けていたら、そのような問題にはならず、投稿した一七歳の人間が逮捕されることもなかっただろうし、そのアカウントに一〇万人のフォロワーがつくこともなかっただろう。その数は、世界でもっとも有名なアスリートのフォロワーの数よりも多かったくらいだ（そのアカウントは結局、無期限閉鎖された）。

　オリンピックは――その他の主要なトーナメント同様――、常に、アスリートの名声を高める機能を果たし、それがスポンサーの獲得につながり、アスリートのトレーニングの助けとなる。ニック・シモンズは、プロとして競技に参加するために、文字通り自らの肉体の一部をもっとも高い買い手に売るということをしたわけだが、それこそが、スポーツのこれからを思わせる恰好の例であろう。ソーシャルメディアがアスリートのキャリアに影響を及ぼすのは、スポーツファンが憧れのアスリートとのリアルタイムの接触を望んでいるからだ。もちろん、それがソーシャルメディアの重要な役割の一つなのだが、コミュニケーションの構造そのものを変える可能性も秘めており、これまでのコミュニケーション様式と比較して、より直接的で、親密な交流を可能にするものである。ファンの側の期待の高まりは重荷にもなり、アスリートの中には、ファンの期待に圧倒されてしまう者も出てくるかもしれない。一方、アスリートにとっては、ジャーナリストが自分たちの言葉で勝手にレポートするのではなく、ソーシャルメディアからアスリートの発言を直接引用することが多くなるとなれば、有名人という自らの地位を自らコントロールできるチャンスともなる。

プロアスリートのパフォーマンス空間は、デジタルテクノロジーによって劇的に再構成される。アスリートの訓練及び競技環境は、今ではデータシステムに溢れており、自らのパフォーマンスやイメージを拡張してくれるヒントやチャンスを提供してくれる。そうしたヒントを見つけたり、人びとと交流したりすることをサポートする側面を忘れてしまったら、スポーツはデジタルシステムに過度に依存するリスクにつながる。それでも、ゴールラインテクノロジーなどはすでに定着しており、アスリートも新しい状況には適応していかなくてはならない。アスリートが今日、ソーシャルメディアを無視するのは、古くはテレビを無視したり、一九九七年にeメールを無視したりするのと同じだ。同様に、データ分析ソフトウェアを活用しなければ、競争相手に対する有利さを失うことになり、それは、優れたアスリートになるか、そこそこのアスリートで終わるかの運命を分けることにもなる。その場面でも、スポーツにおける公平性がデジタルイノベーションの結果に左右され、だからこそ、この分野での技術開発競争が激しくなっている。だが、プロスポーツの環境はこれまでもこのような状況にあり、科学とテクノロジーは常に、プロスポーツ界の動きを左右してきた。デジタルテクノロジーはそうした傾向の直近の展開にすぎない。

第4章

プロアスリート化するゲーマー

1　融けるプロとアマチュアの境界線

デジタルテクノロジーによって、プロアスリートがアマチュアアスリートやファンに近づいてきたように、アマチュアもプロの世界に近づく体験ができるようになった。パフォーマンスをモニターする機器はかつて、そのデータを解析するための充分な資源と専門家に囲まれたプロアスリートだけが使えるものだったが、今日では、アマチュアのランナーやサイクリストもウエアラブルリストバンドやスマートフォンを使って、自分たちのパフォーマンスをフォローできるようになった。熱心なアマチュアならすでに長いこと、自分たちのパフォーマンス向上のために新しいテクノロジーを使ってきたが、特にデジタル時代の到来を特徴づけるのが、「自己定量化」の登場だ（Wolf 2010）。この言葉は最近盛んに使われるようになったもので、人びとが生体情報モニター機器を使って、自らの健康状態を運動、食事、睡眠を通じて把握する方法を指している。このような流れは、データに左右される現代社会への関心を増大させ、また、そうしたデータを、自らの健康や目標に向かっての進行状況について、わかりやすいメッセージに自動的に翻訳する消費者向け製品の開発にもつながっている。短期間に多くの変化が起こったものの、こうした流れの源は、ほぼ五〇年前のトレーニングマシンの登場にまで遡れる。

初期のエルゴメーターには、スポーツトレーニングの効果を最大化することを目的に、ある種の運動だけに特化するように設計されたものもあった。たとえば、ウィリアム・ストロウブが一九六〇年代に開発した家庭用ランニングマシンは、家庭での運動器具の新しい時代を切り開いた。だが、このような一九六〇年代のアナログ器具と、この一〇年ほどの間に現れたデジタル化された機器が違うのは、運動状態の計測が、デジタルテクノロジーによって家の中から外の公共空間にまで広がったことだ。スポーツジムに心拍計や段差計が組み込まれた、高度の計測器が配備されたのは、それほど昔のことではない。だが、今ではそうした機器やそれ以上のものが、スマホアプリで利用可能だ。そのおかげで、どこで運動するのか、身体運動をしながら、他に何かできるかなど、人びとは考え直せるようになった。

モバイル機器は、人が身体運動を通じて経験できる身体の変化にデータで得られた知見を重ね合わせていくもので、本章はその様々な方法を解明する。身体運動はデジタルテクノロジーによってますます媒介されるようになり、その最たるものがエクササイズや身体運動をともなうゲーミフィケーションである。そこを出発点に、第1章と第2章で論じた概念に基づいて、デジタルゲームとスポーツの関係についてさらに広く考察してみたい。デジタルテクノロジーによるエクササイズのゲーム化(たとえば、ゲームアプリの『ゾンビラン(Zombies Run!)』[1]は、エクササイズとeスポーツの完全なるシナジー、あるいはスポーツゲーミングへと人びとを導くものだ。本書では、スポーツ主催団体が未来のスポーツの形としてeスポーツに目を向けることが大事であることの根拠をいくつか挙げているが、これもその一つである。

本章では、アマチュアアスリートのゲーム体験として、デジタルテクノロジーがどのような意味を持つかについて論じる。分析にあたっては、ゲームメディアの文化的分析の視点を定義した、ラッジルらが提唱した「ゲームワーク」の概念を取りあげたい(Ruggill et al. 2004)。これは、スポーツジムでのコンピュータゲームテクノロジーの隆盛、身体運動を伴う家庭用コンピュータゲームの増加、携帯可能なモニタリング機器の登場、そして、レクリエーションスポーツをゲーム化するメカニズムとしての「エクサゲーム」の流行などについて明らかにするものである。こうした展開を見れば、身体運動がデジタルゲームに近づいていることがわかるが、同時に、その逆も起こっていることがわかる。つまり、デジタルゲームが身体運動に近づいてもいるのだ。たとえば、二〇一六年のリオ大会では、『マリオ&ソニックAT　リオオリンピック』のゲームセンター版が選手村の娯楽センターでプレーできた。これは、プレーヤーがバーチャルオリンピックで走ったり、ジャンプしたり、腕を動かしたりして競技するゲームだ。また、本章では、アマチュアのデジタルスポーツゲームがかなりの時間とスキルを要するものとなった経緯を追い、スポーツにおける新たなサブカルチャーの誕生についても述べる。すなわち、eスポーツムーブメントのことである。これまでの非現実についての仮説――ゲームは現実のシミュレーションである――を逆転させて、ラッジルらは、シミュレーションゲームのいくつかは、人びとを現実世界に向けて訓練するための主たる方法になっていると言う。典型的な例がフライトシミュレーターだ。

たとえば、フライトゲームは、コンピュータゲームの中でももっとも複雑な類のもので、プレーヤーは一〇〇以上のコントロールスキルをマスターしなくてはならないこともある。飛行に関する三つの軸、速度コントロール、離陸、飛行、着陸に関する手順、追尾と回避に関する手順、交戦規定、そして、使命遂行に関する優先順位などについての知識は、『ジェーンATF（Jane's ATF）』や『ウィングコマンダー　プロフェシー（Wing Commander V_Prophecy）』などのゲームでは必須である。このようなゲームの説明書は恐ろしくぶ厚く、ファンも限定的で、細かいことにこだわるタイプが集まっている。……プレーヤーは、ゲームについて理解するだけでなく――勝つためにはどうしたらいいか――、ゲームの目的を達成するために必要なルールや複雑なテクノロジーも理解しなくてはならない。フライトゲームやその他のシミュレーションゲームは、既存のサブカルチャーに基づいて新たなサブカルチャーを構築しているのだが、その新たなサブカルチャーが今度は、新たな産業展開、新たな職、そして、シミュレーションの元になる実際の仕

事をしている人たちへの新たな評価を生みだすのである。(Ruggill et al. 2004, p. 302)

これは、娯楽空間と労働空間の転移を非常にうまく表しているが、同時に、真剣なゲームには、その元となる労働倫理が不可欠であることも示している。プロスポーツの倫理観にも似た倫理である。こうした倫理をさらに詳しく検討していけば、さらなる共通点が見いだせるだろう。

このような流れを分析する中で、私は、デジタルテクノロジーの発展がスポーツ参加とコミュニティの新たな形態を醸成するかについても明らかにしていきたい。さらに、身体運動を伴うデジタル文化はコンピュータ文化を変貌させ、コンピュータゲームはただ身体を動かさないライフスタイルや反社会的行動を育てるだけだという、よくある否定的な見方に疑義を呈していく。こうした見解に対しては、スポーツゲームに新たな形が生まれたことによって、コンピュータゲームがより活動的なライフスタイルをサポートする可能性が出てきたことを取りあげる。さらに、コンピュータゲームのプレーヤーがアマチュアなのか、プロのアスリートなのかを簡単に区別できない以上、「アマチュアアスリート」という言葉をデジタル的な交流やスポーツについての議論に簡単に使うことはできないと論じる。のちに論じることになるが、デジタル文化の波及効果には、プロとアマチュアを分ける境界線の典型としての労働と余暇の区別が明確でなくなることがある (Miah 2011)。そこで、アマチュアのスポーツ参加についての例を探り、その技量の様々なレベルについて見てみたい。広くは、アマチュアアスリートについて、プロアスリートとはまったく別の存在であるとする今日の考え方は今後成り立たないという議論にもつながる。スポーツ競技とは、契約、給与、名声を伴うキャリアの選択であるとするのなら、eスポーツのアスリートたちも急速に同じ列に並びつつある。ここでの議論は、余暇とゲームについての理論的研究に関わるものではあるが、同時に、スポーツ業界が、業界の未来についてどう考えるかや、人びとをどのように巻き込んでスポーツを発展させていくかの方法について、具体的な提言も含むものである。

2 ゲームはいまだに社会悪なのか？

これまでの三〇年ほど、コンピュータゲームについての研究がメディア関連の議論に登場するときは、ゲームのプレーヤー、特に若年層のプレーヤーに対して、心理的に良くない影響があるのではないかという視点からだった。映画や音楽に新ジャンルが現れたときの扱い方と変わりない。要は、それまでの文化的伝統を揺るがすものではないかという見方だ。テクノロジーがこどもたちの手の届くところや寝室にまで入り込み、デジタルシステムや機器が浸透している今、その不安はさらに深刻になっている（Bovill & Livingston 2001）。さらに、他のメディアでは、そうした不安が広くメディア消費に関する「モラルパニック」状態とも重なる。デジタルメディアとバーチャルライフについてのモラルパニックについて、チェンバーズはそれらが「社会から孤立し、人間関係をバーチャルな関係で代替する若者たちの間に根強く広がっている」と指摘した（Chambers 2012）。メディアの影響についてのこのような議論は、デジタルゲーム以前からあった。歴史上、新たな文化活動は常に公の詮索にさらされるし、それが若者のカウンターカルチャーから登場したときにはなおさらだ。ゴス、スケートボード、サーフィンなどのサブカルチャーには反体制的な要素が染み込んでいるため、社会的構造を利用して（たとえば、都市部の建築物をスケートボードができないような構造にする）、そうしたカルチャーの正当性に疑問を呈する（そして、時につぶしにかかる）。

政府が、メディア文化について、推測の域を出ない未知の効果について注目するようになるにつれ、そうした不安が世界の様々なところで勢いを増していった。そして、その疑念はリスクのレベルにまで達した。イギリスでは、通俗心理学の研究者タニヤ・バイロンとオックスフォード大学の神経心理学の研究者スーザン・グリーンフィールドが、若者はデジタル機器を捨てて、外で遊ぼう、と主張したが、その根拠の科学性を疑うメディア研究者からは批判されている（Levy 2012）。だが、『バイロン・レビュー』では、「こどものインターネットやビデオゲームの利用と、青年の暴力的及び破壊的行動には直接的な関係性があるとする見方もある」と指摘している（Byron 2008）。ただし、因果関係があるかどうかについては、慎重に明言を避けている。このような主張に対する学究的な反応の歴史は長く、メディア研究者がこうした主張に異議を唱えてきた歴史も同じく長い。

比較的新しいメディアの形として、コンピュータゲームも同じような非難にさらされてきた。過去一五年間に起こった暴力事件では、何度もスケープゴートのようにコンピュータゲームにその責任が負わされてきた。一九九九年のコロンバイン高校銃乱射事件〔アメリカのコロラド州にあるコロンバイン高校で二人の生徒が銃を乱射、生徒一二名と教員一名を射殺し、犯人の二人は自殺した〕や二〇一三年のクリストファー・ハリス〔二〇〇九年、イリノイ州で弟と二人で一家を殺害し、こども一人に重傷を負わせた犯人。その他五〇以上の殺人事件にも関与していた〕の裁判では（弁護側は、ハリスが暴力的なビデオゲームを見ていたことを理由に挙げた）、ゲームの悪影響のおかげで、ゲームさえしなければ純粋だった若者がこのような間違いを犯すことになったという説明が行われた。ハリスの裁判では、コンピュータゲーム悪影響説を証明する専門家として、弁護側に呼ばれた心理学者が証言したが、検察側に『パックマン』（メインキャラクターが幽霊を食べていくゲーム）も暴力的だと考えられるかと質問され、そう考えられると答えたことから、証言の信頼性が揺らぐことになった（Rushton 2013）。

コンピュータゲームは昔から、それ自体が反社会的行動で、身体を動かさないライフスタイルを生み、結果、社会的スキルを身につけられず、豊かなレジャー活動に参加しなくなると批判されてきた。だが、他のメディア形態と同様、こうした批判の根拠となる証拠は多くない。ゲームの悪影響についてはもっと深刻な懸念もあるが、その根拠となるものも多くはない。ヴァスタグは、「ビデオゲームによる暴力傾向」についての心理学的研究を見てみると、その影響は最悪の場合でも一時的な変化で、性格を変えてしまうものではないと述べた（Vastag 2004）。さらに、ゲームは一人でプレーするものであることを原因とするのも根拠薄弱だ。たとえば、コロンバイン高校を題材とした二つの映画では、――『ボウリング・フォー・コロンバイン』〔マイケル・ムーアが監督した二〇〇二年公開のドキュメンタリー映画〕と『エレファント』〔ガス・ヴァン・サント監督による二〇〇三年公開の映画〕――コンピュータゲームも取りあげられているが、こども時代のことなど、それ以外のことも犯人たちの人生に影響を与えたかもしれないと描かれている。『エレファント』には、犯人がこどもの頃ピアノを弾いたり、絵を描いたりしているシーンがあるが、この二つは、犯人が遊びを学ぶ重要な体験として描いている。[2] 映画は見る者に、暴力行為の決定要因としてゲームに注目することについて疑いを感じさせようとしている。『グランド・セフト・オート』のように明らかに反社会的な内容のゲームであっても、ゲームでの行動を実社会での行動に結びつけて因果関係を説明しようというのは説得力があるとは言えない。

コンピュータゲーム支持派と反対派の対立を見てみると、ゲームがこれほどの議論の的になる理由の一端をうかがい知ることができる。コンピュータゲームは何と言っても、若者を中心に支持されている。大人の間でもコンピュータゲームをする数は増えているが（一九七〇年代に卓球ゲーム『Pong（ポン）』をプレーした人びとがそろそろ五〇代になる）、まずは若者のサブカルチャーであることに変わりはない。大人や政策決定関係者に理解されるような行動ではなく、何よりも、そうした人びとを排除する傾向にあるものだ。そうした対立の要素が、コンピュータゲーム関連の事象を理解する際の問題に内在している。若者文化における一過性の遊びの行動が似たような議論を生む理由もここにある。

コンピュータゲームを反社会的行動の原因として特筆してしまうことの問題は、そのためにデジタルゲームの分野で起きている事象の全体像を見逃してしまうことだ。ニュースメディアで取りあげられるのはコンピュータゲームの中でももっとも暴力的なものの場合が多い。実際にはコンピュータゲームでのプレーヤーの行為は多岐に及び、ある形のゲームだけでゲーム全体の特徴を捉えることはできない。

このような歴史はスポーツについてのここでの議論にも影を落としており、広く社会での薬物撲滅の動きが、スポーツにおけるドーピング禁止の動きに悪い意味で影響を及ぼしていることに似ている。つまり、広く社会的な問題への懸念がスポーツ界の意思決定レベルに影響を及ぼしており、ゲームとスポーツの融合への反対には何の根拠もないにもかかわらず、その二つの融合は自然ではないというのが、頭の中で、いわばデフォルトとして設定されてしまっているのだ。だが、コンピュータゲームについて言えば、それが変わりつつあり、その端緒をeスポーツの発展に見いだせる。若者に身体運動を奨励する動きや健康を意識したモバイル機器の登場も、そうした変化を示す証拠である。

3 運動ゲームと健康ゲームがもたらしたもの

コンピュータゲームを巡っては、ゲームがプレーヤーに求めるものと、それが社会性や身体運動に及ぼす影響について典型的な思い込みがあったが、この二〇年の間に、その思い込みを揺るがすようなゲームが登場してきた。いい例が、一九九八年にゲームセンター用のゲームとして誕生した「ダンスダンスレボリューション（DDR）」だ。ゲーム発表後まもなく、世界中でDDRトーナメントが開催され、コンピュータゲーム・サブカルチャーに興味深い、新たな展開が生まれた。シカゴ大学のビデオゲーム／文化政策研究プロジェクトがアメリカでのトーナメント参加者にビデオインタビューした結果によれば、このゲームによって、若年層が身体運動に向かう際の障害が取り除かれ、男女双方が参加し、基本的に社会性を養うことになる身体運動空間が創出されたという。その後に行われたジェイコブ・スミスの調査でも、このゲームを通じて、新たなコミュニティが形成されつつあることがわかった（Smith 2004）。こうしたコミュニティでは、コンピュータゲームやスポーツを巡る従来のコミュニティとは異なる男女比率が見受けられた。同時期の他のゲームでは女性の比率が一六パーセントでしかなかったのに比べて、ＤＤＲの女性の比率は五〇パーセントに達した。ＤＤＲは、コンピュータゲーム反対派の主たる根拠に疑問を投げかけることになったのだ。続く調査でも、そうした根拠の弱点が暴露された。たとえば、クロフォードは、ゲームに熱心な人は身体を動かすことにも積極的であることを明らかにし（Crawford 2005）、フロムはスポーツへの参加度はデジタルゲームには影響を受けないことを確認した（Fromme 2003）。つまり、コンピュータゲームをする人が皆、暗い部屋でテレビ画面の前に張り付いたまま、身体を動かさない生活を送っているわけではないのである。

最近のデジタルゲーム体験は多様化しており、均一と思われていた文化を変化させている。その恰好の例が「パーベイシブゲーム」と呼ばれるもので、プレーヤーがコンピュータスクリーンを前にしてプレーするだけでなく、外出先でも（モバイル機器を見ながら）プレーすることで、「複合現実（ＭＲ）」を体験できるというものだ。異なる空間の境目をぼかすような没入型ゲームの例として、マクゴニガルは、「クラウドメーカーズ」という名のバーチャルコミュニティについて調べている（McGonigal 2003）。このコミュニティは世界貿易センター（ＷＴＣ）ビルに対する九・一一テロ攻撃に触発されて活動し始めた人びとのコミュニティだ。マクゴニガルは、ゲーム環境で人びとが自らの問題解決能力に自信を持つようになる経緯を観察し、そうしたゲームプレーヤーにとっては、その時直面している問題が現実のものなのか、そうでないのか、はっきりとはわからずにいるという場合が多いことを解明した。ブラスト・セオリー〔一九九一年に設立された、双方向メディアやデジタルメディア、ライブ・パフォーマンスを使ったアーティスト集団〕が制作したパーベイシブ・ゲーム、『アンクル・ロイ・オール・アラウンド・ユー（ＵＲＡＹ）』では、プレーヤーは「モバイルコンピュータとワイヤレスネットワークを駆使して、逃げ回る「アンクル・ロイ」なるキャラクターを探して街中を走り回る。一方でオンラインのプレーヤーは同じ街の３Ｄ映像内を探索しながら、実際に街に出ているプレーヤーの動きを追いかけ、彼らと交信できる。オンラインプレーヤーはそうやって、街に出ているプレーヤーの手助けもできるが、邪魔もできる」(Flintham et al. 2003, p. 168)。

デジタル的交流と物理的交流が融合すると、ゲームは身体運動の要素が大きくなり、ますますスポーツに近くなってくる。スポーツと認定される要件はアスリートにどれほどの身体的負担を課するかであるというつもりはない。だが、身体的負担も関係する以上、デジタルゲームの変化に留意しておくことも必要だろう。このような新型のゲームをプレーする人びとのコミュニティは、室内でプレーする形の人気ゲームをする人びとのコミュニティに比べると、まだ小さいが、急速に拡大していることは確かであり、シミュレーションに向かう流れの大きさを考えると、これからは身体運動を組み合わせた方向に向かうと思われる。

ゲームを社会活動の一つとみなして、任天堂Ｗｉｉなどのゲーム機はコンピュータゲームを身体運動を要する活動に変化させた。それによって、ゲームに対して人びとが期待するものも変わり、ゲームをする人についての人びとの考え方も変わる。任天堂Ｗｉｉは、マリオ、スーパーマリオ、ポケモンに次いで世界第四位の売り上げを誇る人気ゲームだ (Wikipedia. 2015)。またＷｉｉは、ゲームを通じて家族の交流のパターンにも変化を生じさせ、ゲーム機器の設置場所がそれぞれの個室から居間へと移った (Chambers 2012)。これは、薄型の大型スクリーンの登場にも助けられた。そうしたスクリーンは居間に設置されることが多いし、さらに、これまでにない没入型のゲーム体験を可能にした。

身体を動かすタイプのゲームは、多くの文献で「エクサゲーム」と呼ばれている（Kamal 2011）。ただし、ミリントンは、この呼び方では、そうしたテクノロジーが健康的な生活に関する政府の政策や社会規範を遵守するよう、人びとを仕向けているという側面が見逃されてしまうと批判する（Millington 2014）。代わりにミリントンは、フーコーに倣って、「バイオプレー」、「バイオゲーム」という呼び方を提唱し、運動ゲームのこちらの側面を強調する。リッチとミアは、運動ゲームにおける監視の側面に注意を向けた（Rich and Miah, 2009）。デジタル環境では統計を重視する傾向があり、運動ゲームにも――ヘルスアプリを通じて――その要素が組み込まれている。

今日、人びとは自分たちの運動を記録するために「ランキーパー」などのスマホアプリを使っているが、同時にその運動成果を、フェイスブックやツイッターなどのＳＮＳを通じて人びとと共有している。多くの人にとってかつては個人の活動であったものが、ゲーム化され、モバイルテクノロジーを通じて社会としての体験となっている。このように機器を利用して成果を共有することについては注意が必要だ。単に褒めあったり、共有したりするだけでは済まないからだ。バイオプレーデータを公表すれば、プレーヤーは公衆の視線にさらされ、日常の行動についても公衆の判断に対して説明責任を負わなくてはならないという規範を強いられることになる。そうしたことはあっても、コンピュータゲームの新たな波（たとえば「アイトーイ（EyeToy）」、「アイトーイ・キネティック（EyeToy Kinetic）」、「ゲームバイク（Game-Bike）」、「任天堂Ｗｉｉ」など）では、全身で没入できて、対人交流も深めることができ、健康的で、活動的なライフスタイルを楽しむ、新たなチャンスを得られる。デジタルゲームの社会的評価に新たな一章を加えるものである。

4　盛りあがるeスポーツ

より広範な意味でのデジタルゲームの登場は、文化事象としても重要な意味を持ち、単なるコンピュータ利用とはまったく異なる、独自の経済効果を発揮する。二〇一四年の「グローバルゲーム市場報告書」によると、この業界の規模は八一五億ドル、映画業界の二倍の規模になる（Wikipedia. 2015）。二〇一六年の総収益予測は九九一億六〇〇〇万ドル、二〇一五年に比べると八・五パーセントの増収、そのうち、モバイル機器での売り上げが三七パーセントを占める（Newzoo 2016）。コンピュータゲーム文化は、一人で標的を狙うタイプから戦略ゲームやロールプレイングゲームまで、その範囲は広い。クーンはそうしたゲームを「①コンソール／機器を手に持つタイプ、②ワイヤレス、③オンライン、④ＰＣ、⑤ゲームセンター」の五種類に分類した（Kuhn 2009）。この分類は、ゲームが行われるスペースが家庭から街中、時にスポーツジムまで及ぶことを明らかにしてくれた。同じくクーンによれば、ゲーム市場は長い間、ソニー、マイクロソフト、任天堂の三大メーカーに支配されていて、その三社でゲーム市場の収益の「八〇パーセントを占める」という（Ibid. 2009）。ゲーム機器がターゲットとする年齢層はそれぞれで、ソニーは一六～二四歳、マイクロソフトは一八～三四歳、任天堂は八～一八歳である。ソニーが六九パーセントと最大シェアを誇るが、その中身は二〇〇七年一〇月の段階で、「プレイステーション2機器の世界全体での販売数一億二〇〇〇万台以上に加えて、一五〇〇以上の種類があるゲームソフト販売からの一〇億ドル以上の収入」となっている（Ibid., p. 258）。内実は変わりつつあるが、ゲーム会社の戦略の特徴は変わらない。つまり、ゲーム機器の値段は比較的低めに設定され、――実際、コストを下回るレベルだ――プラットフォームを安く提供して、その後のソフトウェア販売で利益を確保しようという戦略だ。また、携帯ゲーム市場は近年爆発的に拡大しているものの、小規模に留まっている一方、オンラインゲーム（『セカンドライフ』『ワールド・オブ・ウォークラフト』『ドータ・ツー』『リーグ・オブ・レジェンド』『スタークラフト2』など）がその手の娯楽としてもっとも急激な成長を見せていると、クーンは言う。電子ゲームは今では「全米の玩具市場の三分の一を占めるに至り、……六歳以上の国民の五〇～六〇パーセントがプレーしていて、プレーヤー人口の平均年齢は三五歳である」（Ibid., p. 260）。今日の玩具の多くはクロスオーバーゲームになっている。つまり、ミニカーの「ホットウィール」のように携帯ゲームがついてくるタイプだ。ユーザーは玩具の車を買い、それについているURコードをスキャンして、携帯ゲームを購入、その携帯ゲームの中で購入した車を使ってプレーするという具合だ。クーンは、ゲーマーは人口の中では「二〇代の男性」が多数を占めるとしているが、娯楽ソフトウェア協会は、ゲーマーの四一パーセントは女性あるいは女子と推定している。ゲームをする動機も興味深い。ゲームというサブカルチャーの特徴についてこれまで言われてきた推論に疑問を投げかけるようなものだからだ。「挑戦、競いあい、楽しさ、社会的側面」（Ibid., pp. 261-262）といった要素のすべてがゲームをする動機として挙げられていて、これは、スポーツに参加する際の動機と大して違わない。チェンバーズ（二〇一二年、七七頁）は、また、デジタルゲームの発展が二一世紀の家族形態の変貌に呼応していることに注目する。

任天堂Ｗｉｉなどのゲームは家族関係の変化、家庭での娯楽、そしてデジタルゲーム業界の三つの分野の変化に呼応している。家族のライフスタイルの急激な変化はコミュニケーションテクノロジー、社会的絆、そして、家庭でのスペースの取り方などの変化と並行して起こっている。

（Chambers 2012, p. 77）

スポーツ関連のコンピュータゲームは毎年ベストセラーに入るほどで、デジタルに媒介された、注目すべきコミュニティの形成（Kuhn 2009）や、新たな形態のメディア利用（Marik 2013）に寄与している。スーパーデータが発表したｅスポーツ業界についての報告書は、そうした進展について面白い結果を報告している（SuperData 2015）。それによれば、ｅスポーツ業界の市場価値は七億四八〇〇万ドル、二〇一八年までには一九〇億ドルにまで増加することが見込まれている。また、プレーヤーが単独でターゲットを狙うタイプのゲームが優勢ではあるが、ｅスポーツ競技の賞金プールの規模も四一〇〇万ドル程度にまで増加すると指摘する。報告書は、世界中にｅスポーツ専用のアリーナが作られ、マディソン・スクエア・ガーデンのようなアリーナを大観衆で埋め尽くすレベルの競技が行われる可能性があることにも言及している。

スポーツ関連のコンピュータゲームが増加しているにもかかわらず、スポーツ研究、メディア研究、あるいはカルチュラルスタディーズの分野では、この点について充分な研究が行われてきたとは言いがたい。たとえば、デニス・ヘンフィルは一九九五年に、サイバースポーツという概念を紹介したた

(Hemphill 1995)。当時、スポーツにおけるバーチャルリアリティの役割については研究が始まったばかりだった。その七年後、拙論「バーチャルスポーツにおける没入感と抽象化」が『スポーツテクノロジー――歴史、哲学、政策』という本の中のデジタルゲームとスポーツに関する三章のうちの一章として掲載された(Miah 2002)。リチャード・ローマックスは、人気を博した「ファンタジースポーツ」のジャンルの歴史を発表している(Lomax 2006)。このジャンルのルーツは、五〇年ほど前の「ボードゲーム」、カードゲーム、サイコロとマーカーを使ったゲームなどにたどることができる。こうしたことは、第一章で私が論じたスポーツとデジタル体験の接点や、デジタル体験やゲーム経験を広い意味での人生経験として見る視点を思い起こさせる。

この一〇年の間にeスポーツは目覚ましい発展を遂げ、この分野についての研究も深まってきた(Consalvo & Mitgutsch 2013; Crawford 2005; Crawford and Gosling 2009; Taylor 2012)。二〇〇〇年には、「ワールド・サイバー・ゲームズ」(WCG)が、サムスンとマイクロソフトが共同スポンサーとなって立ちあげられた。これまで最大の規模となった二〇〇八年大会には、世界七八カ国から八〇〇人が参加し、二〇〇九年の賞金総額は五〇万ドルに達した。スポーツデジタルゲーム初の大規模イベントとなったこともあって、この分野のサブカルチャーの発展にとってもその重要性は計り知れない(Taylor 2012)。さらに、主要スポンサーであるサムスンが、ワールドワイド・オリンピック・パートナーでもあることは、スポーツとeスポーツイベントのクロスオーバーについて考えさせるものである。二〇一四年には、長年IOCパートナーとなっているコカ・コーラ社がeスポーツの『リーグ・オブ・レジェンド』のスポンサーに名乗りを上げており、eスポーツ分野での同社の役割が拡大しそうだ（Gaudiosi 2015）。オリンピック関係団体がeスポーツ業界にも名を連ねているというのは、決して偶然ではない。WCGの意義についてのハッチンズの調査を見ると、オリンピックムーブメントと共通の基盤が明確になる（Hutchins 2008）。

「ゲームを超えて」というWCGのスローガンには、WCGは単なるゲームの世界大会ではなく、世界を一つに結んで、共通の思いを通じて調和と楽しさを創りだすという意味が込められている。さらに、みんなで一緒に「世界文化祭（World Cultural Festival）」を成功させようとするうちに、世界中の参加者たちにお互いを尊重しあう気持ちが生まれて、大会中に平和が訪れることを願っている。

WCGは二〇一四年に、大会会長がその後のトーナメントは行わないと発表して、終わりを迎えた。非公式には「eスポーツ・オリンピック」と呼ばれたりもしたが、競技に含まれたスポーツゲームは唯一、FIFAのサッカーゲームだけだった。WCG主催者のリン・ユーシンは「テック・イン・アジア」のサイトに掲載されたインタビューで、大会を開催しなくなったのは他のイベントとの競争が激しくなったからだとか、モバイルゲームへの移行に失敗したからではないと語った。そうではなくて、サムスンが戦略の中心をモバイルゲームにシフトさせたのに対し、WCGはパソコンゲーム競技だったというのが理由だとした。さらにユーシンは、WCGをオリンピックスタイルの大会にしたのが身の丈を超えた規模だったため、関与の度合いも管理も行き過ぎたものになってしまったとも語った。最後に、WCGがその「黄金時代」の利点をうまく活用できず、サムスンが関心を失ったことが、その将来にとって壊滅的な打撃となったとも述べている。

だが、WCGがこうした大会の唯一の例ではなく、また、開催しなくなった唯一の例でもない。ディレクTVによって設立された「チャンピオンシップ・ゲーミング・シリーズ」（CGS）は、二〇〇八年にわずか二シーズン行っただけで終了した。だが、「エレクトロニック・スポーツ・ワールドカップ」（ESWC）は、二〇〇四年から二〇〇九年までコナミの『ウィニングイレブン』を、二〇〇九年以降はFIFAのサッカーゲームを使用して、成功を収めている。ESWCのスローガンは「みんなのeスポーツ（e-Sports for all）」で、参加者の範囲は世界一〇〇カ国以上に及ぶ。創設以来の賞金総額は二〇〇万ユーロ以上だ。また、二〇〇八年にはeスポーツのための団体——国際eスポーツ連盟（IeSF）——が設立され、eスポーツを正当なスポーツ業界として代表している。この重要性を見過ごしてはならない。専門団体が設立されるということは、一九世紀に起きた伝統的スポーツの体系化の動きにも匹敵するものだ。細分化され、商業的にも多様なコミュニティの数々を統合するというのは生易しいことではない。だが、その方向で重要な出来事が起こり始めている。二〇一三年以降、IeSFは「世界アンチ・ドーピング機関」に正式参加、二〇一四年には、国際スポーツ連盟機構（GAISF）への正式加盟の前段階となる「スポーツアコード」の暫定メンバーにもなっている。IeSF主催の「eスポーツ・ワールド・チャンピオンシップ」（エレクトロニック・スポーツ・ワールドカップとは異なる）が、以前の「IeSFワールドチャンピオンシップ」から名前を変えて、二〇一四年から開催されている。FIFAのサッカーゲームはこの大会の主要競技であり、その他、野球、レース、格闘技などが、二〇〇九年の最初のトーナメント以来実施されている。さらに、ＩｅＳＦは設立からそれほど時が経っていないにもかかわらず、世界一五カ国以上でスポーツとしての承認を勝ちとった。また、他のスポーツ連盟とも連携していて、たとえば二〇一四年には、国際陸上競技連盟（ＩＡＡＦ）と共同で、「より良い世界のための競技（Athletics for a Better World）」というプロジェクトを立ちあげた。これはＩＡＡＦとの今後の協力のベースとなる。二〇一六年五月には、「エレクトロニック・スポーツ・リーグ」がこの業界全体のプロ基準を設定することを目的として、「世界ｅスポーツ連盟」を設立した。

このように、関連イベントや組織が出てきてはいるが、これらのトーナメントではスポーツに特化したコンテンツのゲームが少ないという状態が続いている。二〇一五年の「ｅスポーツ・ワールド・チャンピオンシップ」で実施されたゲームは『リーグ・オブ・レジェンド』『ハースストーン』『スタークラフト2』の三つで、これらは明らかに、ファンタジーのジャンルに属するものだ。スポーツ関連のゲームが少ないのは、ゲーマーの間でもこの分野は人数が少ないことと、スポーツゲームだけで世界規模のトーナメントの開催はむずかしいからだ。また、ｅスポーツチームのメンバー構成がスポーツのジャンルだけに留まらないことも見えてきた。それでも今のところ、「ｅスポーツ」がすべてを包含する用語として使われていて、スポーツの要素の有無に関係なく、あらゆる形式のデジタル競技ゲームが含まれる。これが、伝統的スポーツの世界への参入をむずかしくしているとも考えられ、だとしたら、ｅスポーツに今後さらなる亀裂が起こることになるかもしれない。

『ワールド・オブ・ウォークラフト（WoW）』の開発者が、そろそろコンピュータゲームに従来のスポーツと同じステータスを与えてもいい頃だと発言していることを考えると（BBC 2014）、スポーツとして認められるのもそう遠いことではないかもしれない。しかし、主要なトーナメントで実施されているゲームが、スポーツゲームというよりは戦闘ゲームに近いとなると、そう簡単に伝統的スポーツと同列に扱うことはできないかもしれない。また、戦闘ゲームの方がスポーツゲームより人気があるとなれば、その分野を捨ててスポーツ分野に集中するというのは、企業にとっては経営上大きな損失になりかねない。実際、名の知れたeスポーツトーナメントのリストを確かめてみると、『リーグ・オブ・レジェンド』や『ドータ』の類のゲームが目立つ（e-Sports Earnings 2015）。現時点のeスポーツの状況では、スポーツの概念を柔軟に使うのも、考え方としては必要かもしれない。ただ、eスポーツを従来のスポーツの仕組みに合致させようという議論も始まっている。そうした分野についてのメディア報道にも、スポーツに近い分野と伝統的なスポーツの関係について問いかけるものがある。たとえば、BBCは「プロのゲーマーは二一世紀のアスリートなのか」（BBC 2012）とか、「コンピュータゲームは本当にスポーツか」（BBC 2015）といった問いを投げかけている。

長いことオリンピックのスポンサーを務めるコカ・コーラ社が二〇〇一年以来eスポーツのスポンサーにもなっていることや、オンラインのストリーミングチャンネル、「ツイッチ」がトーナメントを生放送していることを見ると、eスポーツがコンテンツ放映権で利益を上げるという伝統的な方法を採用するのか、あるいはそれを揺るがすのか、様々な疑問が浮かんでくる。コンテンツ配信で利益を上げるツイッチの方式では、eスポーツはテレビ放映を考えなくていい。これは、スポーツ放送・配信が、すべてオンラインになる動きに沿って、オンラインにシフトするという長期的な流れを示唆するものかもしれない。eスポーツゲームにおけるゲーム内での少額取引という、これまでにない形の経済活動によって、デジタルメディア体験から利益を上げる、まったく新しいモデルが生まれるかもしれない。

ツイッチ視聴者の平均年齢が二一歳、アメリカでのテレビ視聴者の平均年齢がおよそ五四歳と、視聴者層にはかなりの不均衡がある（Thompson 2014）。また、ツイッチがネット通販大手のアマゾン社に、九億七〇〇〇万ドル弱で買収されたことを見ると、ゲームコンテンツをオンラインでのみ販売する形が将来も続くと考えていいだろう。ただ、二〇一四年には、スポーツ専門ケーブルテレビ局ESPNが、ジョン・スキッパー同社社長が同じ年に、eスポーツは「真のスポーツ」ではない、「真のスポーツというよりはチェスやチェッカーのような競技だ」と言っていたにもかかわらず、『ドータ2』の主要トーナメントである「インターナショナル」の決勝戦を放映したという事実もある。

5　eアスリートという新しいプロフェッショナル

ゲーマーが参加する競技はメディアとか、スポーツとか、コンピュータゲームとかなど、個別の範囲で捉えられるものではない。そうした分野を区別してきた制度やモノによる境界線は内側から崩壊しており、eスポーツという新たな形の社会的活動の創造をもたらした。

（Hutchins 2008, p. 865）

eスポーツのプロ化が進行するにつれ、その参加者の成績への評価も高まってきた。たとえば二〇一三年には、eアスリートがアメリカ移民局から公式にアスリートとして認められることになった。つまり、プロのeスポーツ選手として他のアスリートと同様のビザが支給されることになったのだ(Robertson 2013)。eスポーツのプロ化が重要なのは、それによって広くエンタテインメント産業に組み込まれたということで、具体的にはコンピュータゲームのライセンス認可に大きく関わってくる。ハッチンズからの引用やその他eスポーツに関する文献に見られる「e」という接頭辞は時が経つに連れ、消えていくかもしれない(インターネット関係では数々の用語が出ては消えてを繰り返している)。とはいえ、「サイバー」関連の様々な用語が、デジタルテクノロジーによってもたらされる文化的・経済的変化の社会での重要性を際立たせてくれていることは間違いない。

スポーツでは、プロとアマチュアは同じように設計された場で、同じ道具を使って競技するという点で共通点があるが、それに加えてもう一点、両者をつなぐものがある。コンピュータゲームという場だ。ゲーム文化はすでに、ゲーマーというサブカルチャーを生みだし、ゲーマーはアスリートと同じセレブの地位を獲得し、スポンサー契約も結んでいる。例としては、一九九九年から二〇〇六年までの間に四万五〇〇〇ドル以上の賞金を獲得した「フェイタリティー」(ジョナサン・ウェンデル)がいる(e-Sports Earning 2015)。また、二〇〇九年から二〇一四年の時期には、ジャオ・「バナナ」・ワンが一八〇〇万ドル稼いだ(Ibid.)。一九九八年以降、eスポーツでの賞金総額は飛躍的に増加している(**表4-1を参照**)。

表4-1　eスポーツにおける賞金総額(1998-2015)

	賞金総額	トーナメント当たりの賞金額平均	トーナメント総数	プレーヤー1人当たりの平均収入	現役プレーヤー総数
2015	$65,017,976	$14,630	4,444	$5,184	12,542
2014	$35,744,202	$18,763	1,905	$6,182	5,782
2013	$19,472,753	$14,172	1,374	$4,852	4,013
2012	$12,963,274	$9,293	1,395	$4,068	3,187
2011	$9,570,126	$8,583	1,115	$4,138	2,313
2010	$5,089,479	$8,289	614	$2,701	1,884
2009	$3,346,809	$10,459	320	$2,588	1,293
2008	$5,964,363	$20,218	295	$5,870	1,016
2007	$5,732,693	$23,986	239	$5,626	1,019
2006	$4,297,790	$16,723	257	$4,109	1,046
2005	$3,529,215	$15,147	233	$4,024	877
2004	$2,057,645	$13,903	148	$3,287	626
2003	$1,309,012	$16,570	79	$3,348	391
2002	$833,606	$27,787	30	$2,053	406
2001	$772,573	$24,922	31	$2,782	269
2000	$514,078	$19,040	27	$2,706	190
1999	$245,971	$20,498	12	$5,466	45
1998	$89,400	$17,880	5	$4,063	22

出典　e-Sports Earnings 2015

eスポーツのプロ化が進むにつれ、コンピュータゲームには他のスポーツと同じくらいの技術と忍耐は必要ではないと考えることはむずかしくなってきた。総運動量の点から見てeスポーツはスポーツらしくないという見方も成り立たない。eアスリートのトレーニング法は、ほとんど座ったまま行われるレーシングカードライバーのトレーニングに似たようなものだ。レーシングカードライバーと同じく、eアスリートも座ったまま競技に参加するが、勝つためには強靭な身体能力を保たなければならない。

バーチャルな世界と物理世界の融合でもっとも興味深い側面は、物理世界のアスリートやチームのキャリアが、ゲーム開発者が作りだすゲーム内の展開と区別しにくくなってきたことだ（Silbermann

2009)。それがもっともよく表れているのが、サッカーの「プレーヤーマネジャー・ゲーム〔監督とプレーヤーの双方の役でプレーが可能〕」だ。FIFAのゲームでは、実際のサッカー選手の直近のシーズンの成績を考慮したスキルやプレースタイルを持たせたアバターを作成するようになっている。このようにファンタジーと現実を重ね合わせるというのは、二つの世界が依存しあうようになっていくことを示しているように思われる。実際シルバーマンは、「サッカーゲームは、アスリートが様々なプレースタイルを把握するための、いい道具となっている」と指摘する(Ibid., p. 169)。

コンピュータゲームを通じて、プロアスリートのキャリアが新たな世界に取り込まれ、それにより、スポーツ空間がこれまで進出していなかった娯楽の領域に拡大していく。ゲームにアップロードされたアスリートのデータが、現実のアスリートについての分析やスカウトにも取り込まれていくということも行われる。実際、シミュレーションゲームの『フットボールマネジャー』はプロゾーン・スポーツ社と協力して、ゲーム環境でのデータを抽出し、それをプロゾーンが所有する選手採用データベースに取り込むことを行っている。スチュアートは次のように述べる。

スポーツ・インタラクティブ社は信頼性を高めるために、これまで二一年間を費やして独自の「スカウト」ネットワークを構築した。『フットボールマネジャー』の熱心なファンが実際の試合やトレーニングを見に行って、選手について詳細に報告する。それによって、データベースの信頼性が高まる。一つのチームを追いかけるスカウトもいれば、リーグ全体を見るスカウトもいる。全員、社の情報交換サイトでそれぞれの情報や経験を共有し、定期的に会社の開発部門と連絡を

取っている。（Stuart 2014）

ゲーム環境から実際のスポーツへと移行が起こった例は、これが初めてではない。『フットボールマネジャー』は、二〇一二年に「アゼルバイジャン人の学生、ヴガール・ヒュセインザーデを、彼のゲーム成績を元に、ＦＣバクーの二軍の監督にしている」（Rumsby 2014）。

ｅスポーツに起こっているこうした変化を見ると、従来のスポーツが身体文化として特別な地位を認められている要素の中に、コンピュータのスポーツゲームと著しく異なるものがないことがわかる。ゲーム業界の状況がプロスポーツ界の存在意義と変わらないものになり、パフォーマンスを伴う二つの非日常世界がますます重なるようになっていくと、コンピュータゲームが将来オリンピック種目になるという世界もあながち夢ではないかもしれない。二〇一五年の「ｅスポーツ・ワールド・チャンピオンシップ」には国際オリンピック委員会（ＩＯＣ）の代表が出席しており、もっとも歴史の長いスポーツ組織にも、スポーツ界がゲームの方向に進んでいる状況を理解しようとする意識が芽生えているようだ。確かに、ＢＭＸバイクやマウンテンバイク、サーフィンがオリンピック種目になるというのなら、なぜゲームは駄目なのかという疑問は出てくる。経済的な議論だけで言えば、スポンサーたちが従来のスポーツを捨てて、成長産業であるｅスポーツゲームに走ることは充分ありうる。従来のスポーツ界は、もはや避けることのできないデジタルの未来を見据えて、それに適応しなくてはならない。

ｅスポーツは、伝統的手法に対して新たな時代をもたらすことを示している。それには、イデオロギー的な深い理由もある。近代オリンピックには、社会変化を目指すという願望も反映させて設立されたという面がある。今日、そのような変化の重要な側面の一つが、デジタル環境で積極的に行動できるかという点だ。中には、インターネットへのアクセスは基本的人権の問題だという意見もあるし、電気や水道と同じ公共サービスの問題だとする考え方もあるだろう。市民社会のオンライン空間への移行がますます進む現状では、情報にアクセスできないというのは民主主義の権利に関わる問題となるかもしれない。この点で、eスポーツはデジタルについての知識が普及した社会の構築を目指すに当たって、原動力の一つになると見てもいいだろう。世界中の人びとをオンラインに組み込み、現代世界の最重要課題に直面したときに充分用意できている状態を作りだすためには、これはぜひとも必要なことである。eスポーツ支持派には、デジタル的参加とデジタルスキルへのアクセスという点でのeスポーツの社会的使命を訴えていくという方法もあるだろう。何と言っても、eスポーツに参加しようと思ったら、国として、世界で通用するデジタルインフラを整備しなくてはならない。世界初のeスポーツスタジアムの設計が進んでいる今、そのスタジアムで行われるのは競技だけではないことにも目を向けるべきだ。もしかしたら、社会最大の問題の解決を目指した、画期的なイニシアティブの数々が出てくる場になるかもしれない。スポーツの将来をこのように考えてみるのは、持続可能性という観点からも有望であり、また、バーチャル世界の拡大状況にあってもなお、物理的な場が必要であることについても、スポーツを使ってアピールできる。未来のスポーツの場は、単なる競技の場以上のものになれるかにかかっている。だが、eスポーツが社会でその独自性を発揮するのはこの点だけではない。eスポーツの現在の最大の問題点の一つは、女性のプレーヤーがいないことだ。ここで大した変化を生む力がないことを嘆くのではなく、デジタル能力におけるジェンダー格差という問題の是正について、eスポーツが指導的な役割を果たすため、業界として取り組むこともできるだろう。

eスポーツ界の外にいる人びとにとっては、デジタルゲームがオリンピックスポーツになるというのは、ありえないシナリオだろう。確かに、実現のためには、超えなければならない障害がまだたくさんある。その一つが、そもそもeスポーツ側がそのような地位を求めているのかという問題だ。eスポーツに類する様々な競技がオリンピックで実施されるという状況さえ、現時点では想像しにくい。それほどの規模の競技を行えるほど普及しているゲームはまだ少数だし、それを他の分野のスポーツと一緒にしてしまってはその意味が失われる。とはいえ、それこそがeスポーツの未来を面白くする。つまり、eスポーツが、様々な団体が集まって共通の目標を追求するという、従来のスポーツの気風を取り入れられるか否かが、人類の連帯という価値観を持てるかの試金石となる。大規模団体の方が小規模団体よりやれることは多いが、それでも両者は目的意識を共有している。eスポーツの未来は、そのような気風を養い、それぞれのゲームは「ニッチ」であったり、新機軸だったりして小規模でも、大規模なシリーズやソフトウェア販売会社からの支援は不可欠で、それがゲームのさらなる発展やプレーヤーの多様性を醸成することになる。そうしたことを目指してこそ、ゲームはスポーツやそれ以外の分野でも、中心的な役割を果たすことができ、政治的にも影響を発揮できるようになる。

懐疑的な人間にとって重要な点は、eスポーツのこれからがゲーマー人口の増加だけでなく、従来のスポーツのゲーム化にも関わってくることだ。スポーツが進化するにつれ、アスリートの試合経験にもデジタルの要素が入り込み、その経験は複合現実（ＭＲ）体験へと変化する。そのようなｅスポーツは、ゲームなのか、スポーツなのかを考える際に重要な意味を持つ。

第5章 リアルとデジタルが融合する観客体験

1　多層化する観客体験

プロスポーツの環境がデジタルテクノロジーによって変化していることに注目した第2部を終えるにあたって、本章では観客の体験に目を向けてみたい。この面での変化については、単にデジタル時代だけでなく、それを超えたメディアの長い発展の歴史をたどる必要があり、その経緯の中で、観客としてスポーツに参加する、新たな方法が育まれてきた。そうした新たな方法でよく話題になるのが、制作側と観客の相互交流の機会の誕生である。相互作用への関心が高まった一九九〇年代、同時に見えてきたのが、メディア化に対する私たちの関係についてはきちんとした理解がなく、理論化もされていないという事実だった。マスメディア時代の夜明けから——いや、おそらく、歴史上記録が残され始めた最古の時代から——、書き手は書いた内容とそれを受けとる側との間に何らかの関係を作りだそうと試みてきた。ソとチョンは、eスポーツゲームの人気と観客＝消費者としての体験願望を結びつけて論じているくらいで、サイバースポーツ間でのつながりをさらに密接なものと考え、プレーヤーすら一種の観客と想定している（Seo and Jung 2014）。

送り手と受け手の相互交流の方法は、新しいメディア（＝媒介）が登場する度に変化する。本を読む場合、相互交流は、読者がページに現れる言葉に想像力を働かせ、自らにそのストーリーをもう一度語ることを通じて起きる。また、読書環境や、もう一度読んで、同じ言葉に新しい意味を持たせることでも交流している。新聞が登場した当時は、読者がわざわざ時間をかけて新聞社に対して手紙を書き、編集者がそれに投稿欄で返事を書くという形で交流が行われた。ラジオ時代は、リスナーと電話などで直接話をする視聴者参加番組や対談番組などが交流の機能を担った。こうした形式が後に、素人の日常生活を撮ったリアリティＴＶの登場につながっていく。本当に、相互交流の歴史を追い続けると、デジタルによる変化についての接点を失ってしまうくらいに範囲が広がってしまう。だが、こうした先例を理解しておくことは重要だ。バーチャルリアリティ（ＶＲ）の最先端にいるデザイナーが今目指していることの中心にある考え方は、別の方法で同じことを試みた多くの先達の夢に通じるものだということを知るだけでも意味がある。結局のところ、あらゆる形で媒介されたコンテンツ——本からホログラムまで——は、ユーザーが想像力を働かせてその意味を作りだす機会を与えてくれるものであり、別の世界に入り込むことで、それまでの自分の世界についての見方に影響を与えるものである。

インターネット時代の初期、相互交流の様式はユーザーが——もはや観客ではない——、自ら新しい世界を探索し、自らのチャンネルで自らのコンテンツを作成するというものだった。二〇〇八年以来、スポーツメディア関連組織はソーシャルメディアを使って、スポーツとの相互交流の新たな方法を作りだして、観客体験をより多層的にしようとしている。たとえば、二〇一二年のロンドンのパラリンピック開催中、初めて大会を放送したチャンネル4（イギリスの公共放送）はツイッターを使って視聴者調査を行ったが、そのやり方は、朝の時間帯の番組で発せられた質問に、視聴者が決められたハッシュタグを使って答えるというものだった。この例は、観客の体験が常に変化していることを示している。となると、どの方法が、メディアを通じたコミュニケーションに決定的変化をもたらしているかを予想するのは非常にむずかしくなる。デジタルテクノロジーによって生まれる相互交流の新しい機会は、テレビにおける従来型の交流形式を損なうものではなく、むしろ補完するものだというのがここでのポイントだ。スポーツがテレビ放映権契約に依存していることを考えると、これは非常に重要となる。

初期の交流様式の多くは未だに生きており、そのやり方はあまり変わっていない。二〇世紀に出てきた方法は、ほぼオリジナルの形のままで、ラジオは今でも、リスナーがラジオ局に電話をかけてパーソナリティと話し、意見交換をするという形式をとる。テレビでも、トーク番組の形式は最初に出てきた方法とよく似ているが、独自なものを作ろうと思えば作ることができる。つまり、相互交流の形式に新たな方法が出る度に、メディアの生態系に新しい層が加わっていくということで、これまでの形式に取って代わるわけではないということだ。進化と同じように、新たなイノベーションが起こる度に新たな機能が付け加えられる、あるいは、それまでの機能がさらに研ぎ澄まされていく。時には、新たなコミュニケーション方法が、別の方法を徐々に――あるいは決定的に――終焉に向かわせることもあるが、多くは、新たな方法が出てきても生き残っている。数学者は計算機やコンピュータも使うかもしれないが、今でも黒板が手放せない。デジタルアーティストは、革新的な作品の基礎として、今でもイラストの基礎技術の研鑽を欠かさない。映画監督はまず、紙を並べて貼り付けたストーリーボードでアイディアやシーンを検討し、そうしてからデジタル的作業に向かうだろう。デジタルテクノロジーをスポーツに応用するのも同じだ。スポーツのパフォーマンスを体験する方法を増やすのであって、他のシステムを使わなくていいようにするものではない。

最近まで、こうした流れはスポーツ観戦――スポーツの最中に起きる状態――の分野に影響を及ぼすものではなく、スポーツ放送も基本的には、舞台を見るのと同じ感覚で演出されてきた。だが今日では、観客は自ら独自の体験を作りだすことができる。ライブ空間やメディアを通じた空間など様々な空間を使って、プロスポーツと自分だけを結ぶことができる。こうした変化が、スポーツ放送や実際のスポーツ体験にどのような効果を及ぼすのかは、まだ明らかではない。だが、その仕組みが変化するのは避けられない。こうしたことから、本章では、デジタルテクノロジーが今日の観客体験をどのような形にし、それが観客の期待感や観客が作りだすコミュニティをどのように作り変えるのか、さらに、メディア組織が視聴者向けのスポーツコンテンツをどのように開発するかについて検討する。

2　劇場化するデジタルスポーツ

観客体験に関する初期の理論的研究はスポーツ関連の文献ではなく、演劇論やテレビ研究、映画論などの分野に多く見られる。ウォルサーは、デジタル世界とスポーツの根本には決定的な類似点があるとして、「サイバースペースは基本的には演劇的なメディアであり」、スポーツと同じであると述べた（Walser 1991, p.51）。そのような理解に基づくと、スポーツは人びとが自らの身体を体験し、現実と対峙するイベントとなる。ウォルサーはそれに関して、「スポーツは自らの存在を明示して、生存を確かなものにしたいという人間の衝動から発展した」と論じる（Ibid., p.52）。バーチャル世界は私たちが自らの身体的現実と対峙する環境を作りだし、さらに、そうした体験は間違いなく、スポーツという形の現実に重ね合わされていく。

ＶＲは身体的にアクティブである状況で具現化される現実、そしてそれに参加することがどういうことなのかについて、新しい理解を示すものだ。しかし、ＶＲというものに人間が関心を示し始めたのは、これよりはるかに前である。マレー・スミスは、観るという考え方はロマン主義哲学の時代と密接に関連し、小説の誕生とも関係しているという（Smith 1995）。小説に触れることを通じて人が求める精神状態の比喩として、夢を見るという表現が使われ始めた。自意識を失い、信じられないという感覚を一旦停止し、自分が別の世界にいることを受け入れることで、「観客は夢見る者」となった

(Ibid., p. 113)。映画、演劇、音楽、スポーツの観客は確かに多くの点で異なるが、「フィクションは想像の産物ではなく、現実そのものか、あるいは実際の出来事や実在する人物を表現したものである」(Ibid., p. 114) ことを信じようとする姿勢では一致している。つまり、スポーツというフィクションは、特に根拠もない理屈や演出に基づき、パフォーマンスを作りだすというところから生まれた。ヘンフィルによれば、スポーツは「演じる者と観る者」によって共同制作されている (Hemphill 1995, p. 48)。彼はさらに、文明の進化とスポーツの役割についても論じ、劇場や競技場のような娯楽の空間がプライベートな空間に発展してきたことと強く結びついていると述べている。

スポーツがメディアに介在される仕組みを考えると、これまでに挙げた以外のパフォーマンスについても、ライブで見る体験に対する私たちの立場について考え直す必要が出てくる。スポーツ観戦の歴史を見れば、メディアを通じた体験の方がライブそのものよりはるかに豊かな体験になっていることを証明している。モリスとナイダルはスポーツ放送について、「テレビ放送のプロデューサーらは、スポーツ中継に映像的に様々なサプライズを混じらせることで、ライブでは提供できない、ドラマチックな体験を提供できる」と書いている (Morris and Nydahl 1985, p. 101)。さらに、スポーツ体験が革新的なメディアコンテンツを通じて作りだされたり、作り直されたりすることにも注目する。二人は、「スローモーションでの再生は、見ている動きについての私たちの理解を修正するだけでなく、期待感をも作りだす」と述べている (Ibid., p. 105)。こうした特徴を考えると、デジタルメディアを通じたスポーツ観戦の体験を、未来のメディアという視点から検討する必要性も納得できる。たとえば、スポーツの会場にリプレーを見せるスクリーンが設置されているのを見ても、観客がより満足できるライブ観戦を求めているのは明らかで、――メディアを介さない――ライブイベントでは不充分であることを示している。単に自分の頭の中だけでゴールの瞬間などを思い出すことの価値については様々な意見があるだろうが、スクリーン上のリプレーで再現できる技術がある以上、観客は自分の記憶だけで再現するよりそちらの方を求めるようになっているかもしれない。

デジタル観戦という体験によって、スポーツの「場にいる」ということの意味が変化している。それには四つの側面がある。①観戦体験がますます没入型になってきている。②拡張現実（ＡＲ）の利用によって競技場で私たちが目にすることが変化しており、その結果、ライブのイベントについての私たちの考え方も変化している。③第二、第三のスクリーンの使用や、モバイルテクノロジーの普及によって、観戦という体験の方法やタイミング、仲間がどのように変化したかについても考えてみたい。④ソーシャルメディアの利用により観戦体験の期間は延長しているか、そして、観客はソーシャルメディアを利用する参加者として、どのようなことをしているかについて検討する。

3　完全没入型体験

テレビは、人びとの生の試合体験にバリエーションをもたらし、競技の場と観客の場を分離することを可能にした。それと同じように、ＶＲテクノロジーもスポーツ観戦の歴史に劇的な変化を記している。どちらの場合でも、技術開発に関わる人間は、観客が没入できる体験を目指して努力している。

デジタル時代初期、ヘンフィルは、観客がVRカメラを身につけて完全没入型の観戦が可能になることを想像した (Hemphill 1995)。ユーザー自らアスリートになったような気分でその動きを体験できるようなことだ。初期のデザインの中には、そのような体験を可能にすることを目指す最新のテクノロジーによく似たものもある。二〇一四年のテニス全豪オープンでは、IBMとオキュラス・リフトの協力で、「リターンサービス」プロジェクトが展開された。世界最速のサーブをレシーブする側に立つ経験をテニスファンに体験してもらうイベントだ。IBMは次のように言っている。

全豪オープン開催中、観客はリターンサービス体験用のオキュラス・リフトを頭にかぶり、バーチャル化されたロッド・レーバー・アリーナ〔全豪オープンのメインコート〕に足を踏み入れる。そこで、モーションセンサー付きのテニスラケットを使って、トップランクのテニスプレーヤーが打ち込むサーブをしレシーブする体験ができるようにした。
ラケットを振った後、観客は3DのVRコートを検索でき、ビッグデータがスポーツからビジネスまでの様々な勝負に活用されていることを理解する。一万人以上の人びとが、メルボルンとシドニーの複数の場所に設置された機器を使って、それを体験した。
(IBM 2014)

このように、観客としての体験をパーソナライズすることは、没入感を高めるのに不可欠である。これまではテレビが、何を見るか、どういう状況で見るかの決定を視聴者に委ねる形で、パーソナライズを可能にしてきた。しかし、プレーヤーをリアルタイムでデータに取り込むデバイスに変身させることは、比較的最近まで不可能だった。今日では、アスリートのパフォーマンスを阻害することなく、ボディカメラを身につけさせられる。小型アクションカメラの「ゴープロ（GoPro）」や「グーグル・グラス」を使えば、アスリートに近い視野での見方が可能になり、遠隔地の観客をアスリートの経験に近づけられる。そのようなデバイスを使って競技を放送する実験放送も行われている。二〇一五年一月、GoPro社はアイスホッケーのNHLと連携して、プレーヤーにウエアラブルカメラを装着する実験を行った。アイスホッケーのファンに新たな視点を提供するものだ（ゴープロ社のウェブサイトを参照されたい）。これは、ワイヤレスカメラのメーカーであるヴィズリンク（VISLINK）社とゴープロ社の共同事業による新しい試みで、「GoPro Professional Broadcast Solution」と呼ばれたが、後に「ヒーローキャスト（HEROCast）」にブランド名を変えている。また、新規企業の「Eye360exp」も、オキュラス・リフトのゴーグルを使って三六〇度の映像を作りだすことで、AR体験の提供を始めた。スポーツがバーチャルなアリーナでプレーされる時代が到来したと言えるのかもしれない。二〇一六年のリオデジャネイロ・オリンピックでは、BBCとNBCが三六〇度の映像コンテンツを一〇〇時間ほど放映、VR体験を提供した。

完全没入型体験を目指すのであれば、メディアを介したスポーツ体験を作りだすという動きと無関係ではいられない。スポーツメディアに関わるプロたちは常に、スポーツに関連して自分たちが作りだすコンテンツを、もっと迫力のあるものに、もっとのめり込めるものに、もっと没入できるものにする方法を求めている。しかし、これは技術的にはもっともむずかしい課題の一つでもある。画像技術の発展の歴史を見れば、ある時期、観客がまさに生きているようだと感じられるものが現れても、次の段階に進むと、それ以前のものがいかに不充分であったかが明らかになるということが繰り返されてきた。そして、現実の再現からはいかに遠いものかも思い知らされる。人びとが物理世界で体験することと、デジタルプラットフォームが伝えられることの間にはまだまだギャップがある。だが、そのギャップは縮まりつつある。

別の現実に没入できるというのは、頭の中で考える限り、ユーザーには魅力的な話だ。別の人間の人生に入り込む――別人として生きる――のはどんなものか想像し、さらには体験できるかもしれないという可能性を感じさせるからだ。これは、私たちの人生についての実存主義的理解に疑問を投げかけ、別人の感覚と肉体を体感させてくれる。こうした方法がなければ不可能だったことだ。二〇一四年にオキュラス・リフト社が行ったジェンダーに関する実験が、ここではいい例となる。男性と女性一人ずつ、二人の参加者に肉体を交換させ、他者の肉体に存在することがどのような感じなのかを体験させるという実験だ。テレプレゼンスを使ったこのやり方がうまく進行するには、ユーザー同士の協力が不可欠である。それぞれ交換した相手を体験するには、協力して、一つの単位となって行動しなくてはならない。二人一緒で、機械を通じて「身体化されたストーリー」とこのプロジェクトでは呼ばれたものを描いていくのである。

私はもはや、アーロン・スーパウリスではない。私は女性だ。他人だ。手には仮面を持っているが、持っているその手は明らかに私のものではないのに、仮面の曲線やひびを感じるという状況を理解しようと苦労している。前にある鏡を覗くと、唇がどぎつい蛍光灯の明かりの下で光り輝いている。熱に浮かされているのでなければ幻覚でもない、ビデオゲームですらない。これは「他人になれる機械」なのだ。

(Souppouris 2014)

物語るという行為はどれも、ある意味、他を体験することを目指していると言える。もっともよくできた物語とは、別の人間になり、その人物の人生を生きることについて、個人的なことも含めて事細かに描写し、自分とは違う存在へと連れ出してくれるものだ。VRの設計者が目指すのは、デジタル世界の現実感を高めることで、ユーザーがその世界やそこにいる人びとをそのまま受け入れられるようにすることだ。使用デバイスを通じて存在しているという感覚があっては駄目なのだ。理想的なVRのシステムとは、システムの介在を感じさせず、シミュレーションの中にいることを感じさせないものでなくてはならない。

とはいっても、人間の感知能力というのは、ここで求められている没入型体験を実現するのには不充分で、修正が必要である。スポーツは特にそうだ。スポーツの動きは速く、複雑で、何かしら媒介してくれるテクノロジーなしには、すべてを肉眼で捉えることはできない。そのため、スポーツメディアは人間の不充分な感知力や認識力を補うために、様々な技術を生みだしてきた。スローモーションの再生――大事な瞬間を思い出すための技術的対策――は、スポーツから生まれた、そんな技術の典型である。競技の決定的な瞬間を繰り返し放送することは、視聴者にとって二つの意味がある。まず、何が起こったか、視聴者がより明確に理解できるということがあるが、それより大事なのは、ゲームの重要局面について視聴者に伝えるということだ。どの場面を繰り返し見せるかの決定は、競技のどの部分が重要なのかについて順位をつけることでもあり、ゴールや負傷など、最終的な勝敗に関わる場面が決定的瞬間とされる場合が多い(1)。

デジタルによって拡張された初期の例としては、アイスホッケーのパック「フォックス・トラックス」がある。一九九六年にフォックス・ネットワークが導入した。パックにサーキットボードとバッテリーを埋め込み、テレビではパックの軌跡が光り輝いて見えるようにしたものだ。この新技術は、長い間テレビでホッケーを見てきたファンには不評だった。コンピュータ画像が観戦体験の邪魔になるというのである。より最近のホッケーファンなら受け入れてくれたかもしれない。どちらにせよ、フォックス・トラックスは廃止された。観戦体験の全体に配慮せずに、ただ技術的に没入型の体験を導入することの脆弱性がここに表れている。アイスホッケーをテレビ観戦するという体験がすでにパターンとして視聴者の中に出来上がっていて、それを変えるというのは楽しんできたパターンを邪魔することになってしまう。単にアイスホッケーを楽しんでいたのではなく、テレビで中継されたアイスホッケーを楽しんでいたのだ。さらにこの例からは、スポーツメディアの新たな取り組みによって、まったく新しいタイプの観戦体験が生みだされる可能性についても考えさせられる。デジタルがもたらすスポーツの未来について、至極単純な見方としては、新たテクノロジーは徐々に伝統的なスポーツに統合されていくというものがある。一方、もう少し考えてみると、既存のスポーツが進化して、新しいテクノロジーの可能性を取り入れた、まったく新しいスポーツが登場してくるという見方も出てくる。

テレビの視聴者とラジオの聴取者とでは異なる感性があるように、バーチャルリアリティを体験する人びとにも、コンテンツをどのように体験したいかについて、それなりの期待感があるに違いない。これはスポーツメディア業界が考慮すべき最重要事項である。なぜなら、メディア体験の変革については、革新性を考えつつも、従来の観客の不安感をどのように解消するかについての議論に終始しがちだからだ。従来の観客の興味を失うことになるのなら、新た視聴体験を作りだすことに意味はない。また、従来のメディア視聴者が、必ずしもＶＲ体験に移行するとは限らない。たとえば、３Ｄテレビはすでに何年も存在しているが、観客も制作側もスムーズに３Ｄに移行している様子は見られない。ＡＲ用のゴーグルをゲーム中に装着することも、単に一過性の流行で、今後主流になっていくものではないかもしれない。だからこそ、技術的変化には文化や行動面での適応が必要で、それなしに観客の体験に変化が起きることはない。

技術面以外でスポーツに物語性を与えるものと言えば、試合中の解説が、観客に没入型体験を感じさせるもっとも重要な例となるだろう。言葉を基盤にしたものとしては他に、試合前の分析と試合後の振り返りもある。ＡＲ型のスポーツ観戦における技術面と文化面の共通項は言語、その体験に意味を与える、新しい言語の構築である。これは、スポーツメディアを通じて様々な形で達成できる。たとえば、ＢＢＣは二〇〇八年の北京オリンピックの開会式に、同局の大物ニュースキャスターであるヒュー・エドワーズを派遣したが、これは、この大会には単にスポーツイベントというだけではない意味があることを視聴者に感じさせることになった。エドワーズが立ち会ったということが、開会式に歴史的・政治的重要性を加え、その瞬間にさらに重い意義を持たせたのだ。

メディアを通じてスポーツを伝える技術変革の経緯をたどると、それが観客の体験をより受け身にするのではなく、完璧な没入体験に向かって動いてきたことがわかる。視聴者はスポーツのアクションの中心に近づくことを望んでいる。それは、突き詰めれば、超人的なアスリートと同じように動くためにはどうすればいいか、それはどのような感じかを知りたいというところに行き着く。メディアのコンテンツと相互に作用することによって、動きを一緒に作りだすというやり方は、この感覚を追求するための最初のステップになる。だからこそ、従来のスポーツはeスポーツで起きていることから学ぶ必要があるのだ。ボロウィーとジンは、ゲーマーを一九六〇年代から拡大してきている「体験型経済」の参加者と呼び、それはゲーム文化で顕著であると言う(Borowy and Jin 2013)。そうした特徴は特に、ファンタジースポーツの分野の発展に見られる。これは、スポーツ参加のパターンを大きく拡大する分野だ(Lee, Seo, and Green 2013)。

より広い視点から見れば、スポーツメディアの目標は、観客とアクションの距離を縮め、スポーツをあらゆる角度から理解できるようにしたいという願望を表している。観客が観戦中常に、今までよりアクティブでありたいと願っているというわけではない。お気に入りのランナーと並んで走ることはそうした体験の極みだろうが、観客はそこまでは望んでいない——かもしれない——そもそもできない。それでも、観客とアスリートをこのように近づけることで、観客はスポーツイベント制作で中心的な役割を占めるようになり、その結果、新しいメディアを通じてスポーツが再生産される際の重要な要素となる。この関係性は、没入型体験やその技術の今後が予想できない以上、常に変化し、一ヶ所に留まることはなく、どう頑張っても我々には知りようがない。五〇年後の観客が何を満足できる体験と考えているか、パフォーマーに近いというのはどういうことなのか、今の私たちには知りようもないのだ。

　完全没入型の体験を想像するには、物語性と技術的要素がないまぜになって継続的にスポーツ観戦の体験を再構成するプロセスで、そこでは自分の位置と没入体験の感覚が時間の経過とともにシフトすると考えてみたらいいだろう。そういうものであるからこそ、私は、現在のインターフェイス技術を元にしたスポーツの未来像を描きたくはない。現在のＶＲシステムも、スポーツ体験の未来の形についてては多くを語ってはくれない。同様に、今日完璧なシミュレーションとされるものも比較のポイントとしては不充分だ。シミュレーションについて私たちの見方が、認知機能や感知機能の範囲と限界についての現段階での理解に基づいているからだ。

　私たちが未来を想像できないのは——また広く未来学の陥穽は——、想像の大半がテクノロジーに規定され、そのテクノロジーは複雑なシステムの中で機能するものだからだ。ゴルフのＶＲ体験を例に考えてみよう。ＶＲは早くから、プレーヤーのスウィングを改善するのに使われてきた。ゴルフのシミュレーターの初期の形から最新のものまですべて、カメラとセンサーを使ってスウィングをモニターしている。プレーヤーはゴルフコースにいるときと同じ動きをする。ボールを打った瞬間、プレーヤーの前にあるスクリーンには、特定のコースでそのように打った場合のボールの軌跡が映しだされる。大きく見れば、このテクノロジーは観客の体験を拡張するために開発されたものではない。だが、その可能性は秘めている。たとえば、その場にはいない観客の立場で見てみよう。プレーヤーがスウィングするところまでは見るが、いったんボールが打たれると、視点はボールに移行する。プレーヤーが飛んでいるボールを追うのではなく、ボールの視点で空中から見るのだ。ボールが私たちの目となり、私たちはボールと一緒に飛んでいる。これに、触覚のフィードバックを加えよう。観客は飛んでいるボールとして、実際に触れる感覚を覚える。こうした要素が一緒になって、視聴者参加に新たな形が生まれる。つまり、私たちが完璧なシミュレーションだと想像しても、それは究極の形ではなく、流動的でしかないということだ。この例をさらに進めて、ボールが地上に落下してくると、観客はボールから分離し、第三者の観客の視点に移行するか、あるいは、ボールのまま落下の衝撃やフェアウェーのでこぼこを感じながら、ホールに向かうという感覚を感じるというのも想像してみてほしい。

スポーツキャスターはまだ、このような観客体験を想像したことがない。現時点では、従来の視点とフェアグラウンドを転がるという側面を統合した観客体験というのは聞いたことがない。だが、技術的にはそれほど想像しがたいものではない。ゴルフボールのディンプルはそれぞれ超小型カメラのレンズとなりうるし、ブレを補正する技術を使えば、カメラが捉えた映像を統合し、三六〇度の球体画像を作りだすことができる。それならば、観客はボールの飛行に合わせて、どの方向にでも視点を合わせられる。だが、このような観客体験がゴルフファンに受け入れられるかどうかはわからない。

さらに、未来のゴルフ観客が置かれたメディア環境は変化しており、どのような感性を持っているのかもわからない。想像をさらに広げてみよう。ボールの空中での飛行が、他のプレーヤーが触覚面で介入することで影響を受けるかもしれない。そうなると、スポーツに「フライト専門家」というまったく新しい役割が登場することになるかもしれない。プレーヤーが自らの身体を使って、ボールの方向をコントロールする能力があるかどうかをテストする役割だ。

もっとも豊かな体験が、もっとも迫力のある視点を提供できるかどうかはカメラオペレーターの能力にかかっているのか、あるいは、観客体験としてのカメラアングルを決めることは視聴者に任せていいのか、それはわからない。しかし、VRが、アスリートの視点を得られる観客体験を作りだすだけでなく、さらなる体験を作りだすことは明らかだ。従来の体験の再現を目指すだけではなく、それを拡張する。そうすることでVRは、アスリートの視点で得られる以上の、さらに拡大された体験を提供できる。これは、完全没入型について通常言われている解釈を超えた、より広い解釈だ。アスリートの視点は幅広い参加者たちの中の視点の一つでしかなく、スポーツの観客が体験する出会いの一つでしかないと考えるからだ。さらに、スポーツ観戦を空間、人間、モノの関係という観点から捉えると、競技が開催される物理的空間を変えることでスポーツが変化する可能性にも目を向けられるようになる。

4 スタジアムの拡張現実化

デジタルテクノロジーがスポーツ観客の体験を一変させているやり方の一つが、AR（拡張現実）である。ARはスポーツ観戦ではまだ初期の開発段階でしかないが、すでにVRとは一線を画したものとして確立している。これまでの議論ではVR（たとえば、コンピュータ作成の画像を使ったり、カメラによるシミュレーションを使ったりして、物理世界での体験のシミュレーションを作りだすなど）に注目してきたが、ARはそれとは違い、物理世界を映しだすカメラにデジタルコンテンツを重層的に重ねることで、コンテンツそのものを何らかの形で拡張するという独特のものだ。ARを実現した初期のアプリに、「ワードレンズ」がある。スマホのカメラを通して文章を翻訳するアプリだ。[2] ユーザーが文字にレンズを合わせると、アプリがその文章を別の言語に翻訳する。文字が写しているカメラフレームの中で翻訳された文字に置き換わるという形だ。翻訳された文字も実際の文字と同じ書体や色で表示されるため、ユーザーから見れば翻訳された文字の方が実際にそこにあるように見える。長い間外国語を勉強しなくてはならない世界より、すぐに翻訳が出てくる世界の方がいいかどうかについての議論はここでは置いておくとして、この例は、ARが現実にコンテンツを加える方法の一つを示しており、それが新たな体験を生みだしていることを見せてくれる。

スポーツ分野のARアプリはまだ数少ないが、先行している例を見てみるだけでも、このテクノロジーがスポーツ観戦体験を将来どこまで発展させるかを感じとれる。たとえば、スマホのカメラをバスケットボール選手に向けるだけで、その選手のユニフォームの色やナンバーを追跡して、その選手についての詳細な情報の表示が可能になるかもしれない。そこには、その選手の履歴や試合での成績、その他、試合中にスポーツキャスターが喋るような類の情報が含まれる。このように新たに重ねられた情報——さらには観客間の相互交流——は巨大な利益を生む可能性があるが、それだけではなく、観客の観戦中の行動に変化をもたらす可能性もある。

スポーツ関連組織は、こうした新たな現実に適応していかなくてはならない。伝統を重んじる人にしてみれば、ただスポーツを観戦するだけでシミュレーションとしては充分だという考えに閉じこもりたいかもしれないが、観客はただ試合を見ているだけではないという現実がすでに生まれてきている。観客は、物理的に目の前にしている展開があっても、モバイル機器を通じて届く様々な情報やお知らせの方に気を取られるかもしれず、スポーツはそうした情報と競争することになる。スポーツ関連組織はそうした観客に対し、試合中は、たとえ試合そのものは見ていなくても、その展開に集中してもらえるようなコンテンツを提供する方法を考えなくてはならない。スポーツにとっての課題は、ライブイベントとして人びとの注意を惹きつけることでは圧倒的に優位だったその地位を取り戻すことで、それには、モバイルを通じた経験の一部になることが最善の方法である。ファンの行動や傾向についてデータ化するだけでも、スポーツ組織はスポンサーにとってのスポーツの金銭的価値が高めることができる。

ＡＲが物理世界にもたらす変化は相当なものだ。だからこそ、ＡＲが浸透した未来の時代に、スポーツの競技場がどんな形になっているかについて考えてみることに意義がある。完璧なシミュレーションが可能だったり、実感を高められるようになれば、物理的な場の必要性がなくなることは想像できる。だが、このようなバーチャルな未来を想像することには用心してかからなくてはならない。完璧なシミュレーションができれば物理的空間は必要なくなると宣言するのは、第2章でも示したように、近視眼的な見方だ。物理世界とバーチャルな世界を簡単に区別できることを前提にしているからだ。この点が明確ではないことが問題である。確かに、物理的な場を必要としないようなスポーツが新たに生まれるかもしれない。また、従来のスポーツでも、物理的な場に依存しなくなるものが出てくるかもしれない。だが同時に、ＡＲによって無用の長物と化すのではなく、その体験に適応した、スポーツのための物理的空間が生まれてくるかもしれない。そう考えていい根拠もある。

シミュレーションのレベルが上がった世界では、物理的空間が自ら改良し続けることが可能になり、それ自体が、AR体験やVR体験として観客が充分に楽しめる技術を提供する中心となる。夢のデジタル世界を作りだす殿堂は、高度なテクノロジーを使って、遊びとして面白い実験を繰り返す。それは、居間とかいったような、自宅の環境ではできないかもしれない。自宅にいる観客の体験はそのようなテクノロジーとは無縁のものになるという意味ではなく、そのような画期的なデジタル体験を提供するには特殊な環境が必要になるかもしれないということだ。ここでも私の関心はテクノロジーがその存在空間を移行するということにある――たとえば、ストラウブ社のルームランナーから任天堂のWiiへの移行のように。私たちが余暇に行う活動の場はテクノロジーの力で大きく変化し、新たな体験の誕生を可能にする。その場での体験という形を維持することは経済的にも重要な意味を持つ。チケットの売り上げが重要であるということが、物理空間が共同の場として存在し続ける理由の一つとなる。

こうした展開は複雑な様相を呈し、さらなる検討が必要である。第2章で取りあげた巨額の建設費を要したアトランタ・ファルコンズのスタジアムの例を思い出してほしい。そこでは、観客の体験を高めるため振動する「インパクトシート」について述べた。このような触感を自宅でも感じさせられるテクノロジーを想像できないだろうか。もちろん、観客を実際のアクションに近づけることがスタジアムでのそうした体験を生みだした動機ではあるが、競技場から遠く離れた観客でもそれは可能ではないだろうか。第二章で紹介した4D劇場のシートに似たような椅子をデジタルテレビにリンクさせれば、そのような感覚を得ることは可能になる――タッチダウンの際、家で見ている観客の椅子も振動して体感を高めるというようなものだ。

ライブイベントにテクノロジーを使って新しい体験を重ねるということには前例がある。ライブで見ている観客が観戦中にヘッドフォンをつけて、ラジオの解説を聞くというのはよくあることだ。実際、スポーツはすでに長いこと、複数のメディアに跨った体験となっていて、ユーザーたちがその時々に、特定のメディアプラットフォームを作りだし、洗練させてきたという歴史がある。どんなテクノロジーが観客としての体験を豊かにするかを決め、それを選んできたのは観客であって、スポーツをプロデュースする側が考えだしたのではないのだ。

どのような体験を加えるかによって、実際の競技場とそこで生で見ているのではない観客との関係に違いが現れる。たとえば、国際オリンピック委員会は、競技場では五輪マーク以外のロゴやブランド名を見せない、「クリーンな」競技場という政策を実施している。しかし、スクリーンを通じての観戦体験が増えれば、それが意味を成さなくなることもある。観客が、スポーツイベントで過ごす時間の一部でも競技そのものではなくモバイル機器を見て過ごすのであれば、スクリーン上で何が起こるかをコントロールすることがスポーツ連盟や、放映権を所有するテレビ局にとってはより大事になってくる。たとえば、第三者が競技場のカメラで写された映像を基にARを重ね合わせるアプリを開発するという事態もあるかもしれない。これでは、そのイベントを可能にした取引に伴う権利や特権が無視されることになる。GPS上の位置情報を実際のその場所の所有者とは関係ないコンテンツに書き換える「GPSジャッキング」は、そのいい例だ。スポーツ以外でのこうした例としては、アーティスト集団の「マニフェスター（ManifestAR）」が画廊を占拠して、芸術作品を一般に公開する場に変えてしまったという例がある。もちろん、ＡＲアプリ上でのことだ。

今日のスポーツ主催者は、観客が競技場でモバイル機器を通じて、多様なメディアテクノロジーを使用することを防ぐために何の手段もとっていない。二〇一六年六月、アップル社はカメラ撮影を妨害するテクノロジーの特許を獲得、コンサートでの撮影を妨害するのに利用できるようになった。だが、スポーツはこれと同じ道を歩めないかもしれない。スポーツでは、観客が生の状況の中で、様々な体験を作りだせる方法を探る方向に進みつつある。スポーツをプロデュースする側にとっての課題は、放映権を持つ組織の特権など、ステークホルダーの利害を侵害することなく、そのような方向に向かう方法を見つけだすことだ。一方、これは、公式スポンサーやメディア関係者にとってはまったく別の問題で、彼らにとっては、モバイル機器を通じてコンテンツを配信することはすでに、観客とつながるための重要な手段となっている。

5　都市空間に埋め込まれるスクリーン

ＡＲは、スポーツのイベントを競技場を超えて演出するのについても役に立つ。これはスポーツプロデューサーの立場にとっては貴重なポイントとなる。競技場まで足を運ぶ観客は、移動時間も含めた全体の時間のうちの一割ほどしか観戦に費やしていないかもしれない。だとすれば、残りの時間、競技を開催している場所でのイベントに導ければ、収益も人気も劇的に上昇する。スポーツプロデューサーは競技の周辺で起きていることを、まさにそれこそがスポーツの観客の娯楽体験の中では不可欠の要素と考えられるにもかかわらず、うまく活用していない。オリンピック開催中、開催都市の都市プランナーたちは都市全体を、オリンピックを巡るテーマパークらしきものに変貌させようと考えるようになっているが、そこにはスポーツが行われる場を広く捉えようとする見方があるのは明らかだ。たとえば、開催都市の様々な場所にスクリーンを設置して、移動中のスポーツファンや入場チケットを持っていない人びともお祭りのような雰囲気を楽しめるようにすることだ。

プロスポーツ内にデジタルが進出する形としては、スポンサーや広告に関わるものがもっとも想像しやすい。生で観戦している観客の関心の一部でも、その体験感を損なうことなく利益に結びつけることができれば、そのスポーツでの増収が図れる。オリンピックの例だけを考えてみても、メディアによる放映の価値は過去二〇年の間に、一九九三~一九九六年期の一兆二五一〇億ドルから、二〇〇九~二〇一二年期の三兆八五〇億ドルへと激増した（IOC 2014）。二〇一三~二〇一六年期には五兆六〇〇〇億ドルに達すると予想されている（IOC 2016）。こうした結果をもたらした典型的な方法の中には、競技場内で実践されたものもある(4)。たとえば、スタジアム内の看板が徐々にデジタルテクノロジーを利用した形に変化している。中でももっとも興味深いのがデジタルサイネージである。これによって、イベントプロデューサーは看板の内容を放映する地域に合わせて変えられるようになった。つまり、イギリスでサッカーの試合をテレビで見ている視聴者と韓国で見ている視聴者が目にするスタジアム内の看板の内容が違うということだ。サポナーは言う。

スタジアム内の看板には、人が裸眼では見えない赤外線に近い波長の光線を吸収する特殊フィルムが貼られている。放送用カメラに装着された光学レンズが瞬時にその看板を認識し、差し替える内容を統合して生放送する。看板の前に障害物、たとえば選手がいたりすると、システムは障害物を認識し、「実際の」障害物を残して背後の差し替え看板に重ねる。これがリアルタイムで行われるため、視聴者は背景の看板の境目も自然なまま、妨げなしの生放送を見続けることができる。スタジアムで観戦しているファンは、何の不自然さも感じずに、オリジナルの内容の看板を見続ける。(Supponor 2015)

サポナーの会社などが開発したデジタルサイネージは、世界中に広がる視聴者に向けて、スポンサーシップを個別に組み合わせることを可能にする機会を生みだした。だが、一方で、スタジアムに非現実の新たな次元をもたらしてもいる。看板がスクリーン内のもう一つのスクリーンとなり、テレビ内のテレビとなる次元である(Love 2011)。

競技場の外のエリアも、デジタルテクノロジーのおかげで、それなりのメディアゾーンとなってきた。すでに紹介したが、都市部での「ライブサイト」が、視聴者が集まってスポーツを観戦する場として人気を得てきたことで、人びとが実際のスポーツイベントを近い距離で楽しめる場が新たに登場した。恰好の例が、テニスの全英オープン開催中、会場のウィンブルドンのコート外でも観客が大スクリーンに映しだされるコート内の試合を観戦できるようになったことだ。イギリス選手ティム・ヘンマンが世界ランクのトップレベルに名を連ねたことで、その場所は有名になった。今では、入場券を買って入るエリアとなっているが、観戦は大スクリーンを通じてのものだ。他にも、大規模イベントでは、会場外の街中にスクリーンを設置するようになり、そこに人びとが集まり、新たなサービスが提供されている。オリンピックに関して言えば、テクノロジーが利用可能になったという意味で、二〇〇〇年のシドニー大会以後、いわゆる「ライブサイト」が目立って行われるようになった。単にコンテンツを新たな視聴者に届けるというだけでなく、この方法によって、開催側は観客が多いことが予想される場合の群衆管理についても効果的な方策を手に入れることができた。相当な人数をコントロールする必要があるような大規模イベントの企画でも、これは重要なポイントとなる。

入場券を持っていない観客は「ライブサイト」を見られることを願って、その街までやってきて、街中に広がるお祭り騒ぎに参加したいと思っているかもしれない。そうした「補完的な」場所でも、入るのに何時間も待たなくてはならないようになってきた（Piccini 2013）。デジタルで媒介されたスペースも今では、それなりに競争しなくては入れない場所になっている。「ライブサイト」の周辺は、イベント開催関係者にとっては展示場であり、娯楽を提供する機会ともなる以上、そうした仮設施設への投資も相当な規模となりうる。イベント自体のブランドを広める方法ともなるが、その条件を徹底的に規制するのはむずかしい。地域は大規模イベントへの参加を拡大しようと躍起だが、その歴史を見ると、特にオリンピックでのスポンサー設置パビリオンとの関係が深いことがわかる。パビリオンは、オリンピックに投資しているブランドを人びとに紹介することを目的とし、大会開催中に接してもらうことで、その投資の一部でも回収しようとする。二〇〇四年のアテネ大会、二〇〇八年の北京大会、そして二〇一二年のロンドン大会でも、「ライブサイト」が開催都市以外の都市に設置され、視聴者の参加を拡大した。二〇〇四年のアテネ大会中、テッサロニキ市はアテネ大会ブランド――大会旗など――で埋め尽くされ、「ライブサイト」で競技が放映された。二〇〇八年の北京大会では上海で、二〇一二年のロンドン大会ではイギリス国内の各地でライブサイトが実施された。デジタル時代の今、マーケティングや参加の機会をこうしたスペースを通じて増やす機会は拡大している。「ライブサイト」という名称は皮肉だが（イベント自体はメディアを通じたもので、生ではないという意味）、これはデジタルによる媒介の時代には当然の流れだ。ただし今後、生のコンテンツをモバイル機器に直接配信する技術が向上すれば、安泰とは言えないし、物理的空間についても再構成する必要が出てくるだろう。大規模イベントでの「ライブサイト」に将来の展望を見いだすとすれば、それは、視聴者向けに独自の生のコンテンツを作成することであり、イベント――スポーツ競技――そのものの著作権には大きく左右されない形にすることである。

二〇一二年のロンドン大会では、小型の看板でデジタルテクノロジーが発揮された。ロンドン市内の地下鉄の駅のエスカレーター脇に設置された小型ポスターへの適用である。従来こうしたポスターには実際に印刷されたものだった。しかしロンドン大会を前に、そのいくつかがデジタルスクリーンに置き換えられ、中身がもっとダイナミックになった。中でも興味深かったのは、オリンピック関連の情報をほぼリアルタイムでアップデートして掲示するスクリーンだ。たとえば、イギリスでエネルギー関連事業を行うBP社は大会スポンサーの一つだったが、地下鉄の広告スクリーンの宣伝の中に、イギリス代表のメダル獲得選手の最新情報を競技翌朝に掲示するということを行った。こうした例は、オリンピックを収益に結びつける方法として、デジタル広告が有効であることを示しており、このテクノロジーがなければ収益予想としては伸び悩みそうな地域にも、広告費を投じることについての意識変化をもたらすものである。さらに、オリンピックが大会終了後にも都市に、収益増加という形で恩恵をもたらすようなイノベーションを生みだす媒介となりうることも示している。

デジタルイノベーションは私たちに、スポーツの要素の何がスポーツ観戦にとって不可欠なのか、デジタルで拡張することで改善される要素は何かについて、考えることを求めている。観客体験のすべてをデジタル化する必要はない。デジタル化によって豊かになる観戦体験は何かを理解する必要がある。本章はメディア化やパフォーマンスそのものによって没入型体験を作りだすという試みを、劇場からARまで歴史的に追ってきた。メディア化されたスポーツの歴史を見ると、観客体験の変更のすべてが等しく受け入れられたわけではなく、体験を豊かにするものではないと思われたものもあったことが見えてきた。それだけでなく、観客体験が確立されていると、そのようなバランスを組み入れた体験に変更を加えることは、観戦の楽しみさえ妨害してしまうこともある。アイスホッケーパックのフォックストラックスがその好例だ。それでも、オキュラス・リフトやグーグル・グラスなどのテクノロジーはアスリートと観客の関係が近くなったことを表している。

また、観戦体験にデジタル的に変化を加えることの根本には、生の体験の価値についての論争があることがわかった。イベントを目撃することの重要性についてである。場に存在することの意味がバーチャルな世界の出現で混乱している。テレビメディアを通じた体験は、スポーツのパフォーマンスの実体を細分化し、歪めてしまうことは想像できる。観客を自然な観戦体験から分離してしまうのだ。しかしそのことは一方で、一体化した、自然な、真の試合とは何かについて疑問を生み、私たちはそれをどうやって認識できるのかについても問われている。ターナーは、メディアを通じたライブイベントの世界では、「「メディアを通じたライブ」がオリジナルの真の「ライブ」に代わって、「第三次シミュラークル」となり、そのイベントが置かれた世界において「現実よりもっと現実的」な世界をシミュレーションする」と述べている（Turner 2013, p. 89）。本章はそのような仮説に異論を唱え、メディアを通じた観戦体験も、さらには生ライブの観戦すらも、すべて人間が想像した合成物であり、その中のどれ一つとして、真の体験、あるいはスポーツの現実に近いと言えるものはないのではないかという視点から検証した。デジタルテクノロジーにより、双方向のテレビ番組が生まれ、観客がテレビ番組プロデューサーの役割を演じられるようになって、カメラのアングルを決め、さらにはリプレーの形式やスピードも、自分たちの興味や必要に応じて設定できるようになった。

将来、スポーツ業界はスポーツの体験を改めて想像してみる必要がある。観客がイベント内をどのように進んでいくか、イベントプロデューサーが作りだした経験のどこに観客は関心を示すかなどを考えてみなくてはならない。イベントの入場券を買った瞬間から——おそらくはそれ以前から——、観客はデジタルコンテンツによって豊かになった道筋をたどることになる。家でくつろいでテレビでコマーシャルを見ているときでも、イベント会場へ向かう途中でも、観客を視聴者として惹きつける機会は溢れている。デジタルテクノロジーを使って効果的な方法を見つけられれば、観客の動きに付加価値を与える新たな機会が誕生し、同時に、スポーツ業界に新たな収益の流れを生みだせるだろう。

第３部

オリンピックとデジタル革命

変容するメディアが実際にどのように利用されたかを確かめるため、第3部ではオリンピックでの具体例を詳細に検討する。オリンピックは常に、メディアテクノロジーの新境地を開くパイオニアの役割を果たしてきた。最近の例でも、「スポーツ2・0」の将来を示唆する、興味深い視点を提供してくれる。二〇〇九年一〇月、国際オリンピック委員会（IOC）は第一三回オリンピックコングレス（国際オリンピック委員会が原則八年に一度、国内オリンピック委員会や国際競技連盟、選手、審判、メディア代表などを集めて開催する会議）を開催した。オリンピックの優先課題や将来について話し合う会議である。第一三回コングレスは、国際オリンピック委員会第一二一回総会中に開催されたが、この総会では二〇一六年大会のリオデジャネイロ開催が決定され、ブラジルは南米初のオリンピック開催国となった。コングレスの方では、主要テーマの一つとして「デジタル革命」が取りあげられ、IOCがメディアテクノロジーについて、歴史的に継続して――また、財政的にも――関心を示してきたことが明らかになった。一方で、メディアテクノロジーとの関わりに伴う問題についての議論も行われた。中でも二つの問題が議論の中心となり、それらが解決されたことで、オリンピックムーブメントとメディアテクノロジーや文化との関係の将来への道が切り開かれた。

オリンピックは、プロスポーツ界におけるデジタル変化を検討するケーススタディーの恰好の例となる。すでに長い間、IOCはメディアとの交渉の最前線に立ち、放映権などの交渉を行ってきた。また、大会は革新的なメディアの見本市となり、メディア業界の主要企業が新たなテクノロジーを実験する場となってきた。二〇〇九年のコングレスでIOCは、オリンピックムーブメントがオリンピックにおけるメディア文化をいかに豊かなものにしていくかについて、二つのむずかしい問題を投げかけた。第一に、IOCが単にメディア組織に放映権を売るだけの存在ではなく、自ら「メディア」組織として行動することについて、どのように考えたらいいかという問題である。第二に、メディア組織となるならば、その方法は何か、最近のデジタルテクノロジー――ソーシャルメディア、モバイル配信、（広い意味での）ウェブ――をもっと活用しなくてはならないだろうという問題である。ＩＯＣの最終報告書では、いくつかの結論が述べられているが、ここでは理解の助けとして、少し詳しく見ていこう。

5　デジタル革命

……オリンピックムーブメント及びそれに関係する者は、こうした展開が我々のすべての活動に影響を及ぼすことを充分理解していなくてはならない。将来への戦略やアプローチは、デジタル革命がもたらす変化や無数の新たな機会に即して考えなくてはならない。

59　新たな戦略は、オリンピックムーブメントがそのメンバーやステークホルダーとより効率的にコミュニケートすることを可能にするだけでなく、グローバルに広がる人びと、特に世界中の若者に対して、情報発信やコンテンツ配信、相互交流を効果的に行えるものでなくてはならない。あらゆる地域で、あらゆるメディアを通じてオリンピック大会を余すことなく伝えられるよう、包括的な戦略でなくてはならず、さらに、オリンピック精神の基本理念と価値観をすべてのメディアを通じて広めるために、新たなチャンスについても意識しなくてはならない。

60　オリンピックムーブメントは、デジタル革命や情報技術、新しいメディアがもたらす、あらゆる機会を逃すことなく活用できるように準備を整えなくてはならない。そうすることで、ＩＯＣの権利やオリンピックムーブメントの促進を確保しつつ、その根本的価値観や目標を広く伝えることを目指す。

61　オリンピックの精神が表す価値観やビジョンを広く知らしめることを目的に、ＩＯＣ及びオリンピックムーブメントのステークホルダーは、ITや、さらに最近ではデジタル革命の分野での急速な発展に留意して、コミュニケーション戦略を根本的に見直さなくてはならない。

62 IOC及びオリンピックムーブメントの関係者はすべて、デジタル革命がもたらす可能性について検討すべきである。オリンピック大会のすべてを放映できるようにするのはもちろん、ユースオリンピック大会など、その他、IOCの公認を受けたり、あるいは支援を受けたりするような国際競技や試合についても、同様の可能性を検討する。

63 IOC及びオリンピックムーブメントの関係者はすべて、世界規模の浸透、公開、アクセスを確保するために、新しいテクノロジーによってもたらされる機会には特に注意しなくてならない。一九／二〇

64 IOC及び他のステークホルダーが参加する「デジタルタスクフォース」の設立を奨励する。タスクフォースには、デジタルテクノロジーを最大限発展させ、活用するという責務が託される。

65 IOC及びオリンピックムーブメントの関係者は、デジタル新時代の到来とは言っても、世界中の地域や集団の間では、その利用の度合いや広がりに違いがあることを理解していなくてはならない。可能な限り世界の広い範囲に届けるという義務を念頭に、適切に対処することが重要であり、すべての人びとが合法で公平な方法で、オリンピック大会とその精神に触れられるよう、状況に応じたテクノロジーを採用し、デジタルデバイドがもたらす問題に対処しなくてはならない。

66 オリンピックムーブメントは、コンピュータゲーム業界との関係を強化して、多様なゲーム・ユーザーの間に身体活動や運動、そしてスポーツについての理解を促進する機会を見つけていかなくてはならない。

こうした結論を出すと同時に、IOCはデジタルな新しい世界との融合のための策をとり始めた。たとえば、コングレス開催と同じ二〇〇九年、IOCは「ソーシャルメディア担当責任者」に、アレックス・ヒュオットを任命し、彼は今でも同じ任にある（本書執筆時）。その後、IOCはオリンピックチャンネル設置にも着手した。テレビチャンネルと似たような機能ではあるが、モバイル配信を優先し、スポーツとオリンピックについてのコンテンツを大会開催中に配信することを第一の目的としている。

IOCにこうした先見の明があったとしても、そこには疑問の余地がある。IOCが常にテクノロジーの最先端にいたとしても、現在、その立場を維持するためにあらゆる努力をしているのか。これには二つの答えがあり、一方は浅く、もう一方は深い内容だ。だが、そのどちらにも納得できるところはある。浅い見方は、オリンピックによってソーシャルメディアでのやりとりが爆発的に増加することに注目するので、オリンピック業界がスポーツ界で中心的な位置を占めていることを重視する。深い見方は、複数の側面——経済的、文化的、政治的、技術的——から、IOCがメディア変化の最先端に近いところにいるとする。この答えは、IOCがメディア組織とどのような関係を築き、メディアプロデューサーとして観客参加の領域でどのような役割を果たすのかを検討することで見えてくるかもしれない。すでに出た二種類の答えでは、IOCがオリンピックの価値観を広く知らしめる方法として、インターネットをどのように評価しているかについては見えてこない。「もっと効果的にコミュニケートする」という願望と、「オリンピックの精神を普及させる」という願望を強調しているにすぎない。

第3部全体では、こうした問題意識を拡大し、オリンピック関連組織におけるメディア変化との関わりについて探っていく。また、デジタル世界でメディアコンテンツをプロデュースするのは誰かという疑問にも答えたい。私としては、IOCはインターネットを単にコミュニケーションの手段として考えるのではなく、オリンピックの理念が再検討され、拡大するオリンピックファミリーの間で共有されるようになる場、スペースとして考えるべきだと訴えたい。そうしたファミリーには、スポーツファンやアマチュアアスリートだけでなく、スポーツが世界を良い方向へ導くと信じている人びとが含まれる。要は、「オープンソースオリンピック」という考え方を示していきたい。オリンピックムーブメントの第三の時代を表すもので、オリンピック憲章の精神をより効果的に具現化することを目的とする。

まず、①オリンピックムーブメントを影響力のある社会勢力として確立するにあたって、オリンピックメディアが果たした役割を、広くメディアとの関係に着目して探っていく。次に、②オリンピックメディアがデジタル時代にいかに変化したかについて、メディア制作及びジャーナリズムの文化という観点と、一般市民及びオリンピック大会担当レポーターの報道方法という観点から考えてみる。さらに、③IOCが放映契約をグーグル、ツイッター、フェイスブックなど新しいメディア組織にも開放したことに目を向けたい。これは、スポーツ組織が、従来の財政基盤を脅かすことなく、ユーザー発信のコンテンツを利益につなげ、IOCの収益としたことについての議論にも関係する。視野を広げれば、ソーシャルメディアの登場が、スポーツ運営の方法そのものに変化をきたす可能性についての検討となる。最後に、④市民ジャーナリズムやゲリラ取材のような方法が、従来の便乗広告を変えたかどうかに注目する。

全体として第3部は、プロスポーツを巡るメディア制作において培われてきた文化を取りあげ、特に、スポーツがデジタル時代に適応するにあたって、最近のイノベーションやトレンドがどのような意味を持つかについての議論の入り口としてオリンピックを取りあげたい。オリンピックにおける革新的なデジタル技術の歴史を見れば、VRにおけるスポーツが実現する世界の基盤を理解できる視点が得られるに違いない。

第6章 オリンピックをめぐるメディアの変容

I ニューメディアの見本市としてのオリンピック

過去一〇〇年間にわたり、近代オリンピックは、メディア関連のテクノロジーに革新をもたらす起爆剤の役割を果たしてきた。アスリートの優れたパフォーマンスを讃えることを意図したオリンピックの価値観が、世界でもっとも広く視聴される大会の運営方針にも浸透していることは、メディアとの密接な関係を見てもよくわかる。モットーである「より速く、より高く、より強く」は、常に限界を超えようとするオリンピック大会のモチーフともなっている。冬季も含めて二年に一度開かれるオリンピックは、国際的なスポンサーにとっては壮大な展示場であり、メディアパートナーにとっては最新のテクノロジーを試してみる実験場だ。だからこそ、大会は企業にとって、自社ブランドを開発するのに最適な機会であり、非公式とはいえオリンピックの価値観の一部ともいえるイノベーションを目指すのである。

すでに長い間、テレビ、スローモーション再生、水中撮影、モバイル追跡装置などの革新的なメディア技術は、オリンピックという場で試されてきた。三次元や超ハイビジョンのテレビ放送は二〇一二年のロンドン大会で初めて披露され、ドローンカメラは二〇一四年のソチ冬季大会で、また、VR三六〇度動画は二〇一六年のリオ大会で登場した。こうした進展を見てみると、スポーツ組織とメディアを介したスポーツ消費の密接な関係が浮かびあがってくる。メディアのデジタル化は技術の変化と共に進展する。そのようなイノベーションは、デジタル化に向かう文化の変化とも切り離せない関係にあることを、スポーツ組織とスポーツ消費の絡み合った歴史は表している。

近代オリンピックの歴史は、メディアの変遷を雄弁に物語ってくれる。たとえば、より速く泳げるスイムスーツや選手の足の形に合わせたランニングシューズの開発にはスキャナーが使われている。アスリートのパフォーマンスが競技で使われるテクノロジーに左右されるようになると、そうしたイノベーションはスポーツに新たな美的価値をもたらすことにもなる。メディアの変遷はまた、オリンピックムーブメントの目的や財政運営にも変化を生んだ。一九八〇年代には、国際オリンピック委員会（IOC）と放送メディアの関係が変化し、放映権販売による利益が開催都市だけでなくIOCにももたらされるようになった（Preuss 2006）。

今日でも、テレビ放映はオリンピックの最大の収入源であり、文化の普及という面でももっとも有効な方法である。放映権販売で生まれる収入はIOCの収入の七四パーセントを占める（IOC 2016）。テレビを通じての視聴が大会観戦の最大の方法であるため、メディアやスポーツの研究者はもっぱらテレビがいかに報道するかについて注目してきた。大会視聴者の数については正確な数字はないが、信頼できる話では二四億人から四七億人の間だという。二〇〇八年の北京大会について公表された数字によれば、テレビの放送時間は全部で六万一七〇〇時間、視聴者数四三億人、全世界二二の地域（世界の人口の六三パーセント）で放送されたという（Sponsorship Intelligence 2012）。また、同大会でもっとも多く視聴されたのは開会式で、一五億人が視聴した。二〇一二年のロンドン大会では、放送時間は合計九万九九七二時間、世界中で六八億人が視聴した。三六億の人びとが、少なくとも一分間テレビでオリンピックを見たことになるとされる（Ibid.）。しかし、視聴者が動画を視聴する場所は変わってきている。

二〇〇〇年以降、テレビだけでなくオンラインでも体験できるよう、様々な手段が取られている。二〇〇八年の北京大会以来、テレビ放映権とインターネットでの配信権は別個の契約となった。これで原則的には、一つの国でもテレビ放映権を持つ組織とインターネットでの権利を持つ組織が異なることが可能になったが、そうした制度が適用された数例では、二つが同じ組織であることが多かった。テレビ放映権を取得した組織がオンライン配信でも最適の立場にいることが多いからである。実際、IOCは最近、テレビ放映権とデジタル配信権を一つの組織にパッケージで任せるという方法に向かいつつある。だが、これがオリンピックムーブメントにとって正しい方向であるかどうかについて判断するのは時期尚早だ。権利を別々にすれば、新世代のオンライン配信業者が生まれるかもしれず、それらはテレビと共存するか、あるいは乗っ取ってしまうかもしれない。そうしたことを考えさせる例として、アマゾンが最近買収したゲーム配信プラットフォームの「ツイッチ(Twitch)」がある。ツイッチはeスポーツゲームの配信業者として急速に人気を集めており、一つのゲームで八〇〇万人以上がライブ視聴している。これがどのような結果を及ぼすのかはまだ不明だが、オンライン独占配信を求めるからこその変化はすでに始まっている。二〇〇八年の北京大会でIOCは七八地域への配信権をユーチューブに独占的に与える契約を結んだが、これらの地域では他に配信業者が存在しなかった(Xiong 2008)。一方ヨーロッパでは、ユーロビジョンスポーツtvが七二地域で配信した。アメリカではNBCが権利を独占し、IOCの収入にかなり貢献したことは特筆に値する。南アメリカでは、テラが主要プロバイダーとなり、二〇の地域をカバーした。テレビジョン・ニュージーランドは一四地域をカバーしている(Ibid.)。

オリンピックメディアの将来に関しては、技術フォーマットの融合によって、テレビ観戦という独自の体験が崩壊していくのではないかという疑問がある。すでにそうした事態が起こっている兆しはあり、たとえばスマートテレビではテレビのチャンネルだけでなくアプリベースの視聴が可能で、テレビ電波ではなく広帯域接続でコンテンツを流すことができる。デジタル化時代、インターネット対応のメディア機器とテレビ専用機を区別することに意味はない。テレビ専用機でもデジタルテレビのシグナルや広帯域に接続できるからだ。

テレビ技術はこれまでとは見違えるほどに変貌した。テレビはもはや、ブラウン管を収めた大きな箱ではない。今ではコンピュータのモニターに似ていて、薄く、なめらかで、デジタル映像だ。テレビは将来、操作システムを搭載せず、それ自体はデータ処理をしないデジタルディスプレーとなり、別の携帯機器の操作でコンテンツを映しだすだけのものになるかもしれない。変化を測る際は、コンテンツ送配信のインフラの方が機器そのものより重要に思えるが、コンテンツ消費の新しい形態を巡って新たな習慣が生まれるかもしれない点も無視できない。そうした習慣に放送業者が対応できないと、視聴者シェアに徐々に影響が出てくるかもしれない。この点は、リオ大会終了時の二〇一六年八月二一日、ＩＯＣオリンピックチャンネルの設立を巡っての議論でも出る可能性がある。だが何と言っても、モバイルメディアへのシフトこそが、人びとがスクリーン上のコンテンツを体験する仕方に起きている変化としてはもっとも重要なものだ。さらに、どんな表面でも対応できるフレキシブルディスプレーも登場しており、これにより、メディアコンテンツをどんな場所でも見ることができ、それぞれの環境や人びとに合わせたコンテンツを目にすることができるようにもなる。

本章では、オリンピック業界でのメディア変化の背景を追うことで、技術面、文化面でのイノベーションによってオリンピックゲームがどのように変容したか、そして、変容したゲームが社会をどのように変えたかについて解明していきたい。ジャーナリストが大会中どのように動くか、また、大会に関係するメディアの構造や新しいメディアの登場についても検討する。さらに、大会開催によってメディアがその国内で活動する方法が変化するのか、今ではオリンピック大会の放送に欠かせない、クリエイティブなメディアプロダクツがどれほど浸透してきたかについても目を向ける。そして、大会中アスリートの面倒をみるより、メディアの面倒をみることの方が大事かもしれないことの理由も明らかにしたい。

2　オリンピックメディアとは何か？

オリンピックに関係するメディアには二種類ある。「ニュース」と「エンタテインメント」だ。そして、大会中のスポーツジャーナリズム、特に放映権を持つテレビ関係者の活動条件はＩＯＣが出す契約内容によって決められる。契約によって、編集の自由が奪われるとか、ジャーナリストの独立が侵されるというわけではない。だが、オリンピックメディアとしての活動条件に縛られる以上、ジャーナリストが記事にする話題を選び、報道するという流れにおいても、報道対象についてはかなりの制約があると考えていい。ジャーナリストはＩＯＣや組織委員会があらかじめ承認した開催都市に到着し、その後は時間的にタイトなプレッシャーの下で仕事をしなくてはならない。そうなると、組織委員会の演出に即して出てくる話題を追いかけることに終始せざるをえない。そうした話題のほとんどは競技に関することだ。

このシステムはメディアが作りあげたもので、ＩＯＣに強制されたものではない。これは、現状批判について検討する際に重要なポイントとなる。また、大会開催中、放映権を得たメディアはその後の大会での条件の改善に向けて、ＩＯＣと交渉を続ける。ジャーナリストへのプレッシャーは高まり、さらに、ジャーナリストからオリンピック業界への要求も高まる。実際、スポーツ連盟側からは時に、メディアの要望がオリンピックの中身を大きく決定するまでになっている状況に懸念が表明されるほどだ。それでも、今日のメディアがこれまでになく大きなプレッシャーにさらされていることは確かだ。利害関係は巨大なものになり、オリンピックの歴史が長くなっている以上カバーしなくてはならない話題も多くなった。にもかかわらず、人員は削減されている。デジタルのプラットフォームが普及したことで、レポーターは放送までのプロセスで、プロデューサー、プレゼンター、ライター、エディターのすべてを一人でこなさなくてはならなくなった。テレビや活字メディアのレポーターたちは、大会中、開催都市のメディアセンターに詰めっきりになり、ストーリーを探して街中に出ることなどできない。プロのジャーナリストなら、大会中も独自の取材をすべきだという考え方はほぼ消滅し、大会関係から独自のストーリーを見つけだすしかなくなっている。

オリンピックメディアを上手に運営することは大会成功の鍵だ。だが、上手な運営とは何かについては様々な解釈がある。開催都市のインフラ整備によって、ジャーナリストが何を報道するかについて制限を加えることが成功だとする意見もある。ジャーナリストの活動は、到着した時点からすべて、オリンピックの価値観を高めるような形の報道に集中するようアレンジされている。中心は競技だ。そうした目的は組織委員会のすべての部署で見ることができる。

ＩＯＣと大会にレポーターを送った組織の観点から言えば、競技についての報道以外はすべて付け足しであり、スポーツ報道という最大の目的からすれば邪魔者でさえある。この解釈では、大会に来ているメディアの間に大幅な利害の対立はない。ジャーナリストも進んでジャーナリスト魂を捨て去るという意味ではない。オリンピックに人的資源を投入しようとする組織には、スポーツ以外のことをカバーする義務はない。スポーツこそが取材の中心なのだ。

だが、メディア組織にはスポーツ競技の取材以外にもやることがある。オリンピックは政治、文化、社会、経済についても多くの議論を巻き起こす。そのすべてに世界のメディアは関わり、公共の利益にも関係する。その意味では、スポーツメディアは単にスポーツニュースを扱うメディアではない。オリンピック行事であるスポーツ以外の側面に資源を投入できないメディア組織は、ニュース機関としての役割を果たしていないのかもしれない。だが、メディアとＩＯＣの同意の下では、広く公共の利益に関することを取材する義務は二の次だ。大会に関しての典型的な報道の根底には、そのような了解があるように見える。こうしたことから、オリンピックメディアを監視する団体の創設が必要だという意見もある。メディア組織が伝える内容の範囲を評価することで、大会中のレポーターの自由を判断する機関だ。

だが、オリンピック開催側の意向によって、メディアの編集権が侵害されているという結論には注意すべきだ。第一に、そのような自由の擁護については、ニュースとエンタテインメントの間で区別されている。大手のメディア組織には常にニュースと娯楽の要素が存在するが、法的及び財政的な面から言うと、両者の性格や特権、義務は大きく異なっている。オリンピックの知的財産権使用に関するルールは、ニュースか娯楽かによって異なる。ニュース報道のジャーナリストには、娯楽報道には認められていない自由が認められている。放映権がないテレビ局のレポーターが夜のニュースで、オリンピックの映像を使いたいとする。つまり、オリンピックをニュースとして報道するという場合だ。この場合、放送局は編集権を行使でき、ＩＯＣはニュース報道として、一定のコンテンツを提供する。

だが、放送局が娯楽に当てられた時間帯に大会のコンテンツを使用したい場合には、放映権を持たない放送局に関するルールが適用される。

一方で、大会開催側が決定し、管理できる形で、オリンピックメディアに規範を課しており、オリンピック報道はあるべき形で行われていると言ってしまうのも用心すべきだ。ニュースと娯楽は放送機関内では別個に運営されているかもしれないが、互いに影響を及ぼしあうことには留意しなくてはならない。大会中に予想外の出来事が起こったりすると、この自主的規範が必ずしも中立的に機能しないことが暴露される（たとえば、一九七二年のミュンヘン大会や一九九六年のアトランタ大会など）。そうした事態がオリンピック取材の一部として報道されると、その視点の狭さがよく見えるようになったりする。二〇一〇年のバンクーバー冬季大会で、ジョージアのリュージュ選手が練習中に命を落とすという出来事があった。これはもちろんニュースとして重大事件だったが、それ以上に、大会中のニュースとして適切なメディアの枠組みで報道するという限界を見せつけたという意味で重要だった。観客にしてみれば、大変悲しい出来事であり、哀悼の念を表したいという気持ちがあっただろうが、それとは対照的な報道の仕方であった。同じことは、オリンピックの歴史で重要な一幕となるときにも起きている。たとえば、二〇〇〇年のシドニー大会の開会式で北朝鮮と韓国の選手団の旗手が二人で一つの「統一旗」を掲げて入場して来たときの報道である。

オリンピックメディアについての第二の見方は、メディア組織にもＩＯＣにも好意的な見方だ。オリンピック業界が、時に報道の仕方を一定方向に導こうとするとはしても、メディアをコントロールしようとしているとは考えない。これは、現実的な見方ではある。二〇一四年ソチ冬季大会開催中の二月二〇日、ＩＯＣの毎日定例の記者会見で、レポーターの一人がＩＯＣの広報担当に対し、ウクライナ選手団が数日前のキエフでの暴動で命を落とした市民たちを追悼するために黒い腕章を着用することの許可を求めたかと質問した。この質問――とその後の応答――の重要性を理解するために、状況について少し説明しておこう。ウクライナの選手やオリンピック委員会が公式に許可を求め、それをＩＯＣが拒否したとすれば、それは大会中の事件として大きなニュースとなる。しかし、ＩＯＣの答えは、公式な許可申請はないが、関係者は選手団の気持ちを表す適切な方法を探しているというものだった。これが暗に意味したのは――明確には表明されなかったが――、政治的背景のある中で腕章を身につけることはオリンピックという中立な場に政治を持ち込むことになるということだ。ＩＯＣは明らかに、適切なメッセージが伝えられることは望んでいた。しかし、公式の許可申請がＩＯＣによって却下されたということが明らかになると、批判にさらされることになることも承知していた。だが、質問に答えることで、ＩＯＣがレポーターの取材をコントロールしたとか、公式申請があったという話を押さえ込もうとしたと批判するのは無理というものだろう。ここで見えたのは、ＩＯＣと組織委員会が大会中に毎日行う記者会見が、報道の独立を巡って戦う重要な場になっているということだ。

それでも、オリンピックのメカニズムが、メディアのアジェンダ設定についての自己検閲システムを作りだしているのは確かだ。メディアは自ら――財政的、政治的な関係の結果とはいえ――、大会のすべてを取材することがむずかしい状況に身を置いている。充分な資源がなく、大会以外の話題を取りあげられないか、あるいは、大会中は資源を最大限節約して、大会を賞賛することに集中するという取材方針を決めてしまっているからなのか、どちらにしても、大会のすべては取材しない。スポーツ関連のイベントの観客は「囚われの聴衆」であることが、ここでは重要だ。スポーツ取材は、話題はスポーツそのものから提供されるし、予定も事前にわかる。ニュースにするのにも計画を立てやすい。つまり、費用対効果がそこそこいい報道なのである。

これまでに紹介したオリンピックメディアについての解釈は、それぞれに真実を突いているところがある。重要なのは、公認メディアによって報道される内容を検討することで、それは同時に、報道されないことがあることを認めることでもある。この点については後で、市民ジャーナリストが送りだすコンテンツを取りあげる際に考えてみたい。

オリンピックメディアの立ち位置を考えるときにもう一つ重要になるのが、コンテンツを作りだすメディアの形態の違いをはっきりさせることだ。テレビの場合、放映権を得たテレビ局は大会開始前から観客を確保するという使命を帯びることになり、大会開催中の視聴者数の増加を目指すことにつながる。ゆえに、開催前からテレビ局は大会の社会的意義に人びとの関心を集めるようなコンテンツを制作し、大会の政治的・文化的意義を高めていく。確かに、公共の利益につながることとして正当化されるコンテンツと、放映権を持つテレビに忠実にチャンネルを合わせさせるためのコンテンツとの区別はむずかしい。二つは重なりあうものだからで、たとえば、一人のアスリートのオリンピック出場までの軌跡を追ったドキュメンタリーのような形の番組が考えられる。あるいは、調査報道の形もあるだろう。二〇〇七年、イギリスの「チャンネル4」はオリンピックを背景として、中国に関する一連の番組を制作した。同じように、ＢＢＣが誇るドキュメンタリーシリーズ『パノラマ』はオリンピックを巡る腐敗を取りあげたドキュメンタリーをいくつか制作した。特に二〇一二年のロンドン大会の開催を決めるプロセスに注目し、開催地選考プロセスにおける腐敗を暴こうとしたのである。メディア次第でオリンピック関連番組が通常の報道の枠内に入り込んでしまう場合、そこにはIOCも組織委員会も直接には介入しない。そうすることは、テレビ局の番組編成の目的や新聞社の編集目的からも外れてはいない。こうした報道も含めて、オリンピックに関するあらゆるストーリーがオリンピックの物語性を構築する一部となる。そして、それは夏冬で二年に一度の大会開催の度に繰り返されることになる。

オリンピックへの道のりで人びとの関心や意識を高める方法としては、ドラマやドキュメンタリーが主流だが、時にはコメディが用いられることもある。一九九八年、オーストラリア国営放送局ABCはドキュメンタリー形式でコメディ番組『ゲームズ』を制作したが、これは、オリンピック関連番組として――またコメディ番組として――新たな境地を開くことになり、話題をさらった。内容は、二〇〇〇年シドニー大会を題材に、架空の組織委員会の出来事を皮肉交じりで描いたものだった。オーストラリアでは人気番組となり、主演俳優は演じた役柄のままに、シドニー大会閉会式に出演するほどだった。一〇年後、イギリスBBCもロンドン大会開催前に同じような番組を制作した。『2012』という番組名で、内容はABCの番組をそのままパクった形だったが、ABCが番組制作にまったく関わっていなかったこともあり、著作権を巡って論争を巻き起こすことになった。どちらの場合も、政治的に物議を醸しやすいことで一般の支持を得ようとする際のコメディの役割について、それぞれの社会での特徴を表したようだ（Plunkett 2011）。

『ゲームズ』と『2012』のコメディとしての利点を論じることは非常に興味深いが、オリンピックの社会的問題としては、風刺劇になっている点に注目して考えてみる必要があるだろう。風刺劇は本来、政治的に深刻な問題について人びとの関心を呼び覚ますことだが、ここでの政治的効果は一般の懸念を解消する方につながった。たとえば、『ゲームズ』の一場面、スポンサー不足に悩む組織委員会がタバコ会社にアプローチするというところがあった。喫煙は不健康という一般的感覚から、タバコ会社は長い間スポーツ関連イベントのスポンサーとしては除外されていたことを前提としたエピソードだ。ドラマでは、タバコ会社はスポンサーとなる見返りに、大会スタッフが公の場で自社ブランドのタバコを吸うことを組織委員会に要求する。スポーツ業界は広告収入を得るためなら、スポーツが持つ価値観さえ捨て去るだろうというのが、ここでの警告だ。実際のスポーツ界も真剣に受け止めなくてはならないメッセージかもしれない。

二〇一二年ロンドン大会を巡るイギリスBBCの方の番組でも、同じような例がある。観客を惹きつける方法としてのソーシャルメディアの利用を大げさにしたエピソードだ。組織委員会は、共に二〇一二年に行われる、オリンピックとエリザベス女王即位六〇年記念に国民が関心を持っていることを利用した宣伝キャンペーンを計画する（二つが同年に重なるというところは、事実に基づいている）。担当チームは「ジュビリンピックス」という、いかにものキャンペーンを考えだす。「記念日（ジュビリー）」と「オリンピック」を合わせた合成語だ。ストーリーは、ソーシャルメディアを使ったマーケティングがバカバカしく、上っ面だけのものでしかないことを描き、さらに、オリンピックの知的財産権が厳しく管理されており、それとクロスオーバーすることのむずかしさも見せてくれる。巨大イベントの演出が時に薄っぺらでしかないこと、そして、人びとの関心を探り、それを利用しようとする方法も時に思い込みに基づいていることにツッコミを入れたストーリー展開だ。

オリンピックにまつわるメディア制作物の多様性を考えると、誰がジャーナリストで、ジャーナリストにはどんな特権があるのか、また、ジャーナリストの行動がどのようにサポートされるか、あるいは制限されるかについて分析することは、どんなストーリーが報道され、誰がストーリーをコントロールするのかを見つけるうえで重要になる。それゆえに、オリンピックゲームという状況でのジャーナリストはどんな存在かを定義し、市民にもその地位が認められるプロセスを探ることが必要になる。最近の大会での状況を見ると、ジャーナリストの役割は、競技についての情報以上のものをオリンピックメディアに求める観客の登場で、徐々に変わってきていることがわかる。デジタル時代にジャーナリストの概念は変わってきた。と同時に、ＩＯＣや開催都市に求められることも変わってきた。オリンピックは、ソーシャルメディア時代初の大転換期を迎えている。

3　オリンピックにおけるメディアの仕組み

オリンピックにおける公式メディアの仕組みは、運営上と財政上の必要が合わさって出来上がったものだ。一九七〇年代にオリンピックは財政危機に直面し、オリンピックムーブメントは一九八〇年代に商業的に成り立つ形へと再編されることになった。以来ＩＯＣはメディアを、大会に不可欠なステークホルダーと考え、国際スポーツ連盟やアスリート、委員、スポンサー、IOCの賓客と並ぶ、オリンピックファミリーの主要メンバーとして扱っている。オリンピック開催中の一六日間、広範囲に及び、緊張感に満ちた競技や活動のすべてを取材してもらうために、開催都市はメディア関係者に対し、仕事を行うための最先端の環境や(1)、食事や宿泊を含め、すべてを兼ね備えたメディア村、競技の時間に合わせて会場間を移動するための交通手段、そして、すべての競技や選手について最新の情報を提供する情報ポイントのネットワークを用意することが求められる。

そうした施設にアクセスできるメディア組織の数をコントロールするために、IOCは、オリンピックファミリーの他のメンバーと同様、メディア組織にも厳しい公認プロセスを設定している(IOC 2015a, Rule 52)。マスコミ記者とカメラマン――つまり、プロのスポーツ観客たちだ――に対しては、二〇〇〇年以降、毎回最大五八〇〇席を用意している。席を与えられる優先順位は、各国オリンピック委員会が決定するが、オリンピックムーブメントの主要財源の一つとなる放送局は別格である(2)。オリンピックの財源を豊かにするのに寄与してきたのがテレビだからだ。テレビ局は公認メディアとして認められるだけでなく、オリンピックに対する権利を有するものとして、マーケティングのために競技場の中心部などオリンピックの中核となる施設の中にまで入ることが許されている。IOCは、「放映権は、それぞれの国内で最大限のオリンピック放送の無料提供を確約できる放送局とだけの売買契約となり」とし(Ibid.)、一地域一放送局だけの独占契約となる。つまり、どの国でも通常、公式チャンネルは一つで、それ以外のテレビ局は番組編成上の目的以外では、公式動画を放映できない。放送局は、財政的貢献のレベルによって決められた数の公認数を獲得するが、今日ではその総数はレポーター、プロデューサー、技術スタッフに与えられるものも含めて、およそ一万四四〇〇となっている。

大会には二つの主要なメディア施設が設置される。「メイン・プレス・センター」（ＭＰＣ）と「国際放送センター」（ＩＢＣ）の二つだが、その運営は若干異なる。ＩＢＣへの入館は厳しく制限されるが、それは、ここがすべての競技の「動画」を管理しているからで、動画は公認メディアだけに独占的に提供されるものであるため、その管理も厳格である。そうはいっても、二つのセンターは通常隣接しており、公認のメディアセンターとして共通点もある。①それぞれのセンターへのアクセスは一定の割り当てに基づいて発行される公認パスを持った人間（と、公認パスを持った人間が申請したゲストパスを持った人間）に限られるということだ。②双方とも、オリンピックの公式行事についての情報を提供することが仕事だということだ。カバーされるのは聖火リレー、開会式、大会開催中の一六日間に行われる公式競技、閉会式である。

オリンピック放映権を所有する者はＭＰＣのすべての機器を利用できるが、活字メディアやカメラマンはＩＢＣには入ることができない。放映権を持たない放送局はＭＰＣへのアクセスを申請することができ、公式行事については文章で伝えられるが、活字メディアと同様、ＩＢＣには入れず、また動画の使用もできない。動画についての条件は、オンライン環境にも適用される。

オリンピック憲章はＩＯＣに対し、メディア報道から大会を守る責務を与えており、そのためにジャーナリストに対する技術面での制限についてもまとめている（IOC 2015a, Rule 48）。特に、ＩＯＣの目的は、メディアによる取材を最大化することであり、そのような取材が「オリンピック精神の理念と価値観を広める」ことにつながるようにすることだとしている（Ibid., bye-law 1）。ＩＯＣはその実現のため、大会中、毎日記者会見を行うなどして、メディアの行動に目を光らせている。また、開催都市も、開催都市契約の重要な一部に同じ条項があり、それに沿って動かなくてはならない。ＩＯＣはまた自らの独占権について、次のように規定している。

メディアとして公認された者以外、ジャーナリストやレポーター、その他いかなる立場でもメディアとして活動してはならない。……オリンピック大会開催中、どのような場合であっても、アスリート、コーチ、役員、政府広報関係者、その他公式参加者は、ジャーナリストやメディア関係者としての活動を行ってはならない。

（IOC 2015a, Article 48, Bye-Law 3）

こうした条項に付随して、動画を観客に提供する際には一連の措置が取られている。開催国政府はＩＯＣの要請に応じて、オリンピック資産の保護についての規定を新たに法制化しなくてはならない。こうした要請には前例がなく、基本的人権を侵害するような状況を作りだすとして、しばしば批判の対象となっている。カナダ人映画監督、ジェイソン・オハラは二〇一六年のリオ大会について、住民が主役のドキュメンタリー『例外状態』を制作、オリンピックに関連して政府がこのような政策を実施することが引き起こす問題を描いた。

『例外状態』は、オリンピック大会開催に関する約束を守るために、政府が法律を変更した結果発生する状況を表すための言葉だ。その問題も影響も決して小さくない。たとえば、二〇一二年のロンドン大会の際、イギリス政府は「オリンピック法」を法制化した（House of Commons 2005）。その法律では、IOCは大会をIOCの知的財産とし、一時的に開催都市とそのステークホルダーたちと共有するとされた。これを逆に見れば、開催（舞台設定）の条件を設定するIOCと、その運営を準備する開催都市の間では、オリンピックという物語の方向性についての考え方が違うのかもしれない。そうした配慮から、契約では、IOCの知的財産の侵害を防ぐための詳細な規定が設定された。オリンピック憲章規定第五〇条に次のような部分がある。

2　オリンピック会場となるスタジアム、競技場、その他試合会場では、その内部や上方にいかなる形式の宣伝も広告も見せてはならない。

3　オリンピック会場やその他の施設や場所では、いかなるデモ行為も、政治的、宗教的、人種的な宣伝活動も行ってはならない。（IOC 2015a, Rule 50, p. 93）

このようなガイドラインは、観客、アスリート、役員など、オリンピック会場に出入りする人びとにも適用される。この規定に反する行動をとることや衣服を身につけることは禁止される。この分野の規制は大会を経るにつれ、拡大されてきた。たとえば、最近の大会では、開催都市中心部やオリンピック会場周辺の地域の看板はオリンピックスポンサーに提供されるか、そうでなければ空けておくことになっている。「便乗広告」を避けるためである。この影響が非常によく現れたのが二〇〇四年のアテネ大会で、市内の看板の多くが大会中何も書かれていない、白紙の状態になってしまった。このように考えれば、開催都市全体がオリンピック会場とも言える。あらゆるもののディズニー化という状況があるが、まさに公共領域の全面的オリンピック化、完全なる占領状態で、それに参加できない地域共同体の反発は必至だろう。実際、開催中の都市では、スポンサーの宣伝文句などが視界に入ることなく歩けないほどだ。

こうした状況を見ると、オリンピックのメディアコンテンツが大会全体を通じてコントロールされていることがわかる。レポーターの規制から、市内で何が目に入るかの決定まで、コンテンツの流通について、相当程度の規制が実施されている。しかし、このようにメディアがオリンピック業界の支配に置かれていることに注目するのも大事だが、他方、オリンピック業界が及ぼす影響によって、メディアが良い方向に変化することも、たとえ実証はむずかしくても認識していることは重要だ。メディアの変化はオリンピックの歴史上、技術面、文化面で大切な意味を持っているが、同時に、政治的にも意味を持つことがある。

4　オリンピックがメディアに及ぼす変化——中国を例として

オリンピックメディアについての議論は、メディアが私たちの大会体験をどのように変えたかの方に集中しがちだが、その逆もまた真なりである。オリンピック大会を開催することが、開催国のメディアの運営方法に変化をもたらしたり、あるいは、海外のジャーナリストへの対応に変化をもたらしたりすることがある。放送局の運営にも大きなインパクトを与えることもある。たとえば、二〇一二年のロンドン大会開催を前に、BBCは社内のすべての番組編成担当者を集め、臨時の運営委員会を開催した。この委員会の役割は、大会に至る前まではオリンピック関連コンテンツ制作にあたってはBBC内のすべての部局や主要番組が、共同で行うことの徹底だった。BBCはまた、初めての試みとして、大会を対象としてジャーナリスト見習い講座を開講した。

社会に対するオリンピックメディアのインパクトは時に、比較的底辺層で感じられる。例としては、メディア業界内で新たな共同形態をもたらした、オリンピック放送機構(OBS)〔国際放送センターを設置し、オリンピックの放送用コンテンツを制作、放映権を持つ各国の放送事業者に配信する〕がある。OBSは極めて興味深い組織で、オリンピックが単なる大会取材の範囲を超えた共同体を作りだす例として、より詳しく検討する価値がある。

オリンピックメディアならではの特色に、これまでになく大勢のジャーナリストが、しかもその多くが海外から、開催都市に集まる機会を作りだすというものがある。レポーターたちはそれぞれ自分なりにジャーナリストとしての倫理観や責任感を持ってやって来るが、大会中は開催国におけるジャーナリズム規範に即して行動することが求められる。開催国での行動が母国での活動より自由という場合もあるだろうし、その逆もあるだろう。どちらにしても、大会に集まること——そして、取材で連携するということ——は、社会におけるメディアの役割について異文化間での対話を促進する機会でもある。このようなネットワークの可能性は、まだ結果をもたらすまでには至っていないが、スポーツ行事は定期的に開催されるイベントであり、そのような機会を継続的に提供できる数少ない場となる。社会変化でメディアが果たす役割について戦略的に考察することが、そうしたネットワークの重要な課題となるだろう。

オリンピック大会はまた、メディアと政治の接点を分析するためのプラットフォームとなり、時にはその二つの対立が、国家が国際社会と交流する方法に面白い変化をもたらした大会もあった。直近の顕著な例としては、二〇〇八年の北京大会がある。そこで起きた、メディアの自由を巡っての政治的論議や中国での新メディアの発展をどのように管理するかについての議論は、ある意味、それ以前の中国では例を見ないものだった。初の中国開催がソーシャルメディア革命の時期と重なったという偶然は、中国のメディア政策を大きく変える舞台を用意することになった。さらに、中国のメディア政策一般、特にインターネットに対する政策への海外の懸念にも光を当てた。中国のグーグルに対する検閲について色々と論じられた時期とも重なり、その議論は、オリンピック後もツイッターを巡って再燃し、さらに二〇一四年のユースオリンピック南京大会でも表面化した。北京大会前、中国（特に北京）はジャーナリストたちには開放的な政策を約束していた。しかし大会後には、監視や制限について議論が始まった。

中国ではオンライン人口が増加し始めていた。携帯やオンラインへのアクセスについての数字は驚異的なレベルだ。二〇〇七年、中国での携帯電話ユーザーは四億八〇〇〇万人、そのうちの一七〇〇万人が携帯を使ってウェブサイトにアクセスしていた。中国でのインターネットユーザーの数は一億三七〇〇万人に達し、二〇〇八年二月にはアメリカのユーザー数を追い越した。北京だけでも五〇〇万人近くおり、市の人口の三〇・四パーセントを占める。三〇歳以下の年齢層では、七二・一パーセントを占め、ブロガーの数は二〇八〇万人に達した（China Internet Network Information Center 2007;

Weitao 2007)。このように、かなりの数の人びとが、従来のテレビ・ラジオ放送以外の方法でオリンピックにアクセス可能だった。

中国のメディア政策にオリンピックの影響がいつから始まったかを特定するのは簡単ではなく、またいつ終ったかを見極めるのもむずかしい。ただ、注目すべきポイントは二〇〇七年三月で、IOCがインターネットや携帯プラットフォームでの中国本土向けの北京大会コンテンツ配信権（新メディア配信権）の契約交渉を開始したときだろう。IOCはこの時初めて、テレビ放映権とインターネット及び携帯での配信権を別個に設定した。中国はオリンピック放送に関するIOCの規定を尊重しようとしたのだが、この時点ではメディアに関する国内法や規制の中に時代遅れのものもあり、そうした要請に応えられなかった。

中国国家広播電影電視総局（SARFT）は二〇〇三年二月発効の、「インターネットやその他の情報ネットワークを通じての視聴覚番組の放送に関する行政措置」を発布、放送事業者が視聴覚番組をオンラインで配信するには、事前に「ネットワークでの視聴覚番組配信免許」を申請しなくてはならないと決めた。しかし、Sina.com（新浪）、Sohu.com（捜狐）、China Unicom.com（中国聯合通信）、QQ（騰訊）などインターネット配信業者の多くはそのような免許を取得しておらず、この規制の下では配信できないことになった。二〇〇七年第1四半期の Sohu.com の発表では、そうしたコンテンツの配信には関与しないことが示されていた。

捜狐は二〇〇八年北京大会の公式ウェブサイトを提供する唯一のプロバイダーである。その立場で、Bejing2008.comあるいは.cnを運営し、このウェブサイト上のコンテンツはすべて捜狐が提供するものである。……新しく設定されたメディア権は別の問題であり、テレビ放映権と密接に関連するものになっている。したがって、この交渉は我々が運営する公式ウェブサイトとはまったく別の交渉であった。IOCの見方では、テレビ放映権とほぼ同じものである。交渉の結果はおそらく、第2四半期中、でなければ第3四半期早々にわかるだろう。つまり、これはまったく別のもので、我々とは関係ない。

（キャロル・ユー捜狐社副社長兼最高財務責任者の発言、Seeking Alpha 2007に引用）

この時、中国には新たなデジタル放送事業者が登場し、テレビに代わる重要なプレーヤーがインターネット業界に現れることになったかもしれない。そうなれば、中国国内のメディア状況を一変させるような影響を及ぼしていただろう。だが、そうはならなかった。中国側からすると、国家広播電影電視総局による規制は、中国以外の企業がそのようなコンテンツを配信するにはかなりの障害があることを示すものだったのだ。だが、実際には、中国企業も規制には苦労させられた。どちらにしても、中国のブロガーは、どのようなものでもインターネットで配信すると処罰される可能性に直面することになった。そもそもの問題はスポーツの動画に関することだけであったのに、である。

北京大会がメディア史で特に興味深い、もう一点は、デジタル放送テクノロジーの発展に関することである。ウェバーは、中国政府の戦略の基盤は、確実な経済成長を可能にしつつ、政治的統制を維持することであるという。情報通信の問題は常に、「当局が、ニュースや言論、特に反対意見の広がりを統制したいと考えている一方で、オープンで近代的、効率的な経済体制も欲しており、それには最先端の情報技術インフラが含まれるということだ」(Weber 2005, p. 792)。

このような方針は、作り手、送り手、聴衆の区別がますます曖昧になってきている時代に社会においてくまなく浸透する情報配信という事態を前に、どのように変化しただろうか。ウェバーは間接的にだが、この問いに一つの答えを示してくれる。異なる文化的形態をどのように位置づけるかの問題だというのだ。ウェバーによれば、メディアは一般的には「国家建設」のための存在と捉えられるが、娯楽は「消費者サポート」として機能する。「新しいメディア」を、オリンピックを背景とした文化事業として考えれば、社会を不安定にする可能性を持つものとは捉えられないというのである。だが、これは、社会的ダイナミクスにメディアの制作物がどのような効果を及ぼすかについての見方としては単純と言わざるをえない。

オリンピックが中国のメディア政策に影響を及ぼした例はもう一つ、二〇〇六年一二月一日に起こった。中国政府が外国人ジャーナリストに対し、北京大会に至る時期と大会中の両方で、中国に関する報道でこれまでにない自由を認める決定を下したのである。中国側の広報担当責任者カイ・ウーは、「オリンピックは規制を改正するに適切な機会である」と言ったが、その後の中国を見ると、状況はそれほど変わったようには見えない。事実、新たな決定は二〇〇七年一月一日に発効し、二〇〇八年一〇月一七日には廃止された。中国メディアの自由度については、後に続いた二〇一四年の南京ユースオリンピック大会前にも同じような懸念が表明されている。この時は、大会のメイン・プレス・センターに出入りする公認ジャーナリストさえウェブへのアクセスは自由ではなく、特定のイントラネットで、しかも特定のプラットフォームでしか利用できないようになっていた。

二〇〇八年の北京大会を巡っての法令は短期間で廃止されたとはいえ、今日のデジタル接続やオープンなコミュニケーションに対する中国のアプローチに何のインパクトも与えなかったということではない。中国国内のメディアの自由について、大会開催前から国際的な関心が集まり、国際人権団体「ヒューマン・ライツ・ウォッチ」や「国境なき記者団」はジャーナリストの待遇に関するキャンペーンを展開した。法令に加えて、こうした関心もあったために、それなしでは報道されなかったような問題も報道されることになった(3)。それだけでも、報道の自由についての人びとの見方に影響を与えるかもしれない。政府がオリンピック報道のために特別立法を行ったという例は、二〇〇八年の北京大会のときだけではない。ただ、中国がグローバル経済で存在感を強くしてきたことを考えると、これは特に重要な問題となった。問題とされたのは大会を訪れた非公認のメディア関係者、つまり、大会中の出来事を取材するためにやってきたが、公式の、プロのジャーナリストではないような人びとに関してのことだ。こうした非公認ジャーナリストはオリンピックに登場した新たな世代のレポーターたちで、次章で詳しく取りあげる。ここでは、この点でも北京大会は残念な成果しか残せなかったとだけ言っておこう。メディアに変化をもたらす機会であったにもかかわらず、海外からの記者で「非公認メディアセンター」へのアクセスを許可されたのは、公式に記者としてのビザを取得した者だけであった。センター自体は、一万一〇〇〇人を収容できる規模であった。

二〇〇八年の北京大会についての報道は、北京と中国を世界に売り込む助けとなるはずで、だからこそ政府は大会前から大会中まで報道規制を緩和したのである。中国政府は大会を、新しいメディアを使った民間外交を展開する好機だと捉えていた。世界に自らの経済的成功を知らしめるチャンスを逸するようなことは望まなかったし、特に外国に対してそれぞれの言語で伝えてほしかったはずだ。二〇〇八年大会の開催は、中国の新メディア業界に素晴らしいチャンスをもたらすはずだったのだ。しかし、その後二回のオリンピックが開催された今でも、中国のインターネット政策が長期的な改善を見せているとはとうてい言えない。中国についての報道は、オリンピック期間中たしかに増加した。大会のために新法が制定されていなければ起きなかったことだ（Smith 2008）。直接の影響は短期間で終わったかもしれないが、この時期制作されたコンテンツが残したものは前例のないもので、その長期的な影響を見過ごしてはならない。たとえば、メディアで中国が扱われる事例は二〇〇八年、前年に比べて二〇パーセント増加、二〇〇〇年と比較すると五一パーセントの増加だ。大会終了後は八二パーセント減少した（アントニー・エドガーとの個人的会話より）。良きにつけ悪しきにつけ、大会は、特に国内に問題を抱えている場合、その国に関心を集めるユニークな機会となる。

すでに述べたように、二〇一四年の南京ユースオリンピック大会は、北京での変化を再検証する機会を与えてくれた。この大会が検証の事例として面白いのは、世界的に広く取材された大会ではなかったが、それでもＩＯＣ管轄の大会であり、中国が引き続きＩＯＣとの協力を望んでいるからである。比較的新しいユースオリンピック大会もすでに、広く切望される大会となってきた。開催都市は、その後のオリンピック開催につながることも考えて、国際オリンピック委員会との関係を危うくする行動はとらない。実際、北京は二〇二二年の冬季大会の誘致に成功している。南京大会に当たっても、デジタル通信チャンネルへのアクセス開放というＩＯＣの要請に対して、中国は対応する様子を見せていた。私はＩＯＣのメディア担当責任者であったアントニー・エドガーと一緒に、これに関する対話に直接関わっていて、大会中に我々が具体的に名前を挙げたプラットフォームへのアクセスを認めることなどのＩＯＣ側の要望を伝えたりした。こうしたプラットフォームは中国国内全域で利用できるものではなく、中国のメディア政策への影響は微々たるものだ。しかし、中国政府とＩＯＣとの間で対話が行われたということ自体、オリンピックがそのきっかけになるという前例になる。対話の結果については何とも言えないが、静かな外交の一種と見ることはできるだろう。もちろん、中国が実際に、開放的なメディア政策を採用するまで、オリンピックが変化をもたらす媒介となるという側面を賞賛することは用心しなくてはならない。だが南京大会でも、普通なら中国からは出てきそうにもないコンテンツが、中国政府やＩＯＣによる規制を受けることなく登場した。このような小さな変化が歴史的に重要な意味を持つこともあるだろう。

5　ソーシャルメディアを通じてのオリンピック報道

オリンピック大会でのメディアの変化のもう一つが、報道におけるソーシャルメディアの利用である。変化の最大の側面は、従来のメディア組織が自分たちのコンテンツをソーシャルメディアのプラットフォームに載せる必要を認めたことだ。視聴者をソーシャルメディア環境から自分たちのプラットフォームに奪い取ろうとは思わなかったのだ。ソーシャルメディアが登場してから一〇年間、放送事業者や活字メディア組織は、自分たちのプラットフォームで視聴者を獲得しようとしても、巨大なソーシャルメディアサイトが惹きつけうるユーザーの規模には常に敵わないことを受け入れるようになっている。実際、今日では、ソーシャルメディア以外の第三者からのコンテンツを視聴するときでも、フェイスブックのアカウントでニュース配信を見ることができ、わざわざ外部ウェブサイトにアクセスする必要はない。

こうした変化がソーシャルメディア登場から一〇年の間に起きたことは注目に値する。ソーシャルメディアはそもそも、細分化されてしまったオンライン世界で、ユーザーが交流できる新たなスペースを提供するものだった。そして、従来のメディア組織は、そのようなオンライン配信に金をつぎこむことで、その環境で視聴者とつながることができた。だが次の一〇年の間に、オンラインのプラットフォーム自体がコンテンツを提供するようになり、配信スペースでの広告を通じて、そのスペースが収益の場へと変化していく。昔ながらのメディアパートナーたちは、新たな経済インフラに直面した。ジャーナリストはすでに、広範囲の視聴者に伝える方法としてソーシャルメディアプラットフォームに頼るようになっており、新たな局面では、ユーザーによるコンテンツ作成意欲を最大限活用する方法を考えなくてはならなくなった。

現在では、ソーシャルメディアプラットフォームは独自の社会スペースとして、ジャーナリズムの対象となるニュースを作成できる。オリンピックはここでも、恰好の例となる。たとえば、「オリンピック公式抗議活動家」(Malik 2012)、別名「スペース・ハイジャッカー」はツイッターアカウントを作成し、ロンドン大会のロゴを自分たちのアバターにした。この独自の行動はニュースで話題となり、ロンドンオリンピック及びパラリンピック組織委員会（LOCOG）はツイッターに対し、これを知的財産権の侵害とみなしていると伝えた(4)。この出来事は、ニュース報道で注目され、ソーシャルメディアが新たなタイプのパフォーマンスを生みだす場として機能することを示す事例となった。こうした例は後で詳しく検討するが、ここでは、ジャーナリズムの活動がソーシャルメディアのおかげで変化したプロセスについて簡単に述べておきたい。そのためにはまず、ソーシャルメディアというカテゴリーを、「データ主導型ジャーナリズム」とでも呼びたいような、より広い範囲をカバーするものであると拡大して考える必要がある。

ソーシャルメディアには膨大な量のデータを作りだす力がある。そうしたデータは私たちに周りの世界を理解する洞察力を与えてくれるもので、ジャーナリズムに新たな知識スキルをもたらし、コンテンツに人びとを巻き込む新しい試みが生まれてきた。ジャーナリズムの報道形式として「インフォグラフィックス」の登場が、ここではいい例となる。最近のオリンピックでは、様々なプログラムからのデータを視覚化したインフォグラフィックスが使われ、中には非常に美しいものもある。一例としては、『ニューヨーク・タイムズ』紙（電子版）が二〇一二年のロンドン大会で作成したインフォグラフィックス動画がある。男子陸上一〇〇メートル走決勝の一〇〇年間の歴史をたどるもので、ウサイン・ボルトの世界記録と一〇〇年間の歴代優勝者の位置を比べて見せている。このレースが長い歴史の中でどのように変化したかを、言語化しえない方法で効果的に表現した。同紙は、二〇一四年ソチ冬季大会でもスノーボーダーの連続写真を使って、静止画と動画の中間のような新たな視覚表現を作りだした。ハーフパイプ滑走中、空中で何が起きているかを見せてくれる、正真正銘のデジタル・

ゾエトロープ（回転絵）だ。データがあり、それをデザインできるテクノロジーがあって可能になった新たなスキルによって、画像にデータを組み込めるようになったのだ。同じような例はシネマグラフ（動く写真）でよく見られる。これは、動画を使って静止画写真を作るというもので、微妙な動きを表現できる。最終的に見えるのは静止画なのだが、画像に動きの要素が残っていて、まさにハイブリッドな作品となる。同じ方法で、動きの始まりと終わりがどこかわからない、永遠に繰り返されるループを作ることもできる。スポーツを扱った例は、シネマグラフソフトウェア業界のトップを行く「フリクセル（Flixel）」に幅広く見てとれる。その効果は、「ＧＩＦ」の動画と基本的に同じだが、動画を使い、フレームをフリーズさせたり、一部を動画として残したり、永遠のループと組み合わせたりするなど、メディア史としてみれば新しい類の作品と考えていいだろう。[5]（Lin 2014）

今日、ソーシャルメディアを理解し、仕事の一部に取り入れられなければ、プロのジャーナリストとしては失格と言っていいくらいだ。だが、これはジャーナリストの仕事の再定義にもつながる。ソーシャルメディアの核にあるのは、デジタル表現の追求、あるいは、新しい経済スペースで他者と自分を差別化しようとする試み——デジタル初期のアバター作成願望にまでたどれる試み——である。今日、スポーツでもそれ以外の分野でも、レポーターであれば、異なるプラットフォーム、異なるスキルを駆使できなければならないことは常識だ。トーニーは次のように述べている。

二〇一二年のロンドン大会の聖火リレーの一部を取材するジャーナリストなら、ペンとメモ、ラップトップを用意するだけでは駄目だ。今日、大規模なイベントでジャーナリストに求められることは増加している。スマホからライブでツイートする。「ツイピク（TwitPic）」で写真をアップロードする。「オーディオブー（Audioboo）」に精通していて、短いインタビュー画像をオンラインや「バムバザー（Bambuser）」のようなライブ・ストリーミング・ウェブサイトで配信する。その一方で、「ユーチューブ」のおかげで誰もが配信する側となって、人びとの注目を集めようと競いあっている。電波が飛んでいるところでは、充電したラップトップや携帯が不可欠だ。いや、電源に近いところに行けるかどうかわからないから、補助バッテリーも用意しておいた方がいい。電源があるとしても、おそらく誰か使っているだろうから、延長コードも荷物に入れておけ。（Toney 2012, pp. 118-119）

ソーシャルメディアがプロのレポーターを無用の長物にするかどうかについては議論があるだろうが、ユーザー作成のコンテンツの登場でレポーターの役割が変わってきていることは確かだ。たとえば、メアは、ソーシャルメディアによるニュース報道を背景に、プロのジャーナリストの存在は「検証、背景説明、展開」のためにますます重要になってきたと言う（Mare 2013 p. 95）。続けて、ソーシャルメディアによる報道の結果、新しい形の「協働報道〔一つの記事に対し、多数の記者や報道機関が協力して報道する方式〕」が発展しているとも述べる。スポーツ・ジャーナリズムの分野でのソーシャルメディアの活用についての研究を概観したリードは、スポーツライターがツイッターを使って、仕事のネットワークを構築し、さらに「速報を流したり、自分の記事を売り込んだり、読者と交流したりする」こと、また、ニュースを集める普段としてもツイッターを利用していることにも触れている（Reed 2013, p. 558）。

こうしたそれぞれの段階に、スポーツレポーターにとっての課題を見ることができる。特に、ライブイベントの性格や速報性の重要性を考えると、検証や状況確認を行うプロセスが阻害されることになるかもしれないからだ。二〇一四年ソチ冬季大会を取材した記者たちへのインタビューからは、ジャーナリストが直面する課題が浮かびあがってきた。たとえば、記者は報道する前に事実を確認する必要があるが、観客にはそのような義務感はなく、ジャーナリストが検証を終える前にニュースを「速報」してしまうかもしれない。こうしたことは、予想外の状況では特に大きな問題になる。ある競技でイギリスのスケート選手が転倒し、試合を棄権することになった。転倒の瞬間、担当ジャーナリストたちは、出来事をすぐにツイートするか、それともリンクサイドへ行って、何が起きたか、怪我はどの程度かを確かめるべきかの判断を迫られた。後者を選べば、時間がとられ、スクープとして第一番に報道できるチャンスを失う。しかし、情報が入るのを待てば、より正確な報道ができる。いの一番に報道するということにも価値はあるかもしれないが、詳しいことがわからなければ、ニュースの重要性が薄れるかもしれない。出来事を見たままに報道するだけでは、視聴者に対するジャーナリストの責務を充分に果たしたとは言えない。出来事の半分しか報道していないことになり、その半分は、視聴者に不要なパニックを引き起こしてしまうかもしれない。この単純な例を見ても、ライブイベントを取材しているジャーナリストが直面する課題の多くに気がつくだろう。その場には、ソーシャルメディアを通じてジャーナリストと同じようなコミュニケーション手段を持ってしまった観客が存在するのだ。一般市民とプロのジャーナリストの目撃者としてのそれぞれの役割を定義することで、両者の対立は明らかになるが、その解決にはテクノロジーが必要になる。まず、公認ジャーナリストには特定の音声を聞くことができる特権を与え、それを通じてアスリートとチーム・アドバイザーの間で交わされた会話を聞けるようにする。それによってジャーナリストは、何が起きたかについて、独占的に直接情報を入手する。(6) 一方、アスリートの身体にセンサー技術を取り付けて、怪我の度合いなどの情報をライブで伝えられるようにする。そうすれば、アスリートの競技人生にとって、その怪我がどのような意味を持つかもすぐに明らかになる。ジャーナリストはそれによって重要な情報を入手し、起きたばかりの出来事についての目撃者としての証言がさらに詳しいものになる。レポーターは記者席に座っているが、選手が怪我した瞬間に負傷した手足のライブ映像が目の前のスクリーンに現れ、正確な診断情報が提供される。この場合、市民も出来事を目撃し、それについてツイートできるが、ジャーナリストだけに提供されるデータがあり、それによって怪我が深刻なものかどうかについて付け加えられる。このシナリオはプロスポーツ界で今にでも起こりそうな展開からはほど遠いように思えるが、ウエアラブルテクノロジーの発達を考えると、それほど遠いことではないようにも思える。唯一の問題は、そうした情報の独占を公認メディアだけに認めるか、それとも直ちに誰にでも公開してしまうかである。メディアの独占放送というのがスポーツの経済的基盤の根幹にある以上、観客もプロのメディアと同じ配信手段を持ってしまった状況で出てきそうな問題を避けて通るには、このシナリオがいいのかもしれない。一般の人びとは入手できない情報へのアクセスがジャーナリズムを形成する大原則の一つである。誰もがいつでも、何にでもアクセスできるということが、今日ジャーナリズムが瀕する危機の一因となっているのかもしれないからだ。

ここで挙げた例は、シャーウッドとニコルソンが論じた、ジャーナリストのソーシャルメディア利用における対立、つまり、個人と組織の緊張感を指し示してもいる。二人は、ジャーナリストの中には「ツイッターでニュースは配信しない。所属の新聞とは直接関連がないからだ」とする者もいるという（Sherwood and Nicholson 2012, p. 950）。リードも、ソーシャルメディアの利用頻度はプロとしての意識と関連しているという。「ツイッターはニュースを収集できる一方で、取材する対象とは一定の距離を保てる。だが、フェイスブックでは、これまでは区別されてきたプロとプライベートの境界線が曖昧になる」とする（Reed 2013, p. 568）。ソーシャルメディアのコンテンツが直接ニュースになることもある。レポーターがツイッターやフェイスブックに載った本人のコメントを取りあげて、記事の中で引用する場合だ。アートウィックは、プロのジャーナリズムは、ニュース記事を作成する役割よりも、サービスという役割を重視して、ソーシャルメディアに適応しなくてはならないと説く（Artwick 2013）。メディア事業者は視聴者のために記事を作成するのではなく、視聴者がそれぞれのストーリーを作成するためのツールであると考えるべきである。

こうした変化は、オリンピックジャーナリストであることの意味が変わってきたことを示している。コンテンツ配信の方法が新しくなり、また、リアルタイムのニュースコンテンツにあらゆることを求めて、飽くことを知らない新世代のメディア消費者の登場の結果がもたらした変化だ。ジャーナリズムの根本が揺らぐことこそないかもしれないが、ジャーナリズムコンテンツへのアクセスポイントが増えている視聴者を相手に、見てもらえるコンテンツを確保するには、これまでになかった魅力を作りださなくてはならない。これからの一〇年、これがジャーナリズムの変化を示す要素となるだろう。

オリンピック業界のメディア運営に関係して最後に考慮すべきは、二つの組織が新たに立ちあげられたことだろう。一つ目は、オリンピック放送機構（ＯＢＳ）で、二〇〇一年以来オリンピックの公式放送事業者として運営されている。テレビ放映権を獲得した事業者はここから、テレビ放送用コンテンツを取得している。二つ目は、オリンピックにおけるメディア運営というに広い視点から見て、これが現在のメディア変化から生まれる課題にどのように対応していくかは重要なポイントとなる。

オリンピックチャンネルは二〇一六年のリオ大会の終了の際に立ちあげられ、何よりもまずスマホを使う若い世代とのつながりを構築するために、大会期間中コンテンツの配信を目的とした。ＩＯＣにとっては新しいプラットフォームの設立であり、ネットフリックスのようなプラットフォームがテレビ視聴の習慣を変えつつある時期に、最先端のメディア体験を提供する基盤を作っておこうとする試みだと考えていい。ＩＯＣは歴史的には、コンテンツを作成する組織だとは言ってこなかったが、それが変わることになるのかもしれない。ただし、そこは慎重に進めるべきで、放映権を買う放送事業者の利害や好意を害さないようにしなくてはならない。

オリンピック放送機構が運営するオリンピックチャンネルは観戦に様々な要素を導入しており、それらは私が参加型観戦やデータ主導型視聴とも言うべき言葉で説明した考え方をいくつか基本にしている。たとえば、ライブのビデオコンテンツとクイズをつなげるなど、ゲーミフィケーションの要素が取り入れられている。また、第三者作成のアプリとリンクして、スマホの健康モニター機能と観戦体験を結びつけるようなこともしている。具体例を挙げれば、ユーザーがサムスンの健康モニターデータをスマホアプリで共有して、あるスポーツでの自分の結果とプロアスリートの結果とを比較できる、といったようなことだ。同じ流れでは、憧れのスポーツ選手の好みの音楽を、ユーザーがトレーニングのＢＧＭとして選べるというものもある。最後に、テレビをそれ自体はデータ処理をしないデジタルディスプレーという見方を元にして、アプリからミラーリング機能を使って、ビデオコンテンツを直接テレビに映しだすという方法も考えられる。

オリンピックチャンネルはこのように、新たな放送形態を提案しており、それによって、従来の放映権獲得事業者が放送するオリンピック番組と一線を画すことができる。同時に、参加者や観客から寄せられる関心を基盤にした新メディア経済の中心に自らの位置を確保できる。オリンピックチャンネルのこの側面こそ、将来の発展を約束するものに他ならない。何と言っても、今日の放送事業者の目標は、視聴者がそのプラットフォームにリンクするのが習慣になるほどに、重要な存在になることである。ＩＯＣがこの新チャンネルに視聴者を囲い込めれば、スポーツ界のフェイスブックとなることも可能だ。そうなれば、放送事業者のすべてが大会放映のためにこれまで以上の資源をつぎこんでくれるだろう。

第7章

オリンピックメディアの新しい形

1　新しいオリンピックメディアの出現

「スポーツ2・0」が二一世紀のスポーツの主流となるであろうことは、メディア全体の環境からも推し量ることができる。第5章でも述べたように、プロスポーツのイベントは劇場型パフォーマンスと考えるべきで、複数の人びとが集まってメインイベントをプロデュースし、動かすものである。そのような総合演出は常に、スポーツの特徴であった。古代オリンピックでも、司会役（ケリュクス）が観客に語りかけていたし、儀式や式典が競技場の雰囲気を高めていた。スポーツの重要性やその意義にとって、演出は不可欠の要素なのである。

二〇世紀には、クリエイティブなメディア産業がそうした演出の中心を占めるようになったが、その内部の構成は変化し続けている。新しいメディアパートナーたちがスポーツのイベントでどのような役割を果たしているかを明らかにできれば、従来のスポーツイベント制作に新風を巻き起こしている「スポーツ2・0」が生みだすチャンスを認識するのに必ず役に立つ。

オリンピック大会という状況における新しいメディアの概念を理解する方法は二つある。オリンピックとメディアの相互発展は、メディアの変化全体に関係してくるだけでなく、オリンピックにも関わってくる。オリンピックは、グローバルなスポーツ産業がメディアテクノロジーと連携し、観客の体験をより豊かにする道としてメディアのイノベーションを切望している状況を様々に示してくれる場となるからだ。一つ目の考え方では、新しいメディアは大会に集まり始めた新世代のジャーナリストが生みだしているとされる。彼らは非公認メディアと呼ばれる人びとで、関心の対象も様々だ。このカテゴリーに属するジャーナリストの数は二〇〇〇年のシドニー大会以来激増しており、今では、競技を取材する公認ジャーナリストの数に匹敵するほどである。

すでに述べたように、二〇〇八年の北京大会での非公認ジャーナリストの数はおよそ一万一〇〇〇人、公認ジャーナリストは二万四五六二人だった。[1] 二〇一二年のロンドン大会でも同じような数だったが、ロンドンでは非公認メディアセンターの数も増えたため、正確な総数を割りだすのはむずかしい。そうしたセンターの場所が様々で、統計の取り方も一様ではないからだ。たとえば、非公認メディアには『ニューヨーク・タイムズ』紙の政治記者も含まれれば、小規模の専門誌に寄稿するフリーランスのライターも含まれる。フリーランスの中には、全国規模の主要放送事業者のためにドキュメンタリーシリーズを制作している者もいる。放映権を持つメディア組織のために取材しているかもしれないし、大会への関心に便乗しようとする、放映権を持たない組織のためにコンテンツを作成しているかもしれない。

二つ目の考え方は、オリンピックにおける新メディアはソーシャルメディアと市民ジャーナリズムの発展に関係しているとする。このカテゴリーは新しいメディアの制作物や環境、実践などの幅広い範囲をカバーしており、たとえば、ツイッターなどのつぶやきサイト（オリンピック組織委員会が立ちあげるアカウント等のマイクロブログ）環境から、ユーチューブやヴィメオ（Vimeo）を使って自分の作品をシェアしようとするインディー系の映画監督などが含まれる。ブリティッシュ・カウンシルの支援を受けたグループは、二〇一二年のロンドン大会のレガシーをその後の大会に伝える試みとして、二〇一六年のリオ大会で上映される映画を製作した。このカテゴリーは、インターネットベースのテクノロジーを駆使していることが特徴で、周囲の出来事を政治的・社会的個人的な理由で伝えることを目的にしていることが多い。

本章では、一つ目の考え方、つまり、新世代の非公認ジャーナリストに注目する。ソーシャルメディアと市民ジャーナリストについては次章で論じたい。このグループのジャーナリストには、大会での主要なメディア施設にはアクセスできないという共通点がある。そうした施設は公認ジャーナリストだけが利用可能だからだが、オリンピックチャンネルの立ちあげを受けて、公認ジャーナリストのさらなる増加が予想される。すでに、テレビでライブ観戦している視聴者向けではない、大会の

「レガシー」番組を作るために、クリエイティブメディアのプロたちが活動している。オリンピックチャンネルは大会中の放送に加えるコンテンツの制作を目指しており、そのためにはさらに多くのプロが必要となるだろう。

2 非公認オリンピックメディアの役割

大会公認メディアという制度の設立と同時に、国際オリンピック委員会（IOC）はオリンピックジャーナリストに求められる条件を規定するガイドラインを設定した。まず大事なのは、大会中IOCか国内オリンピック組織委員会（OCOG）の公認を受けていなくてはならないということだ。この公認を受ければ、大会中の競技の様々な側面にアクセスする権利を得る。通常このカテゴリーの公認は、前章で説明したとおり、放映権を得た放送事業者と活字メディア組織に与えられる。彼らは、大会の物語を語るストーリーテラーとしての役割を担う。彼らの使う言葉、映像、音声が、観客を競技に惹きこむ基盤となる。コメンテーターは、視聴者がアスリートの動きの背景を理解できるよう手助けし、さらには、アスリートの動きのすごさに真っ先に反応して、視聴者全員が感動するきっかけを作る。

一方、非公認メディアは競技に集中することはしない。競技の周囲で繰り広げられるストーリーの方に目を向ける程度だ。それには、地元の人びとに関わる話題などが含まれるかもしれない。だが、彼らの取材の中心を理解するには、非公認メディアセンターが開催都市の財源で運営されていることを知っておく必要がある。それは、開催都市が自らを売り込むためのもので、他方、オリンピックメディアセンターは、オリンピックの競技場内で起きていることを伝えるためのものである。

非公認メディアセンターが登場したのは主に、開催都市が大会中に浴びる注目を最大限利用しつつ、大会中の国内の報道を管理する必要があったからである。その成功をもたらしたのはデジタルジャーナリストの増加で、そうしたジャーナリストがそこに登録する人びとの中でかなりの数を占めている。非公認メディアセンターやそこに登録した人びとの経歴や役割を見ていくことで、ジャーナリズムに起きている変化についてよりよく理解し、オリンピックの物語性やメディア制作に新たな状況が登場してきていることを理解できるかもしれない。非公認ジャーナリストの存在は、従来のメディア組織が直面している課題も表している。ＩＯＣにはそのような存在を管理するガイドラインがないため、公認メディアの定義に比べると、その定義は柔軟である。

公認リストに載らないジャーナリストが増加してきたことに、組織として初めて対応したのは、一九九二年のバルセロナ大会のときである。バルセロナ市議会は大会を利用して街や地域を宣伝することの重要性を認識し、競技場へアクセスする術を持たない非公認組織の記者たちの関心を高めようとした。そこで、バルセロナ・プレス・サービス内にそれを目的としたセンターの設置を支援することとした。センターはバルセロナ自治大学との協力で設置され、バルセロナとカタロニアの歴史、特にカタロニア独自の文化に興味がある専門誌や研究者のために様々なサービスを提供することに専念した。この試みは地元当局にも高く評価され、その後のオリンピック開催都市の模範となった。ただ、バルセロナのセンターは技術的にも財政的にも限られた資源に頼るしかなく、存在を際立たせることはできなかった。

その後年月を経るにつれ、非公認ジャーナリストの受け入れ体制が整備され、特設メディアセンターの設置という形をとるようになった。非公認ジャーナリストがそうしたセンターを利用するには、やはり許可を得なくてはならないが、そのプロセスはIOCやOCOGの管轄ではなく、開催都市の管轄となっている。こちらのプロセスで許可を受けたジャーナリストはオリンピック競技にはアクセスできないが、周辺のイベント、たとえば聖火リレーや「文化オリンピアード[2]」などは取材できる場合がある。開催都市では、こうしたジャーナリストをターゲットとしたイベントが開催されることもある。二〇一二年のロンドン大会では、ロンドン市のメディアセンターが、映画業界開催のイベントや演劇についての情報を提供した。また、スポンサーの中にも、新しいテクノロジーやデザインを売り込もうとして、非公認ジャーナリストに接触しようとするものもいるかもしれない。

非公認メディアセンターの認証を受けるだけではオリンピック競技の取材はできないが、反対に、正式の公認が出ると、あわせてその認証も自動的に受けとれることもある。何やら、ジャーナリストに序列があるように思えるが、実際、公認ジャーナリストの間でも公認レベルによって、自由に出入りできる範囲が異なる。具体的に見ると、永遠を表すシンボル「∞」が付いている無制限公認では、ほぼどこにでもアクセスできるが、競技場が限定される公認もある。[3] 無制限公認があれば、自由に行動できる範囲はもっとも大きくなる。一方、限定公認は競技場別に与えられ、開催都市周辺のイベントまで含むことはない。だが、新しいメディアの性格や規模、その政治的影響力は大会ごとに異なるため、この後、大会別にその実状を検討していきたい。オリンピック大会におけるメディアインフラを左右する要因を検討することは、最近のメディアの民主化への動きだけでなく、取材として認められる範囲の拡大や、大会取材の必要条件の緩和について理解するうえで役に立つ。eスポーツを巡るメディアの新形態は、こうした変化が作りだしたものであり、メディア経済が少数の放送事業者によって制限されることがない世界となる。そこでは、視聴者が情報をもっと簡単に、直接入手できる。一九九二年のバルセロナ大会以後、非公認メディアセンターは着実に進歩している。

①七〇〇〇人の新たなオリンピック・ジャーナリストたち――二〇〇〇年シドニー大会

一九九二年のバルセロナ大会以後――さらには、一九九六年のアトランタ大会以後――、非公認メディアの対応のために大規模な準備が施されたのは、二〇〇〇年のシドニー大会であった。それまでに、そうしたメディアセンターへの関心はかなり高まっていた。シドニーでは、取材に関係する幅広い人びとに――公認、非公認を含めて――対応するための外部メディアセンターとして「シドニー・メディアセンター」が、流行の先端を行くダーリング・ハーバー地域に設置された。オーストラリア連邦外務通産省、連邦政府観光局、ニュー・サウス・ウェールズ州政府観光局、州開発省、さらにシドニー港湾局の協力で設置され、その目的は、シドニーとその周辺地域の観光とビジネスの促進を通じて経済発展を図るものだった。それは一九九六年のアトランタ大会では、こうした新たなタイプのジャーナリストへの対応が充分でなかったため、シドニーではぜひ必要であると考えられたからだった。オーストラリア議会での議論に次のようなくだりがある。

アトランタが痛い思いをして学んだのは……ジャーナリストに設備の整った活動拠点を用意せず、興味深い記事の配信を補助しなければ、結果は、開催都市自体への批判的な報道であり、オリンピックの準備についても批判的な記事になるということだ。シドニーではこうした事態を招かないよう、固い決意で望まなくてはならない。

(Murray 2000)

シドニー・メディアセンターの設立は地元の利益を図ることを目的とし、公認メディア限定エリアへのアクセスの権利を持たないジャーナリストがその他の施設や話題に接することができるようにするためであった。要するに、これはオリンピックの物語性を拡大しつつ、メイン・プレスセンター（MPC）と国際放送センター（IBC）の役目を補完するための、施設基盤のメディア管理戦略から生まれたものだ。ダーリング・ハーバーの突先に位置するセンターは、放送事業者にロケーションの場を準備し、またワーキングスペースや通信設備、インフォメーション窓口、記者発表原稿、主要行事、記者会見概要、宣伝イベントや会議についての情報などを提供する他、広々としたバーやレストランも用意した。また、シドニー中心部に近い施設を必要とする公認メディアの人間にとっても、ここは活動拠点となった（主要会場となったホームブッシュベイ・オリンピックパークは、シドニーからはかなり離れていたのだ）。大会開始数日前の段階で、センターには三〇〇〇人以上のメディア関係者が登録していたが、大会終了時点での登録人数は五〇〇〇人に達した（Murray 2000, 9274）。アスリートを集めたパネルセッションや開会式に参加した人びとの記者会見など、注目されるイベントも様々催された。

こうしたことを見ると、この大会は、主要スポンサーが用意したイベントの外で、公式のプログラムと、広い意味でステークホルダーと考えられる組織が用意したコンテンツとが重なりあう端緒となったといえるかもしれない。シドニー・メディアセンターは非主流のスポンサーたちがその組織や製品、サービスを展示できる機会を提供した。

② 市が運営したメディアセンター――二〇〇二年ソルトレークシティ冬季大会

ソルトレークシティ大会では、規模がさらに拡大し、技術的にも多様になった非公認メディアのために、二つのセンターが準備された。二つのセンターはそれぞれ目的が異なり、管理する組織も別々だった。ユタ・メディアセンターはユタ州観光協会の提案にソルトレークシティ商工会議所と観光コンベンション協会が協力して、市の中心部、公認のメディアセンターに近接して設置された。二つ目は、商工会議所の発案で設置され、この地域で人気のスキーリゾートを有するパークシティに置かれた。ユタ・メディアセンターの方が規模は大きく、シドニー同様、注目されるイベントを開催し、たとえば、ルドルフ・ジュリアーニニューヨーク市長〔当時〕による唯一の記者会見では、九・一一テロ後のアメリカの状況が議論された。

ソルトレークシティ大会では、組織委員会やIOCが配分してくる公認数では足りないと考えたメディア組織にとって、非公認メディアセンターの存在は不可欠だった。また、そこでは保安警備措置が柔軟で、記者が施設の支援を利用してより自由に仕事をすることができた。だが同時に、施設の通常の利用度から見て、市が投じた予算は過剰だったことも明らかになった。確かに、重要なイベントの際には忙しいときもあったが、ほとんどの場合施設に人影はなく、何の活動もなかったため、投資への見返りについて、また施設の役割そのものについても、疑問視する意見が出てきた。デジタル時代の記者専用ルームの役割については、今後さらに議論が出てくるだろう。非公認メディアセンターは、そうした役割の変化を象徴する例として、いい検証材料となる。

③ 政治家のためのメディアセンター――二〇〇四年アテネ大会

二〇〇四年アテネ大会では、大規模な非公認メディアセンターが市の中心を占めるシンタグマ広場の隣に立つザッペイオン・センターに設置された。ここでも、競技会場となるオリンピックパークがアテネ市の中心から少し離れていたため、非公認メディアセンターがジャーナリストたちの市内での活動拠点となった。ザッペイオン・プレスセンター（ZPC）はアテネ市にとってもオリンピックムーブメントにとっても、歴史的に重要な意味を持つ建物の中に設置された。ザッペイオンは一八九六年の近代オリンピック第一回大会の本部となった建物だったのである。ここでの非公認メディアセンターは規模でも政治的意義でも、シドニーを上回り、開催都市のオリンピック戦略の中でその重要性が高まっていることを示した。開催されるイベントの注目度も高くなっている。たとえば開会式翌日、ZPCはオリンピック休戦記念の壁への署名式典を催したが、これは、国家首脳や王族、IOC上層部の人びとがオリンピック休戦を支持する共通の意思を示すための儀式だった。注目すべきは、これが、オリンピック会場で通常実施される保安警備環境の外で、非公認ジャーナリストが同席する中で行われたということだ。

ZPCでは他にも、二〇〇六年のコモンウェルスゲームズ・メルボルン大会の表彰式や文化オリンピアードなど、象徴的な意味を持つイベントが多数開催された。さらに、警察庁やスポーツ文化省による記者発表も毎日実施した。オーストラリアのアボリジニ出身の陸上選手で、二〇〇〇年シドニー大会で聖火台に点火したキャシー・フリーマンやアテネ市長などのセレブとジャーナリストが交流する機会も提供した。ジャーナリストのためのイベントは毎日計画され、中にはオリンピック競技と初めて、何かしらクロスオーバーするイベントもあった。たとえば、ZPC登録のジャーナリストはバスで古代都市オリンピアまで行くことができ、そこで砲丸投げの競技を見ることができた。古代オリンピック以来、この場が競技に使われるのは初めてである。これもまた、周辺メディアである新メディアの記者が公認メディアに近づいていることの証拠である。ここでは、両者が一緒にオリンピアに行くという、共通のアクセス権を享受した。(4)

ところが、大会中のZPCの役割で重要だったのはその政治的役割で、国内のジャーナリスト向けのプレスセンターとしての機能が特に重要となった。毎日の記者発表では、闇市場でのチケットの売買や保安上の問題、輸送に関する懸念、大会中の外交対立、政治指導者に問題のある国からの代表の受け入れなどが取りあげられた。大会後、ギリシア情報長官パノス・リヴァダスは、非主流メディアの存在の重要性について次のように述べた。

ステレオタイプなイメージを作りだす、強化する、あるいは変化させるのに強い力を発揮するのは……スポーツとアスリートを取材するためにいる「公認メディア」ではない。非公認メディアこそ、開催国に「侵入」し、その国の社会、経済、強みや弱点を詳細に報道してくれる。そして、もちろん批判もする。 (Livadas 2005)

ギリシアがＺＰＣに投入した資源について、リヴァダスは「二〇〇四年八月を迎える少なくとも六ヶ月前から、世界中のギリシア大使館の四〇の報道担当部署がそれぞれ数百回ミーティングを開き、ザッペイオンの理念を議論した」と述べている(Ibid)。彼はまた、危機的状況下での効率的運営には資源の充実が重要であることも力説し、大会中は、中継車や編集室だけでなく、七二〇のワークステーションのすべてに「リモコン操作スタジオカメラ三台」を設置したという。こうした特徴のすべてを考えると、ＺＰＣは地元の政治家がジャーナリストに接触するための重要な場を提供しており、さらに、これ以外の設備に予想外の事態が起こった際の非常手段としての役割があることも示した。

④ ブロガーのためのメディアセンター――二〇〇六年トリノ冬季大会

夏季でも冬季でもオリンピックを開催する都市は常に、過去の大会を参考にし、それを上回る大会にすることを目指す。そこで、二〇〇六年のトリノ大会と二〇〇二年のソルトレークシティ大会を比べてみると、非公認メディアへの対応がさらに拡充されたことがわかる。トリノ・ピエモンテ・メディアセンター(ＴＰＭＣ)がジャーナリストのために用意した施設はそれまでの規模を上回るもので、競技を映しだす巨大なスクリーンなど充分な設備が整った広大な記者会見場、コンピュータの無線接続環境、さらには地元料理の数々が揃ったレストランまであった。二〇〇六年までにはソーシャルメディアが台頭しており、トリノは「ポスト・ウェブ2・0時代」の最初の大会となった。オンライン系のコンテンツ制作者やジャーナリストが数多く訪れ、その多くはブロガーだった。この当時、ブロガーの数も増えており、大会組織側にとっては取材報道関係者として充分な実績がある存在となり、従来の活字及び放送ジャーナリストだけでなく、こうした新しいタイプのジャーナリストに公式・非公式の場でどのように対応するかが重要になっていた。とはいえ、ブログはまだ目新しい部類に入り、視聴者の増加につながるほどの人数が利用しているかは定かではなかった。TPMCに集まったブロガーは地元だけでなく、海外からの者もいたが、特に次回の冬季オリンピック大会の開催都市であるバンクーバーのブロガーが多かった。またTPMCでは、通信のプラットフォームが何であれ、海外からのジャーナリストの方が優遇された。これは、国際ジャーナリストを通じて、海外からの新たな観光客を狙う開催都市の意向を反映している。

二〇〇二年ソルトレークシティ大会のメディアセンターとは対照的に、トリノ大会のセンターは冬季スポーツの奨励ではなく、ピエモンテ州という地域の宣伝、特にその文化や伝統、料理を広めることを主たる目的とした。ピエモンテ州のそれまでのイメージを払拭して、脱工業化地域として売り込みたいという意欲がその根底にあった。センターで行われたイベントの中には、大会中IOCがそれほど専有権を主張しないものを利用したのもあった。たとえば、聖火リレーで使われるトーチのデザイナーを呼んだ記者会見が行われている。また、公認プロセスについても統一された連絡システムが作られ、TPMCもトリノ大会の公式組織委員会と連携した。(5) 大したこととは思えないかもしれないが、公認メディアと非公認メディアに対する戦略がより密接に関連してきたことを示している。だが、

ＴＰＭＣのもう一つの特徴は、非公認メディアセンター一般の特徴にもなってきたことだが、このようなセンターを設置するというアイディアが情報通信の変化からというよりは、都市の政治状況から生まれたということだ。トリノ大会関係者はそれより前のオリンピックで類似のセンターを視察しているが、だからと言って、ＩＯＣが開催都市に設置を求める公式のメディアセンターとは異なり、その設置はまだ当然と思われていたわけではない。非公認メディアセンターはまだ、大会運営の成功にぜひとも必要と考えられていたのではなかった。だが、増加するジャーナリストをいかに管理するかは課題となっていた。

⑤ プロのためのメディアセンター――二〇〇八年北京大会

非公認メディアセンターが北京の歴史や文化、社会を世界に広めるのに果たす役割を理解した組織委員会は、「北京オリンピック大会及び準備期間中の海外メディア報道に関するサービスガイド」を作成し、海外メディアのニーズへの配慮を明らかにした。北京オリンピック組織委員会（ＢＯＣＯＧ）はこのガイドの中で、海外メディアの記者に中国国内の二〇〇〇以上の新聞社の記者も加えて、一万人以上のジャーナリストに対応する非公認メディアセンターの設立計画を発表した。非公認ジャーナリストのためのサービスが拡充することを示したものではあるが、一方で、開催都市の自治体と組織委員会の関係が密接になっているというのは、新しいメディア関係者への情報の開放という側面から見ると、必ずしも喜ばしいことではない。何と言っても、ＩＯＣのメディア対応は厳しくコントロールされた形で行われており、非公認メディアセンターを公式の制度内に組み込み、公に見える形にすることは、非公認メディアに対してもアクセスを制限したり、参加の範囲を狭めたりしてコントロールを強めることにつながることになりそうだ。言い換えれば、非公認ジャーナリストのためにも多くの費用が費やされることになれば、放映権を買ったメディアが、投資したにもかかわらず独占権が充分保証されないと感じるようになるかもしれない。つまり、対応を一本化すると、コントロールが厳しくなり、これまでは比較的自由なオリンピック報道の場であったところに制限が加えられることになるということだ。

それでも、非公認メディアの数が増えれば、スポーツ以外のイベントについての報道が拡大し、そうした話題とスポーツを合わせた報道も増えるかもしれず、それは結果としていい方向なのかもしれない。当時、BOCOGのメディア／通信担当副部長の王羽翬は大会中の多様なメディア取材を力説して、次のように述べた。

メディアは大会中、誰が金メダルを取ったのかとか、誰が世界新記録を出したのかだけを報道するわけではない。開催国の自然や開催都市の特色、地元の人びとの生活や人びとがオリンピックにどのように関わっているかについても関心を持っている。

だが、北京大会での出来事でより重要だったのは、組織委員会が非公認メディアセンターを利用できるのは、メインプレスセンター（MPC）や国際放送センター（IBC）には出入りできないプロのジャーナリストのみとしたことだ。非公認メディアセンターへの登録にプロのジャーナリストという資格を求めたのはこれが初めてだ（それまでは、メディア関連組織に属していることを示すだけで充分だった）。これでは、フリーランスのジャーナリストの多くが非公認メディアセンターを利用できなくなる。中国のネット人口の増加を考えれば、非公認ジャーナリストの多くは、記者証を持っているとか、メディア組織からの委任状を持っているかという意味では、プロのジャーナリストではないだろう（China Internet Network Information Center 2007）。これまでは、大会中の登録にはそれほど厳しい条件はなかった。地元自治体がオリンピックに関係ないことでも、国際的組織に取りあげてもらうことで宣伝につなげようとしたからだ。しかし、中国では重要視されなかった。また、これまでは、登録には一五日必要とするというルールがあっても、大会が始まってしまうと、当日に登録できるようになっていた。メディアセンターがそれほど混まなかったというのも一因だ。しかし、中国のセンターではそうはいかなかった。ジャーナリストとして中国に入国するには特別のビザを必要としたが、それが非公認メディアセンターへの登録申請の一部にもなっていた。ということは、大会を取材するために北京を訪れたフリーランスやセミプロの記者の多くが、そこにはまったく入れなかったということである。

3　非公認メディアセンターの共通点

一九九二年から二〇〇八年までの時期は、非公認メディアセンターの歴史の一時代を彩る時期である。センターがオリンピック制度の中でその地位を確立し、専門化も進み、今ではセンターへのアクセスもジャーナリストとして信頼できる組織に所属していることを証明できることが条件となる。バンクーバー大会でもロンドン大会でも、それまでと同規模の非公認メディアセンターが、開催都市からのかなりの支援を元に作られた。リオ大会も同様で、リオ・メディアセンターには大会期間中八〇〇〇人が登録した（Rio Organizing Committee for the Olympic Games 2016）。バンクーバーでのブリティッシュ・コロンビア国際メディアセンター（ＢＣＩＭＣ）はまさに市のど真ん中にあるロブソン・スクエアに設置され、活気に溢れた。二〇一二年のロンドン大会でのロンドン・メディアセンター（ＬＭＣ）も市の中心部、ウェストミンスター地区に置かれた。二〇一四年のソチ・メディアセンターも同じ原則に基づいている。オリンピックのインフラとして非公認メディアセンターがこのような経緯をたどっていることについては疑問もあるが、センターが、開催都市にとって重要な資産となるにつれ、ますます中央集権的に組織化されてきていることは確かだ。ロンドン・メディアセンターの主要スポンサーはクレジットカード会社のＶＩＳＡだったが、同社はＩＯＣのワールドワイドパートナーでもある。この節では、こうした経緯をたどって、個々の出来事の共通点を明らかにし、それが新しいメディアが持つ、破壊的な影響力についての議論にどのような意味を持つかについて検証する。

これまでのところで、大会における他のメディア関連組織とは異なる特徴にいくつかの共通点が見えてきた。第一に、主要な公認会場とは物理的にも組織的にも別の形であるということだ。公認会場は競技場に近接して設置される傾向にあるが、非公認メディアセンターは街の中心部に置かれることが多い。また、非公認ジャーナリストの対応については、組織委員会や国際オリンピック委員会ではなく開催都市の自治体やそれに関係する部署が担当する。そうしたことから、その主眼は、スポーツではなく、地元の魅力、特に観光やビジネスの対象としての魅力を訴えることに置かれる（もちろん、会議場やワークルームには大型スクリーンが設置されて、競技を映しだしてはいるが）。また、ユーザー登録が柔軟であることから、非公認センターには公認施設よりも多様な範囲のジャーナリストが集まり、その多くは主流のメディア組織に属しているわけではない（ここでいう「多様」とは、メディア組織の種類と取材対象の範囲についてのことで、登録している組織や国の数の多さについてではない）。

だが、非公認メディアセンターは必ずしも、「オルターナティブ」、あるいは独立のメディアセンターとしての機能を与えられているわけではない。（Lenskyj 2002; Neilson 2002）そうであれば、「メディアで活動する様々な人びとが参加してオリンピック関連の抗議運動を（公表して）行う組織」を支援する役割を果たすはずだ（Lenskyj 2002, pp. 166-167）。そこにはオリンピックに反対の傾向のある人びとも含まれるかもしれないが、そのために設立された機関ではない。公然とオリンピック反対を掲げるメディアプロデューサーが非公認メディアセンターへの入館許可を求めたり、登録したいと思うかどうかも不明だ。シドニー大会での成功以来、非公認メディアセンターという名称は、大会報道で補助的な役割を果たす、もう一つの機関という意味で使われている。公式のオリンピック規制の外で発展してきたにもかかわらず、それぞれの構造や機能には驚くほどの共通点がある。それらの共通点を明らかにするために、ジャーナリストの背景、場所や施設、記事の特徴、開催都市の組織委員会との関係の深化などについて見ていこう。

主流のメディア組織を代表する公認ジャーナリストとは対照的に、非公認メディアセンターに登録する個人や組織のタイプは、文化、経済の専門誌やコミュニティラジオ局など多岐にわたる。さらに、そこに登録はしても、それぞれの母国ではジャーナリストとしては認められていない、プロとしての訓練を受けていない、ということもある。つまり、彼らがセンターに持ち寄る企画や要望、経験、関心は様々なのだ。センターを利用する人びとは次のようなカテゴリーに分けることができる。

① オリンピックジャーナリストとして公認されているが、非公認メディアセンターの場所、施設、環境の方が便利だと思ったり、そこでのプログラムやイベントにニュース性があると思ったジャーナリスト

② ＩＯＣの公認を受けたメディア組織に所属しているが、人数の割り当てのために個人としてはプレスセンターや国際放送センターに入れないジャーナリスト

③ 公認されていないマスメディア組織から派遣されたジャーナリスト

④ 専門誌の記者やフリーランスのレポーター

⑤ 自らで公開手段を運営しているジャーナリスト

⑥ プロのオンラインパブリッシャーだが、そのプラットフォームでの仕事とオンライン上の個人的なプロファイルでの実績とが不可分な人物

⑦ 大会の別の側面を追求し、伝えることに興味のある、無報酬の「市民」ジャーナリスト

初めの四つはプロのジャーナリスト、残り三つはプロとしての経験は浅いと言える。最後の二つが

現在増え続けているタイプだ。トリノでは初めて、ビデオ・ブロガー（ビロガー）が大勢登場した。①と②のタイプのジャーナリストで非公認施設を利用し始めている数も増えており、そもそもそうした施設の対象であった③から⑦までのジャーナリストらと仕事場を共有するようになった。様々な経歴を持つ人びとが集まり、同じ施設を使い、一定期間集中的に同じ会合に出席するというユニークな状況は、思いがけない効果を生みだす可能性がある。たとえば、小規模な報道機関の関心は大手主流メディアの関心事とは異なるかもしれず、一緒に記者会見に出席することで会見の議題が大きく変化することがあるかもしれない。こうした交流で、マイナーな報道機関が主流メディアのジャーナリストの関心に変化を及ぼすこともできそうだ。

非公認メディアセンターが市の中心部に近いところに設置されるということは、その地域の文化行事や政治機関にも近づけるということだ。さらに、その提供する内容は単に歓迎行事だけでなく、政治的コミュニケーションを図ろうとするものもある。非公認メディアセンターは、設置に関わった組織――地元当局や自治体、企業など――が大会開催のためだけに設立したわけではなく、売り込みのために設立したものでもあって、アクセスの提供だけでなく、ジャーナリストの視野を広げることを狙っている。そのため、地元色が濃く、方法が統一され、どの大会でも似たような施設になるＭＰＣやＩＢＣとは対照的だ。こちらでは、開催地域の文化・社会・政治的側面に絡む話題は通常取りあげられない。

非公認メディアセンターは公認施設と必ず連携するというわけではないが、最近では、開催都市の組織委員会が文化、教育、環境関連での代表として利用されることが増えている。二〇〇〇年シドニー大会以来、公認のメディアセンターでは大きくは取りあげられない文化オリンピアードが、そこでは重要な位置を占めている。また、オリンピック関連で注目されるイベントも多数開催され、冬季オリンピック中の「メダルプラザ」やライブサイトなどのオリンピック関連の情報を入手できる場ともなっている。こうした要素は公認メディア施設ではあまり取りあげられていない。非公認メディアセンターの発展は、オリンピックプログラムがスポーツ競技から、大会中都市全体を巻き込んでの祝祭行事になってきていることを示すものである。

4　新たなメディアの制度化

非公認のオリンピックメディアという背景で、ジャーナリストを整理しておく必要があるだろう。第一に、オリンピックメディアと呼ばれるものを定義し直すと、基本的には次の三つのカテゴリーに分類される。

①　公認メディア（オリンピック会場や、IOCやOCOG運営の公式IOCメディアセンターへのアクセスを許可されたメディア）
②　非公認メディア（開催都市運営の非公認メディアセンターへの登録を認められたメディア）
③　認定外メディア（「独立」あるいは「オルターナティブ」メディアセンターを拠点とする人びと、あるい

は「市民ジャーナリスト」として活動する人びと）

第二に、こうしたタイプのメディアが、オリンピックの根本的な物語性を促進するか、阻害するかについても考慮する必要がある。公認施設では、ＩＯＣやＯＣＯＧが語る公式の物語を伝える。非公認メディアセンターはそれに、開催都市や地域の物語を付け加えるが、それらの物語や公式の物語を補完することもあるし、それと対抗することもある。ＩＯＣ、ＯＣＯＧ、開催都市の自治体は同じ目的を目指すはずだと思いたいが、実際には、それぞれ別の（いい形の）物語を語り、メディアの注目を集める方法も異なる。ＩＯＣにとっては、オリンピック大会は世界に通用するオリンピックブランドを宣伝し、強化するチャンスだ。一方、開催都市の自治体関係者にとっては、大会は地元の歴史や伝統を宣伝する機会であり、グローバルな投資や観光を促進し、国としてのプライドを高める機会でもある。認定外メディアが求めるのは、政治的理念を広めることであったり、地元の人びとの参加を促すものであったりと様々である。

メディアに関連する第三の側面は、オリンピックでのメディア制作のインフラの確立あるいは弱体化のプロセスにおいて、こうしたジャーナリストが果たす役割である。非公認メディアセンターは、オリンピックの公認から外れたジャーナリストを管理するために利用されるという意味では制度化の片棒を担いでいる。管理されないジャーナリストは大会についての否定的な報道で大きな役割を果たすかもしれないからだ。一方、非公認メディアセンターが制度の一員となってしまうと、独占的放映権を持つメディアと対立することになり、せっかくの成功が自らの首を絞めることにもなりかねない。

大会の歴史ではもっとも新しく生まれたジャーナリズム関連組織として、非公認メディアセンターは大会についての報道の仕方に対して問題を提起し、それを通じて、大会が国や国民にとってどのような意味を持つかについても問いかけている。大会が広く人びとに共有されるメディアイベントであることを望む限り、非公認メディアセンターは「スポーツ２・０」と呼ばれる状況に不可欠の存在だ。オリンピックにおけるメディアへのアクセスの民主化を示す具体例となるからである。非公認メディアがウェブで公開したり報道したりする内容について詳しくは知らなくても、このようなメディアがオリンピックに寄せる興味がスポーツに関してのものだけではないことはすぐにわかる。彼らにとってオリンピックが面白いのは、大会が公式、非公式に展開される文化的、政治的売り込みや駆け引きを見せてくれるからである。

5 オリンピックの周縁メディア

最近の大会では、非公認メディアがその存在をますます強めているが、公認メディアと区別される点が一点ある。それは、非公認メディアセンターを拠点として報道するジャーナリストの数には、施設の収容人員という制限以外に何の制限もないということだ。また、レポーターの種類も固定していない。公認ジャーナリストもいれば、非公認の活字、放送、オンラインメディアの記者もいるし、さらにはプロではないフリーランスのレポーターもいる。非公認メディアの組織的インフラも流動的で、次の大会へ公式に引き継ぎが行われるわけではない。施設の設置は状況に左右されるようだが、最近では、以前の大会を視察した結果が反映されるようになった。その中で、常に同様のものを目指すという意欲が生まれてきたようだ。非公認メディア人口の増加はセンターを設置する都市にとっては歓迎すべき状況だが、組織委員会にとってはそれほど重要ではないらしい。しかし、センターのようなスペースを共同で提供して、それぞれに共通する利害を最大化する可能性もあるはずだ。

オリンピックで非公認メディアが発展してきたことで、今後の大会にとっても、またメガイベント一般の主催者にとっても、対応を迫られる状況が生まれてきた。二〇〇六年トリノ冬季大会で、新しく登場したオンラインジャーナリストが低予算でジャーナリズムを展開できる能力が明らかになった。こうしたレポーターたちのニーズや政治的関心は、プロのジャーナリストとは異なる。トリノのレポーターたちの中には、メディアセンターという場に窮屈さを覚える者もいた。場所が固定されると、混乱した大会進行中動きを制限されることになるからだ。ジャーナリストが固定広帯域無線や電源に縛られることがない状況を提供することが、これからの非公認メディアセンター運営事業者にとっての課題となる。そこ自体をニュース性がある場とすることが必要だろう。

さらに、オンラインジャーナリストをどうやって認定するかも運営側にとっては重要だ。オンラインジャーナリストの多くは、記者組合証を持っているといった、従来のジャーナリストの定義には収まらない。トリノ大会以降、非公認メディアセンターのジャーナリストは、プロの公認記者でもフリーランスで活動するプロでもないことが多くなった。かなりの人数が、ブログやオンラインマガジンでかなりのフォロワーがいるという人びとだった。

非公認メディアや新メディアのレポーターたちが出てきたことで、オリンピックのメディアについてのこれまでの理解も変化せざるをえなくなった。オリンピックを組織する側にとっては、こうしたレポーターの登場は資源配分上の課題となるが、オリンピックの理念の観点から言えば、それに合致したことだと言える。オリンピックでのメディアの重要性をメディア企業の利害から考えるのではなく、市民の視点から新たに見直すことにつながるからである。同時に非公認メディアは、オリンピックムーブメントの財政基盤を脅かすことにもつながる。オリンピックは知的財産（たとえば放映権）の販売に依存している。非公認メディアセンターの存在感や影響力が高まれば、オリンピックスポンサーがその機能を制限するか、あるいは取り込むかの方向に動くことが予想される。大会の物語性を統制しようとする圧力がかかり、ＩＯＣと開催都市の契約を通じて、その廃止に動くこともあるかもしれない。

今後オリンピックを開催しようとする都市は、非公認ジャーナリストの役割の活用法を検討し、彼らに大会について語らせる機会を作りだす戦略を考えておくといいだろう。メディア対策は大会期間中に集中しがちだが、多くの非公認ジャーナリストは大会直後に発表する予定で特集記事を書いており、しかも特定のメディアでの発表を争っているわけではなく、締め切りがあるわけでもない。非公認メディアセンターはこうした流れに対応して、ジャーナリストからの問い合わせにも公認センターよりも柔軟に対応できる。オリンピック開催都市について別の側面からのストーリーを提供して理解を深め、地元のことをより公平に伝えることができるのだ。

非公認メディアセンターが提供する環境は、異なるアジェンダや異なる記者たちが交わる場となる。

規制はあるが、センターの名称に五輪マークも「オリンピック」という言葉もないように、公式のオリンピック施設ではない。したがって、公式施設に加えられる厳しい規制の対象にはならない。この差は、新たな物語性を作りだせるか、定義できるかという役割を考えるうえで重要である。また、オリンピックについてのメディア報道の特徴についての理解を深めることもできる。独立系やオルターナティブ系のメディアセンターは時に、反オリンピックの立場をとるものもあるが、本章では、オリンピック開催都市における「補完的な」メディアの場について検討してきた。それは、そうしたメディアの発展の結果、現行のオリンピック制度の中から現在支配的なメディア構造を変化させる契機が生まれていると思われるからだ。非公認メディアセンターの認定プロセスや政府による管理が緩和され、メディアがもっと政治的・文化的イベントにアクセスできるようになれば、規制の厳しいオリンピックメディアの仕組みを迂回して、豊かな報道ができる状況をもたらせられるだろう。

第8章　ソーシャルメディアとオリンピック

1　ソーシャルメディアはオリンピックをどう変えたのか？

非公認ジャーナリストの台頭によりオリンピックの取材範囲が拡大すると同時に、ソーシャルメディアの成長により、オリンピックに関するメディアコンテンツを受けとる場の範囲も変わってきた。この二つの動きは別個のものではあるが、その展開を相互に強化してもいる。本章では、新しい形のオリンピックジャーナリズムとしてのソーシャルメディアに注目する。ソーシャルメディアにはコンテンツと視聴者の参加の双方が必須だが、成功の鍵は、広くメディア業界が正当性や権威、独立性という面で危機的状況にあるという中に潜んでいる。その点では、二〇一二年のロンドン大会の開会式に、ワールドワイドウェブ（WWW）の創設者ティム・バーナーズ＝リーが招かれ、「これはみんなのもの（This is for everyone）」という彼の言葉が掲げられたのも納得できる。この言葉に示された気持ちが、オリンピックニュースの拡散におけるソーシャルメディアの力を示しているように思える。

ウェブの創設以後、ユーザー体験には大きな変化が訪れたが、コンテンツがデジタルで伝達される方法にも大きな変化が起きている。ソーシャルメディアの時代は、二〇〇四年に広く知られることになったウェブ2・0というアイディアを起点としている。この年「オライリー・ネット」大会で、ウェブを巡って新たな労働倫理について議論され、コンテンツ共有技術も再定義された。「ウェブ2・0」という言い方は単に、コンテンツの作成とインターネット上のやりとりの基盤となるアーキテクチャの変更を表しているにすぎないという人びともいるが、倫理的な側面を見ると、ウェブ1・0との違いがより明らかになるだろう。共有という考え方自体、人びとがメディアに期待することに変化が生じている証拠である。情報が一方的に放送される時代とは袂を分かち、コンテンツはみんなのものだという感覚が生まれてきたのである。

ウェブ2・0の元になっているアイディアはソーシャルメディア時代の基調となり、情報をよりクリエイティブに、よりビジュアルに、そしてよりポータブルにするにはどうしたらいいかという課題を含めて、ウェブが人びとのためにできることについての議論を促進することになった。それからまもなく、「2・0」は、ソフトウェアの新バージョンを示す記号であったことから、イノベーションを示す比喩として、オルターナティブな考え方や人間の進化の新たな形を描く言葉として使われるようになった。バラッシとトレーレは、「ビジネス用語としての使い方が」この用語の普及に大きく寄与したと述べている（Barassi and Trere 2012, p. 1282）。この一〇年くらいは、デジタル・デザインにおけるパラダイムシフトを示す言葉としても使われており、ウェブユーザーにとっての変化を考える際に役に立っている。「2・0」という用語を使って大きな反響を呼んだのは、スティーブ・フラーが二〇一三年に出版した『ヒューマニティ2・0』である（Fuller, 2013）。これは、人類進化の条件の変化を論じたもので、コンピュータの能力の増大も一因として取りあげられている。「ウェブ2・0」は、コンピュータテクノロジーの発展やムーアの法則の表れとして広く取りあげられるようになった。さらに、レイ・カーツワイルが今も続けている「シンギュラリティ（技術的特異点）」――コンピュータが人間の知性を上回る瞬間――についての研究によっても知られるようになった。ウェブ2・0関連で起業した人びとの考え方は、人間の発展についての広範な議論とは多少接点がある程度かもしれないが、コミュニケーションと社会秩序についての考え方に注目し、私たちの知っている知識経済に根本的な修正を迫るものではあった。たとえば、ウィキペディアはウェブ2・0時代の申し子だ。それは、多くの人間が書き手になることができ、集合知が個々の専門知識に取って代わる時代である。

ウェブ2・0は新しい種類のワールドワイドウェブである。配信の形も、人びとも、場所も、プロセスも明らかに異なる。新たな環境は、人びとをつなげる能力においてはるかに優っており、消費と生産も簡単、人びとがデジタル資源を使って、クリエイティブに、あるいは政治的、経済的、社会的な目的のために動く方法も変化するだろう。ウェブ2・0はより良いウェブを表すシンボルで、モバイル文化に適したものだ。同時に、知的財産権を将来どう扱うかについての議論が複雑になる場でもある。今のウェブサイトは、誘導、シェア、転載を基盤としてデザインされており、そのブランドIDは、これまでには考えられなかったほどに容易に乗っ取られる可能性がある。それを妨げるのは唯一、周波数帯と、WiFi域外でウェブにアクセスする際のコストだけである。この時期、ウェブ上でコンテンツを共有するために使われるプラットフォームとしてもっとも人気のフェイスブックやワードプレスなどのプラットフォームが登場した。その後の二年の間に、ユーチューブとツイッターも始まった。

これらは、二〇〇六年のトリノ冬季大会に向けての準備期間あたりに起きた変化である。二〇〇六年と言えば、オリンピックで初めてウェブサイトが開設されたアトランタ大会から一〇年しか経っていない。ウェブ2・0はオリンピック組織関係者に対しては、膨大に広がる配信や放送の無限の機会をもたらした。また、一夜のうちにと言っていいほど突然、一般の人びとも自分たちが作ったコンテンツを配信できる手段を手に入れた。観客はオリンピック競技を録画し、それを、違法とはいえ、リアルタイムでウェブに上げられるようになった。すでに述べたように、トリノ冬季大会は非公認メディアセンターの対象にブロガーも含まれることになった最初の大会であった。その二年前のアテネ大会ではできなかったことだ。今では、ソーシャルメディアを通じてのニュース配信がないオリンピックなど、想像するのもむずかしい。

こうした変化は直ちに、オリンピックムーブメントとオンラインユーザーをつなぐことになり、コミュニケーションの方法を変え、ソーシャルメディアの発展を通じて新たな視聴者を開拓していった。

二〇一〇年のバンクーバー冬季大会の頃には、新たなデジタルメディアを巡って二つの動きが見られた。双方ともソーシャルメディアが提供するツールと、ウェブ2・0という新たなアーキテクチャに密接に関連していた。第一の動きは、「ユーザー生成コンテンツ」の増加で、ソーシャルメディアが生みだしたものだ。二つ目は、「市民ジャーナリズム」の広がりで、これは、ソーシャルメディア環境の整備と深く関わっている。本章では第一の動きに目を向け、デジタルコミュニケーションの主流がソーシャルメディアに移行していることについて論じる。ソーシャルメディアはインターネットについての議論ではどこにでも出てくる用語だが、メディアの分類としてはまだ意見が分かれる言葉である。ここでは、ソーシャルメディアがオリンピックのインフラにどのような影響を与えたか、また、それに関わる人びと――オリンピック関係者、アスリート、スポンサー――や、オリンピックへの関心を高めることで視聴者や読者の数を増やしたいと画策するメディア事業者について検討する。

ウェブ2・0とソーシャルメディアはコインの裏表のようなものだ。メディアが、「ソーシャルメディア」という名が示す通り社会的なものになるためには、インターネットのウェブ1・0とは量的に異なる通信プロトコルが必要である。ウェブ2・0は拡張可能なマークアップ言語（XML）を基盤とし、シェア、転載、埋め込みを無制限に可能にするようにコード化されている。また操作も、時には自動的に行えるくらい簡単で、最近のフェイスブックのインスタント記事はその例になる。スウィーニーは次のように書いている。

現在、スマホユーザーがニュースサイト内のリンクをクリックすると、別のウェブページにその記事が現れるまで八秒以上待たなくてはならない。ペースの速いインターネットの世界では、かなり遅いスピードだ。……「インスタント記事」という新たな試みでは、記事は、フェイスブック社によれば、今の（オンライン）システムより一〇倍速い速度でダウンロードされ、フェイスブック内で中断されることなく読むことができるという。

（Sweney 2015）

フェイスブックのインスタント記事機能を早くから採用したのは新聞社（『ニューヨーク・タイムズ』『ワシントン・ポスト』『ガーディアン』『デイリー・メール』など）や放送事業者（アメリカNBCニュース、イギリスBBCなど）だ。インスタント記事の機能は、ウェブ2・0の根底を流れる原則を反映しており、それは、エンドユーザーのためにコンテンツが淀みなく移動できるようにすることで、さらに、配信当初のプラットフォームの限界をはるかに超えて、コンテンツが活かされることを意図している。フェイスブック以外で配信されたインスタント記事もフェイスブック環境に残るため、ユーザーはページをスクロールすればいい。ウェブ2・0が独自のパラダイムであるかどうかについては議論があるが、活字メディアやジャーナリズムにとっての重要性については誰も反論できない。ウェブ2・0のオペレーティングシステムはウェブ1・0の頃からあり、アマゾンやトリップ・アドバイザー、eベイがウェブ2・0につながるパイオニアとなった。また、それがデジタル的参加の中身を変えるかどうかについては、文化研究の分野で疑問視されている。たとえば、もっとも議論されているテーマは、ソーシャルメディア・テクノロジーの普及によって、消費主義の問題が悪化するのか、それとも、市民生活や個人の活動を再活性化させるかということだ。ソーシャルメディアが登場して一〇年以上が経過した今、これについてはその両方が起きると言っていいだろう。ソーシャルメディアは企業に対し、より精巧なマーケティングや宣伝を行う手段をもたらし、ユーザーにより物を売りつけられるようになった。同時に、ユーザーに対しては、自分たちの懸念をより効果的に表明する手段を与えてもいる。

　ウェブ2・0が作りだす文化についての議論は、現在のメディア文化が人びとをどこまで「プロシューマー」に変身させるかという視点に基づいている。「プロシューマー」とは、消費者文化に対抗するもので、消費者が生産手段の一部を担うことに注目した概念である。オープンソースのソフトウェア開発に関わったり、ウィキペディアの項目を編集したりするようなことが、その例だ。より広く言えば、デジタルとの関わりやそれへの参加が、一方向のコンテンツ配信のプロセスから、多対多の双方向へと変化したということである。この新しい形のコミュニケーションでは、個人の限定的配信も多くの視聴者に届き、そのメッセージは個々のユーザーが持つロングテール効果〔ウェブマーケティングの手法を表す言葉で、販売機会の少ない商品でも幅広く取り揃えることで全体としての売り上げを大きくする手法のこと〕によって複数のネットワークにまたがって伝えられていくことになる。というのも個々のユーザーがさらに広い範囲の個々の集合へとつながっていくからだ。ユーザーはそれぞれ、コミュニケーションのリンクとなり、メッセージは拡散する。ウェブ2・0とソーシャルメディアは、個人がジャーナリストとして、また、社会を監視する番犬として、自ら市民たる存在意義を取り戻すためのメカニズムなのである。

　このような話は確かに、インターネットは社会のすべての問題を解決するとした、一九九〇年代のウェブ1・0の話とよく似ている。他業者のコンテンツを共有するというのはつまり、一種の感情労働〔会社などの指導の下、自らの感情を相手の感情に合わせて加工して働きかける職務〕と言えるもので、自らの知的財産の拡散を許すことが組織のために働くことになる。その意味で言えば、ソーシャルメディアでコンテンツを共有することは、大規模なマーケティング事業に参加することと同じである。プラットフォームの違いを超えて、アイディアを簡単に共有できるようになったのは、ウェブで公開するためのアーキテクチャに大きな変化をもたらした。

ウェブ1・0と2・0の大きな違いの一つは、2・0環境ではコンテンツを作成するのに詳しい技術的知識や訓練はもはや必要ないということだ。ウェブサイトを立ちあげるのにプログラム言語は必要でなくなり、ファイルトランスファープロトコルの設計法や利用法を学ぶ必要もなくなった。また、ウェブ2・0時代になると、公開するのに、ウェブサイトの検索を可能にするための知識も必要ではなくなり、高度なビジュアルコンテンツの作成もむずかしくなくなった。こうした作業は新たなソーシャルメディアプラットフォームを通じて、高度な技術を必要としないものとなり、ウェブブラウザさえ使えればできることになった。だからと言って、オンラインで成果を挙げるのに戦略やひらめきは関係ないというわけではない。コンテンツの公開が簡単になったと言いたいだけだ。公開が簡単になったことと、ウェブへのアクセスが容易になったことがおそらく、1・0と2・0の二つの時代を分ける、決定的な違いであろう。

ウェブ2・0時代が自由な創造力を大きく育てたとはいえ、一方で、ユーザーを少数の巨大(新)メディア業者に縛りつけることになり、それらの業者はユーザーの作業をタダで利用して、それぞれのプラットフォームを成功させた。フェイスブックのユーザーが登録情報をアップデートする、コンテンツをアップロードする、あるいは情報をサーチする、こうしたことをする度にデータベースに情報が追加され、フェイスブックはそれを商売につなげられる。つまり、私たちがより自由になったと感じるその裏には、私たちの行動を自らの利益のために利用する組織があり、そうした組織は私たちの価値観について正確に知ることで、さらに何かを売りつけようとしている。ボイルとヘインズは新メディア時代のサッカーについて考える際に、このことについて触れている。二人は、デジタルメディアは「メディアとサッカー業界が初めて出会って以来歩み始めた、商業化への長い道のりの一つの段階を記す」ものだと述べた（Boyle and Haynes, 2004, p. 161）。彼らはさらに、この道のりは、市民性の喪失につながり、デジタル文化のグローバルな広がりは地元サッカーファンの間に培われてきた伝統的なつながりを害するものだと論じている。

デジタル文化は、ボイルとヘインズが研究を発表したときから大きく変わった。ウェブ1・0時代はグーグルやヤフーなどの巨大企業に独占されており、この時代にこうした企業は成長した。しかし、ユーザー生成コンテンツの増加はそうした関係に様々な変化をもたらした。新メディアの巨大企業がその優位を保つための財政モデルは変わらないものの、そうした企業とユーザーの関係は変化している。それがわかるもっともわかりやすい例は、ウェブ2・0時代には、コンテンツを様々な形で公開するのに無料で提供されるプラットフォームを利用できるのに対し、ウェブ1・0時代には、情報発信するウェブサイトとして認められるためにはソフトウェアやオンラインスペースを購入しなければならなかったというところだ。グーグルなどの企業は、少数の人間しか購入できないソフトウェアを提供していた企業に引導を渡した。アドビが提供したクリエイティブなツール――一時期は業界の標準だった――でさえ、今では一括購入ではなく定額制で入手できる。後者の方法ではユーザーは常に最新版を利用でき、さらに年間の料金も安く済む。オリンピックムーブメントにとってのウェブ2・0の意義は、今日目にする、オリンピックについてのデジタル作品の数々に見ることができる。フェイスブック、ツイッター、インスタグラム、スナップチャットなど、グーグルのサーチ機能を必要としない、新たなプラットフォームができている今、グーグルの優位さえ確固たるものではなくなっている。

オリンピック関連のメディアコンテンツを様々なプラットフォームで作成できるようになったことで、観客についても、単にコンテンツの視聴者としてだけでない方法で、大会に巻き込む可能性が生まれた。その一方、知的財産に関する法律に違反するとも思える方法で、多くの人びとがコンテンツを再利用することも可能になった。たとえば、オリンピックを観戦していた人間が、メダルを受けとるアスリートのクローズアップ映像を撮り、それをユーチューブにアップロードしたとすると、それはその人物の観戦チケットに記されていた規約に反することになる。しかし、観客の多くがそうした違反行為について気にせず、あるいは違反行為であると意識していないことは充分考えられる。それによって、意図していた範囲以上にまでコンテンツが拡散したということでもなければ、問題視することもないかもしれない。こうした問題は、ウェブ2・0時代にはさらに喫緊のものとなる。ユーザーがそれで利益を得たのではないとしても、その価値の基盤は、コンテンツをサポートしたプラットフォームにあるとも言えるからだ。プラットフォームが新たな視聴者の関心を惹き、コンテンツ周辺のスペースを宣伝に利用するなどして利益につなげられるかもしれない。そうした行為が、オリンピックを脅かすものかどうかは明確ではない。国際オリンピック委員会はウェブ2・0時代に収入を増加させている。ソーシャルメディアは、テレビの視聴率を下げるどころか、上昇させているようにも見える。このことは、新しいメディアが旧メディアを追い落としたり、急激な変化をもたらしたりするのではなく、プロスポーツ界での昔ながらの資本主義傾向を強化するにすぎないとする主張を裏付けている（Dart 2012）。だが、ＩＯＣはソーシャルメディアでの展開とその他のメディア環境での展開を区別しようとしている。これについては次節で取りあげたい。

2　ブログに関するＩＯＣガイドライン

ＩＯＣが「公式関係者」（一）を対象として「ブログに関するガイドライン」を初めて発表したのは二〇〇八年二月で、大会に関するコンテンツ配信の管理を試みるものだった（IOC 2008）。ガイドライン作成の意図は色々あるだろうが、その目的は、オリンピックのステークホルダーの利害を守ることで、公式関係者が知らないうちに非公式サイトでコンテンツを配信してしまうことを防いだり、「便乗広告《アンブッシュ・マーケティング》」を禁止したりすること（オリンピック公式パートナーの独占権を侵害するような形で、ここに結んでいる契約関係を悪用すること）がその内容となっている。

便乗広告は、大会中よく見られるようになった。たとえば一九九二年、アメリカのバスケットボール選手マイケル・ジョーダンは、チームの大会公式スポンサーであったリーボックのロゴを隠して表彰式に出た。ジョーダン個人はナイキと契約を結んでおり、そちらとの関係を優先したのである。このように、ブログガイドラインは、オリンピックブランドの資産を保護することも目的としており、それが大会の財政基盤を支えている。だが、ウェブ2・0版の便乗広告はそれより絶妙で、ニック・シモンズがツイッターでタトゥーのスポンサーを募ったことがその例になる。ウェブ2・0時代の便乗広告については、後でもう一度取りあげたい。ここではまず、オリンピックにおけるソーシャルメディアの活動条件に影響を及ぼすことになる、IOCのブログガイドラインについて詳しく検討する。

二〇〇八年に出されたガイドラインには、オリンピック関連メディアがオリンピック業界にどのように管理されているかを理解する際に役に立つ、様々な側面が表れている。ここでいう「業界」は、オリンピックのステークホルダー全体を指しており、IOCがオリンピックファミリーと規定しているものだけに留まらない。合法的にオリンピックに関与し、その独占的ブランドを守ることを優先する人びとのすべてを含む。最初のガイドラインを二〇一二年のものと比べてみると、重要な違いがあり、ソーシャルメディアの文化的意義が重要になったことが見てとれる。二〇〇八年版では、ブログは「個人の表現の形式として正当であるが、……ジャーナリズムではない」とされた。ガイドラインではその後、公式関係者の大会中の行動に関する条件が続く。ブログをジャーナリズムではなく個人の表現の一形態とみなしたことで、ガイドラインは意図的に制限を加えるものではなく、柔軟性の高いものとなった(2)。この見方は、あくまでもウェブの自由を主張する人びとからは批判されるかもしれないが、状況的にはこの解釈を裏付けるものがある。

第一にガイドラインは、IOCと、個人的に、あるいは関係する組織を通じて間接的に、何らかの契約を結んだ人びとだけを対象としている。含まれるのは、アスリート、委員会関係者、コーチ、さらに、オリンピック公認を受けた人びとである。一般の人びとのブログを制限したり、人びとがコンテンツをオンラインで配信したりしようとするのを制限するものではない。観客の立場からオリンピックコンテンツを商業利用したり、無料のプラットフォームに競技の様子をアップロードしたりすることを考えているのなら、大会チケットを見てほしい。小さい活字で、この内容らしいことが印刷されているはずだ。たとえば、二〇一二年のロンドン大会では、チケット購入の条件の中に下記のような文章があった。

あなたが撮影した映像、動画、音声録画はすべて、個人や家庭内での視聴のための利用だけに限られます。インターネットやその他の方法を使って、商業的な目的では利用できません。

このような条件は、映画館やコンサートでの録画など、他のイベントでも課せられる条件と合致している。これを不当な制限だと主張するのは無理な話だ。だが、ソーシャルメディアはその条件の限界を試すことになる。競技場の写真を無料のプラットフォームで発表することがその条件を侵害することになるのか、明確でないからだ。プラットフォームはタダかもしれないが、コンテンツは商業的スペースで撮られている。IOCがブログをジャーナリズムの一形態と定義していたら、もっと厳しい制限が加えられていただろう。IOCと放送事業者との契約では、IOCはオリンピックジャーナリズムについての監視が義務付けられているからだ。

第二に、IOCはジャーナリズムとしてのプロの活動と一般人が行うレポートとは区別したいらしいと推測するのに充分な根拠がある。後者は、プロのジャーナリズムに対して期待されるものには制限されない。プロのジャーナリストはジャーナリズムの精神にのっとった行動規範を守ることが期待されるが、一般人は（本来はそうあるべきだとしても）そうではない。この区別が重要であるかどうかがまさに、メディア文化の変化についての議論の中核をなす。近年、ジャーナリストの倫理観が問われたり、市民が責任を持って批判的ジャーナリズムを展開したりするなど、両者の関係が近くなっているのではないかと議論される。時には、市民ジャーナリストの方がプロのジャーナリストより、倫理的で、高い意識を示すこともある。だが、オリンピックという背景では、どれがジャーナリズムで、どれがそれとは別のニュース配信となるのか、その境界線は明確ではない。

二〇一二年ロンドン大会の閉会式に、アスリートがビデオカメラや携帯電話を持ち込み、オリンピックとは何の関わりもない無料のプラットフォームを利用して、周りの様子をライブストリーミングで配信した例を考えてみよう。この行為は、二つの点でIOCのガイドラインに反している。第一に、そのアスリートは自分の経験の個人的記録を取っていたに過ぎず、IOCが認める範囲の行動だったということかもしれないが、アスリートのカメラがもし、何か話題になりそうなことを撮影していたとしたら、その画像はメディアの関心を集めることになり、そうなると、ジャーナリズムの対象となる。そのような話題がなくても、スタジアムにいるスター選手に囲まれたアスリートの視点で撮られた映像は、メディアコンテンツとしては一級の価値があり、スタジアムから遠く離れた公認カメラで撮影された映像より注目を集めるかもしれない。第二に、そのような記事からは商業的な問題が出てくる可能性もある。アスリートが利用したプラットフォームは無料で、そうであれば、アスリートとウェブサイトの間では商業的なやりとりはないわけだが、ウェブサイト自体は何らかの形で運営されている。つまり、そのコンテンツについてのやりとりの結果として、何らかの価値、あるいは金銭的利益を得る個人、あるいは企業が関わっていることになる。

無料プラットフォームを使っての配信もIOCにとっては課題であり、この仮定のケースでは、主要メディアパートナーとオンラインコンテンツについての契約を結んでいるからだ。また、アスリートが個人のアカウントを使って利用した無料プラットフォームには、オリンピックとは関係のない宣伝が多く掲載されているかもしれない。それは、IOCの契約に反する。二〇一二年ロンドン大会では、文化オリンピアード関連のプロジェクトがコンテンツをユーチューブを使ってアップロードした。その映像には開始前に、IOCではなくユーチューブが選んだ宣伝がつけられた。そのような形の宣伝はこれまでのところ、IOCのマーケティング手法には含まれておらず、そういう意味では、消極的な便乗広告と言えるかもしれない。

二〇一二年のブログガイドラインは、ブランドの保護と、オリンピック競技の映像が非公認の人物から配信されることを防止するという二つの点では、二〇〇八年版を踏襲している。だが、大きな違いもいくつかある。二〇一二年版は、ソーシャルメディアの自由の重要性を力説することから始まる。さらに、個人の日記のようなブログとジャーナリズムを明確に区別したいという要望も明らかで、それは、次の文章に表れている。

ＩＯＣは、大会中、参加者やその他公認関係者がソーシャルメディアやウェブサイトにコメントを投稿したり、ツイートしたりすることを奨励する。参加者や公認関係者が個人的に投稿したり、ブログやツイートをしたりすることにまったく問題はない。しかし、そのような投稿やブログ、ツイートは、一人称で語られる日記形式にしなくてはならず、ジャーナリストの役割になってはならない。つまり、競技についてや、他の参加者、公認関係者の行動についてのコメントを書いてはならず、他者や組織に関する個人あるいは機密情報を公表してはならない。この点では、ツイートも短いブログとみなされ、一人称、日記形式というガイドラインに沿ったものでなくてはならない。

（IOC 2012）

第三者としての記述をプロのジャーナリズムの定義とするのは単純すぎるかもしれない。一人称で語られるジャーナリズムも少なくない。ガイドラインでは、それを報道と日記を区別する原則にしているようだが、実際には、ガイドラインの曖昧さによって、区別がむずかしいケースも出てきそうだ。たとえば、アスリートが個人のツイッターアカウントから自分のスポンサーのウェブサイトにリンクを貼った場合、そのツイートがオリンピックには関係のないことでも、ＩＯＣガイドラインに違反することになるだろうか。要するに、オリンピック期間中は、アスリートのソーシャルメディア上のアイデンティティそのものがオリンピック組織の所有物となるのか、それとも、オリンピックに関する内容についてのやりとりだけがガイドラインの対象となるのか、ということだ。二〇一六年のリオでのガイドラインについて再三出た質問についての答えに、新たな指針が示されている。

原則的には、公認関係者が大会期間中ソーシャルメディアを使えるのは、自分の体験を友人、家族、支援者と共有するためのやりとりのためだけであり、商業的目的や宣伝のために使ってはならない。事前にＩＯＣか国内オリンピック委員会から文書で許可を得た場合のみ、公認関係者はソーシャルあるいはデジタルメディア上で、スポンサーについて投稿したり、特定のブランド、商品、サービスを宣伝したりすることができる。同様に許可を得た場合のみ、ソーシャルあるいはデジタルメディアを、大会やＩＯＣと第三者組織やその商品、サービスとを関連づけたり、関連を示唆するような形で利用することができる。（IOC 2015a）

ＩＯＣは事実上、アスリートらが自分たちをオリンピックムーブメントのための大使と考えることを求めており、大会開催中の行動はすべてそのためのもので、アスリート個人の営利追求のための期間とは考えてほしくない。ＩＯＣには――オリンピック憲章に掲げられている範囲以上には――、後者の活動を法的に制限する権限はないかもしれないが、ガイドラインでは、アスリートは大会中、オリンピック関連以外の商業的活動については制限する倫理的義務があるとされている。この制限は行き過ぎのようにも見えるが、大会中にアスリートに注がれる関心は、まさにオリンピックに参加していることに由来していることを考えると妥当であるとも言える。したがって、オリンピックブランドを侵害するような行為は、そのコンテンツがオリンピックの外で生成されたものであっても、このガイドラインに抵触すると考えられる。二〇一四年と二〇一六年のガイドラインを比較すると、アスリートがスポンサーへのリンクを貼るのを禁止するという方針から、事前にＩＯＣから許可を得なくてはいけないという方針に変化しており、より柔軟な対応になっていることが見てとれる。

二〇一六年リオ大会でのガイドラインには、二〇一二年ロンドン大会のものに重要な修正が加えられた。一例としては、リオ大会中は、アスリートのプライバシーを守るための措置として、オリンピック選手村の一部地域が「写真撮影禁止区域」と指定された。二〇一四年のソチ冬季大会で導入された方式である。修正ガイドラインでは、静止画の投稿と音声あるいは動画コンテンツの投稿を明確に区別し、後者は個人的利用に制限され、ソーシャルメディアでの共有も制限された。また、些細な修正ではあるが、最新のガイドラインではデジタルコミュニケーションの範囲がさらに拡大していることを反映して、「ブログに関するガイドライン」から「ソーシャルあるいはデジタルメディアに関するガイドライン」へと用語の修正が施されている。

このように複雑なケースに取り組む際、ソーシャルメディアが特例であると考えてはならない。他の形でも同じような違反行為が起こる可能性はあるからだ。たとえば、オリンピック優勝者が公認放送事業者の番組でのインタビューで、オリンピック公認ではない、個人的なスポンサーの名を挙げて感謝した場合は、ガイドライン違反の可能性が出てくる。ここで再び、ニック・シモンズの例を見てみよう。彼はツイッターでタトゥーのスポンサーを募ったわけだが、このような行為はどのような違反となるか、結論を出すのがむずかしい。これは、オークションで権利を勝ちとった企業が、競り落とした金額の支援を行う見返りに、企業のツイッターアカウントをシモンズの腕にタトゥーにして見せることができるというものだった。アスリートの身体を使ってツイッターアカウントを広めるというのは、オークションで勝った企業にとっては非常にいい宣伝となる。だが実際には、オリンピックでの「便乗広告」の限界を試すという意味では、このケースは大した意味を持たなかった。シモンズ自身が認めたように、タトゥーが非公認の宣伝活動とみなされ、競技中は隠すことを求められたのだった。それでも、競技に出る度にテープを貼ってタトゥーを隠すという行為自体が、アスリートが自らスポンサーを募ることに課せられている規制を観客に思い起こさせることになったと、シモンズは指摘する。ナオミ・クラインの「ブランドなんか、いらない」という主張を思い起こさせる行為である。これは、ソーシャルメディアによってアスリートとスポーツ産業との商業的関係がいかに変化するかを示した新しい例であり、ソーシャルメディアの時代にブランドを管理することがいかに複雑になっているかを表している。また、将来、アスリートの身体のすべての部分が、デジタル広告を通じて営利活動の手段と化してしまうかもしれないことも示している。

ＩＯＣがブログをジャーナリズムではなく個人的表現と定義したことは有益ではあるが、人びとのオンライン活動をこのように定義するのは、オンライン上のコンテンツに込められた文化的意義とは相容れないところもあり、また、メディアコンテンツが場によって変化する流動性を考慮に入れておらず、時を経るにつれ、その文化的・政治的意義も異なることも考えていない。言い換えれば、これまではジャーナリズムについて、それが生みだす確定した最終プロダクツである記事を基盤として捉えていたが、今日、その最終プロダクツは常に動的で、未完成である。そのプロダクツにつける名称や、それに伴う作業も、ジャーナリズムなのか、個人的表現なのか、常に変化する。最初のガイドラインはデジタルコンテンツ生成のすべての形式を「ブログ」の一言に収めてしまっており、人びとがソーシャルメディアに投稿する行動を表現するには不充分である。また、プロのジャーナリストもソーシャルメディア環境に進出していることが、このガイドラインでは充分に考慮されていない。

このように、IOCはまだ——この点で言えば、他のどの組織でも——、ソーシャルメディアがもたらしたジャーナリズムと社会的コミュニケーションの変化に充分に対応できていない。このような問題のいくつかでも解消するためには、社会がブログについてどのように考えているかを理解することが必要だが、さらに、ジャーナリズムが置かれている場と、それを生みだしているコミュニティの変化についても理解する必要がある。ソーシャルメディアプラットフォームで起きていることには、数多くの意味がある。ウェブ2・0が可能にした、終わりのないコンテンツ共有によって、個人が書いたブログはジャーナリスト取材という広い枠組みの一部に含まれてしまった。プロのジャーナリストが取材源として、ツイッターからの個人のツイートを利用するのは今では当たり前だ。このような形のジャーナリズムのおかげで、ツイッターのようなプラットフォームで何を言うか、非常に慎重になる人もいる。さらに、メディア組織も、ユーザー生成のコンテンツを利用して記事を書いたり、話題を発掘したりしている。「ストリファイ(Storify)」の人気がその証拠だ。これは、ユーザーが、様々なソースからコンテンツをドラッグ&ドロップで並べていくだけで、一つの流れのコンテンツを作成できるというソーシャルメディアプラットフォームである。

ソーシャルメディア時代のジャーナリズムの特徴は、観客が自分でジャーナリズム的な作業を行うだけではない。観客がジャーナリズムという作業の一部として、これまでより積極的な役割を演じるようになるということだ。ツイッターのユーザーが、BBCのアカウントをフォローし、BBCが発表したコンテンツをリツイートしたとすると、そのユーザーはＢＢＣのコンテンツをさらに広い範囲のユーザーに広めることになり、ＢＢＣの制作ラインの一部として不可欠な存在となる。この場合、ユーザーの役割はＢＢＣの取材プロセスに参加したというよりは、報道を拡散したということだ。一方、ＢＢＣのジャーナリストがツイッターのユーザーをフォローしていて、ユーザーのツイートが記事のきっかけになり、その話題について話し合うようなことになれば、そのユーザーはジャーナリストの作業に密接に関わることになる。この場合、ソーシャルメディアは個人の日記ではなく、ジャーナリストが現場での取材を通じて掴んでくるようなきっかけに近い。このような例の曖昧さこそが、ソーシャルメディア環境で起きていることの価値や意味について、社会とメディアが未だに一致した考えを共有していないことの表れである。

この例はまた、オンラインでの活動を規制するルールを作ることの正当性についても疑問を投げかけている。それは、日常の社会交流を規制するガイドラインを設定するのに似たようなことだ。もちろん、社会環境で人びとがどう行動すべきかを定める社会規範や法律はある。だが、適切に行動させるために文書でガイドラインを設定する必要は滅多に生じない。さらに、展開の速いオンライン世界でルールを守らせるなど、実際には何の意味もない。アスリートがリツイートしてもいいかどうか、事前にＩＯＣの助言を求めると決めても、そうしているうちにそのリツイートの価値は失われてしまう。ソーシャルメディアでの価値は、リアルタイムでライブ体験をコミュニケートすることにあるからだ。ここでも、ソーシャルメディアの利用をガイドラインで管理することの意味について疑問が生まれる。上から押し付けられるガイドラインは、ソーシャルメディアの価値を脅かすだけではないだろうか。ガイドラインとはそういうものだが、違反行為があるとしても、国際オリンピック委員会も国内オリンピック委員会も常に、ガイドラインに反したアスリートを洗い出して、追及するわけではない。

ＩＯＣのブログに関するガイドラインを理解するには、それがＩＯＣの財産を組織的に乱用しようとする試みからＩＯＣを守るためのものと解釈するのが賢明ではないだろうか。この解釈に従えば、罰則は、自らの商業的利益のためにそのようなプラットフォームを組織的に利用した個人あるいは組織にのみ課せられる。ＩＯＣの注意を引くのはそうした大規模な違反行為であって、軽微な違反行為を犯した個々のアスリートではない。観客による違反行為も、行為の規制ではなく、事後的に対応できる。オリンピックのファンが大会のテレビ放送を録画し、そのビデオをユーチューブにアップロードしたとする。この場合、ユーチューブは視聴覚コンテンツを取り締まるプログラムを使って、そのコンテンツを見つけだし、配信停止にするか、宣伝をつけて利益を得るか、のどちらかの対応をすればいい。こうしたトラッキング装置によって、事業者は法的措置にだけ頼ることなく、複数の違反対策を講じられるようになった。

ＩＯＣが初のブログガイドラインを発表したのと同じ年、イギリス・オリンピック協会が、アスリート向けに同じようなガイドラインを発表した。

オンラインダイアリー（ブログ）――アスリートは、オリンピック大会中、ジャーナルやオンラインダイアリーをウェブサイトに投稿してはならない。そうした行為は、大会についての報道に準じるものとみなされ、オリンピック憲章に認められてはいない。アスリートもその他公認関係者も当然、ジャーナリスト、ウェブエディター、あるいは一般からの質問への返答は、どのような場においても適宜行って構わない。

(British Olympic Association 2007)

二〇〇八年のガイドラインは、ＩＯＣガイドラインよりも厳しく、矛盾するところもあるとして、イギリス国内では批判が広がった。これには個人の自由に関する懸念という一面があった。イギリス・オリンピック協会が特に心配していたのは、国際批判が高まる中で初めて中国で開催されるオリンピックということで、政治的問題に関連してアスリートが故意に利用されたりはしないかということだった。このような協会に好意的な見方に対しては、実際にはアスリートの自由を制限するためのものだとする批判が出ている。オリンピックでイギリスを代表するという契約を受け入れる際のアスリートの行動の自由についての懸念が高まっていたからだ。この点では、ＩＯＣがオリンピックは政治の場ではないという立場を維持するために、大会プログラムを党派的政治問題から遠ざけようとしていることに留意すべきだ。

ジャーナリズムはデジタル時代にその活動を拡大している。それが、ジャーナリズムとは何か、他とはどのように区別されるべきか、どのように規制すべきかについて、新たな問題を生んでいる。そうしたことが、これまで述べてきた論争には表れている。オリンピックでは、こうした問題での対立が顕在化する。様々な政治的利害関係を抱える、新たなジャーナリズムのコミュニティが既存メディアに対抗するように登場してきた。この対立からは新たな問題が生まれてくる。ユーチューブ、フェイスブックなどのプラットフォームは、観客がオリンピック開催都市での出来事を共有するときに真っ先に使うものになっているが、単に見るだけのチャンネルが一つ増えたというわけではない。まったく新しい情報エコシステムであり、コンテンツを求めてアクセスするオンライン環境である。こうした環境は、従来の公認メディアのスペースより自由で、オープンなものになるだろうか。市民ジャーナリストを自認する人びとが増えたら、大会に関するメディア報道も新しい形になるだろうか。プロのジャーナリストの立場は、新しいタイプの登場によって危うくなるだろうか。オリンピックにおけるジャーナリズムはテレビではなく、ブログやポッドキャストによって行われるようになるだろうか。次節では、こうした疑問を取りあげ、オリンピック関連組織がオリンピックに関するメディアコンテンツのすべての所有者としての立場を守るために、ソーシャルメディアプラットフォームでのユーザー生成コンテンツをどうやって商業的利益につなげていくかについて検討したい。

3　オリンピックサイトを利益につなげるには

オリンピック関連のメディアコンテンツ拡大で鍵となるのは、新たなメディア環境でそのコンテンツを利益に結びつける能力がＩＯＣにあるかどうかだ。大会を巡っての分析はスポーツに焦点を当てがちになるが、ここで重要なのは、大会開催に至るまでの七年間に何ができるかである。つまり、大会と大会の間の期間を最大限活用することがＩＯＣの資産管理にとってもっとも重要なのだ。

歴史的に見ると、オリンピック関連の商業活動の管理でもっとも重要なのがＩＯＣのトレードマークである五輪マークの管理である。どの大会をとっても、オリンピックの知的財産権の侵害や、ＩＯＣ、組織委員会、国内オリンピック委員会などによる犯人追及の例に事欠かない。ある小売店はオリンピックに触発されて独自にウィンドウの飾り付けをデザインしたが、結局は撤去を余儀なくされた。二〇一二年のロンドン大会前には、イングランド地域の精肉店がソーセージを五輪の形にして飾ったところ、取り外しを迫られた。このとき、当時ＩＯＣの広報ガイドラインの責任者だったマイケル・ペインは、ルールは「ショーウィンドウに花を五輪の形にして飾った生花店やオリンピックらしく肉を並べた精肉店を閉店させることを意図したものではない。誰でもわかることだ。コカ・コーラ社はスポンサーとしての権利を買い、ペプシは買っていないから、コカ・コーラにソフトドリンクを売る権利があることくらい、人は知っている。それと、どこかのカフェが聖火の形をしたバゲットを出すこととは話が違うだろう」（ペインの発言は Peck 2012 より引用）。

先の例は、ＩＯＣやオリンピック関連組織が商標権の侵害を止めるためにはここまでやることを示している。ということは、オンラインでの侵害も——たとえ軽微な侵害でも——、同じように法的措置が取られる可能性がある。これに当てはまる例としては、http://www.london2012festival.com がある。このアドレスにアクセスすると、「ロンドン２０１２フェスティバル」（ロンドン大会期間中開催される文化オリンピアードの公式名称）のサイトではなく、トレーラーハウスを販売しているサイトにつながってしまうというものだ。リオデジャネイロが二〇一六年大会開催地に決まった直後には、www.rio2015.com というサイトが立ちあげられ、このサイトでは二分割された画面の大きい方にはリオ二〇一六の公式サイトのコピーが貼られ、小さい方に無関係の広告バナーが出ていた。このサイトはすでに閉鎖されている。

組織委員会や国内オリンピック委員会がこうした侵害をすべて追及するかどうかはともかく、インターネットでは、前例が参考にならない、新たなケースが登場している。ＩＯＣにとって肝心なのは、権利保護のためにすべての侵害行為を追及していくのか、それとも、いくつかの例を取り締まることで、それ以上の侵害行為を防ぐ方向にいくのかである。あるいは、オリンピック関連のコンテンツはすべてＩＯＣの財産として、デジタル配信してしまう方法もある。この場合、取り締まりよりも商品化する方が効果的で、効率もいいだろう。実際、ソーシャルメディア環境ではそうした戦略が実施されている。たとえば、ユーチューブ上のビデオで「オリンピック」にタグづけされているものはオリンピックスポンサーの広告を先に見せるというやり方もあるだろう。厳格に「削除」させるより、コンテンツを商品化する方が効果は上がるかもしれない。

ウェブを使ったモデルで最近成功している例には、二つの原則があるようだ。一つは、マーケティングに必要なデータを収集することで、そのデータを第三者に売却し、オンライン内外で製品やサービスの宣伝をする際に活用する形だ。二つ目は（より最近の形だが）、多くの人びとに無料で利用してもらいつつ、少数の人びとには有料でさらに高度なサービスを提供するという形だ。ｅコマースでのこのような「フリーミアム」の典型がグーグルである。探索機能を通じて把握したユーザーのプロフィールデータを集めて、グーグルアナリティクスのようなサービスを、オンラインユーザーにアピールしたいと思っている企業に売り込んでいる。フリッカー、ユーチューブ、プレッジなど新規企業の多くも似たようなモデルを採用している。原理は単純だ。製品やサービスがいいものであれば、多くの人びとが利用するようになり、その中から質の高いユーザーが現れる。そうした質の高いユーザー集団がソフトウェア開発を支援してくれるというわけだ。さらに、そのようなソフトウェアをオープンソースにすれば、企業には、その製品の価値を認め、関心を持っているために、無報酬でアプリ改善のために働いてくれるデベロッパーが多数集まってくる。この原理に従えば、オリンピックムーブメントのデジタルコンテンツの商品化準備は大会開催前の期間に行うべきだ。その時期には、オリンピック関連のコンテンツを探して、クリックが何百万回と繰り返される。それを元にＩＯＣは様々な権利をパッケージにして提供すればいいのだ（ＩＯＣがこれを実現するためにはまず、グーグルのような巨大オンラインメディア企業のスポンサーシップを獲得しなくてはならないだろう）。

商品化の問題に伴うこうした側面には、オリンピックにソーシャルメディアを取り込む背景を理解するきっかけが見えている。もっとも、オープンソースメディアの登場が、ソーシャルメディアの影響力と支配的地位にどのように絡んでくるかを考える方がもっと面白い問題ではあるが、それはここでは置いておこう。オリンピックムーブメントという枠内でこの問題を考える際に具体的に出てくる問題は、社会運動として、どうやってその社会的・人道的目標を表明していくかである。たとえば、デジタルメディアを利益につなげることが、オリンピックムーブメントの精神やデジタル文化の規範と相容れない場合がある。オリンピック関連組織がソーシャルメディアによる資産を企業のマーケティングに利用することはまさに、オリンピックを利益につなげることに他ならない。ソーシャルメディアの活用においては、オリンピック関連組織はしばしばそうしたことをする。次章では、二〇一二年ロンドン大会を例にその状況について論じたい。

4 開かれたメディアの必要性

オリンピック体制にソーシャルメディアを取り込むことについての懸念の一つが、よりオープンな状況へ進むことで、これまで通信チャンネルを独占してきた事業者が危機に陥るのではないかということだ。オープンな状況がもたらすリスクには二種類ある。一つ目は、オリンピックという物語性を管理することへのリスク、二つ目は財政基盤に対するリスクである。この二つは密接に関係しており、大会に関して言えば、独占放映権を持つ事業者の独占の度合いが弱くなれば、事業者が独占権のために大金をつぎこもうとする意欲が削がれるかもしれない。また、大会が作りだす物語性についても独占的に伝えられないのであれば、コミュニケーションの手段としてのオリンピックの価値も失われる。

ＩＯＣはこれまでに何度もメディア対応を改善し、リスク軽減に努めてきた。現時点では、オープンなメディアは知的財産を所有する側の立場を強化してきたように見える。だが、オープンになることで、新たな課題が生まれ、新たな道を模索することが求められているのも事実だ。ソーシャルメディアには他のコミュニケーション様式と異なる特徴が一つある。ユーザー生成コンテンツだ。これが現れるまで、個人が情報の流れの序列を変えてしまうほどの力を持ったことはなかった。今日では、グーグルのようなサーチエンジンを使っての再生という意味では、動きのない組織のドメインより、常に動きのある個人のウェブサイトの方が強力な存在となっている。

ソーシャルメディアが既存の事業体にとって脅威となっているのは事実だが、だからと言って、その事業体がコミュニケーションチャンネルをソーシャルメディアに変換すれば脅威がなくなるというものではない。その事業体がシェアリングエコノミーに参加しなければ、自らのブランドを管理する力を失うだけに終わるだろう。コミュニケーションが私的なチャンネルではなく、公共のスペースで行われるというやり方に順応しなければ、自らの存在を示す機会を逸することになる。だが、メディアチャンネルをソーシャルメディアを通じて行われるインプットに対してよりオープンにすることが重要なのはそれだけではない。インターネットユーザーは一つのプラットフォームから別のプラットフォームへと動き回るということもある。つまり、事業体がフェイスブックのような大手のソーシャルメディア環境に参加していなければ、インターネット視聴者のオンライン体験の場に存在していないことになり、視聴者とのコンタクトが減る。これは、そうした環境で作られた、ユーザー主導のオリンピック関連「グループ」の数を見ても明らかだ。

ソーシャルメディアにこうした側面があるからこそ、変化するデジタルスペースに順応できなければ、事業体は危機に直面する。デジタルプラットフォームに対して戦略的なアプローチがとれなければ、視聴者コミュニティと隔絶されてしまう。IOCのような組織にとっても、これは大きな問題となる。国際的に活動する大規模組織であればどれでも、現行の契約関係を維持しつつ、新たな戦略に取り掛かるというのは大変なチャレンジとなる。それでも、ソーシャルメディアを利用するための実験的なアプローチを追求するのは大事なことだ。新しいメディアからの収入が増加するにつれ、新しいメディアでの権利が含まれていないパッケージの魅力は失せる。この分野で新たな企画を作りだせなければ、IOCがグローバルスポンサーを引き留めるのもむずかしくなるだろう。IOCがこの点を充分承知していることは、オリンピックチャンネルの開設という例によく表れている。

このプロセスではソーシャルメディアに対する信頼が不可欠だ。オリンピックを巡るプロセスのそこここで、コミュニケーションチャンネルの管理権を多少失うことになっても、オリンピックの戦略的目標が弱まることはないという例が見られる。二〇一二年ロンドン大会の開会式予行演習の例を見てみよう。予行演習には、機密事項である内容が漏れるというリスクを伴う。誰かが写真やビデオをソーシャルメディアに投稿すればいいからだ。主催者側がこれを防ぐ方法はなく、主催者と視聴者の信頼関係に頼るしかない。信頼構築のためにロンドン大会組織委員会は、開会式場内のデジタルスクリーン上に「ネタバレはなしですよ」と映して、生で見ている観客に訴えた。また、ツイッターでも「ネタバレなし（# savethesurprise）」のハッシュタグでアピールした。この二刀流の方法のおかげか、人びとのツイートは、開会式の中身についてではなく、見ていない人びとがどんなことを想像しているかについてのジョークの方に流れた。この例では、ツイッターが情報提供ではなく、遊びの道具として使われ、それも大会の物語の一部となった。

5　オリンピック体験を拡大する

すでに見てきたように、オリンピック資産を利益に結びつけようとすると、特にスポーツではない分野の方にその恩恵が出てきそうだ。大会の中でもそうした分野の方が発表するのも柔軟にやれそうだからだ。たとえば、文化的活動、開催都市の環境、ファンが集まりそうな場所、さらに、大会と次の大会の間に起きることなどが対象になる。競技については、メディア制作の形式も契約も決められているが、競技会場の外で起きることにはバラエティがある。それを活かすには、オリンピックを単にスポーツイベントと見る見方から、文化的なフェスティバルと見る見方にアプローチを変える必要がある。開催都市が巨大なスポーツイベントをそのように捉え、デジタルメディアがその利点を大いに活用している例はすでに数々ある。このアプローチは複層的なものだが、ここではまず、三つのデジタル資産を取りあげてみよう。①バンクーバーの文化オリンピアード・デジタルエディション（CODE）のような文化オリンピアード、②フェイスブックのグループ、③ツイッターのアカウントと投稿の三種類である。

文化オリンピアード（CO）は、利益につながるという点では特例である。オリンピックの中心ブランドという枠組みの外で運営されており、知的財産の取り扱いについてIOCが求める規定を巡っては、これまで色々と揉めてきた歴史がある。写真がオンラインで共有されるなどの場合は、写真の所有権も問題にされるくらいだ。文化事業全般の商標権の問題についても例はあるが、特にデジタル文化関連の作品を巡っての問題は何だろうか。これについては、二〇一〇年のバンクーバーCODEプロジェクトを例にして考えて見ると役に立つだろう。これは、主にカナダ在住のインターネットユーザーに対して、それぞれにとって「カナダ」を表す写真の投稿を呼びかけたものだ。いくつもの写真がアップロードされ、編集を経て、CODEのウェブサイトに順不同で並べられて掲載された。アップロードされた写真は組織委員会の所有となった。これは、クリエイティブコモンズによって個人と組織の間で責任を持って著作権を共有するという慣行が普及している中では異例の所有権移譲である。ここでの鍵は編集の役割で、どちらかといえば、「調整する」の方が適切な表現かもしれない。バンクーバー大会は――他の大会同様――、不満を感じていた地元団体からかなりの抗議を受けていたのだが、カナダを祝うためのデジタル表現にはそうしたイメージは含まれなかった。公式のデジタルコンテンツがソーシャルメディアとしての役割を果たしきれないのは、オリンピックが掲げる価値観にコンテンツが合致していなくてはならないことからくる妥協の結果だ。文化オリンピアード開催にあたって、開催都市の自治体は、オリンピックの商標権の保護についてIOCとの契約書に署名しなくてはならない。その結果、コンテンツの中身についても制限が加わるのである。オリンピックを祝うという期間中、開催都市は、その価値観に反するような政治的意見については、表現の自由を守るどころか、進んでその役目を放棄してしまうのである。

第二の例はフェイスブックのグループだ。フェイスブックはオリンピックという背景で検討するのに興味深い対象で、それは、知的財産の管理の流動性を見ることができるからだ。ユーザーが他人が所有するビデオをアップロードすると、フェイスブックはそれを見つけだし、掲載を禁止する。だが、他の組織のエンブレムを使ってグループやページを作ることは、知的財産権の侵害とはなるにしても、可能である。二〇〇八年には二〇一六年大会の開催地決定が行われたわけだが、その際にはシカゴを「支援する」ページが多数作成された。うち一つは立候補担当組織が管理したものだが、それ以外の多くはその組織が管理していたわけではないのに、公式エンブレムを自分たちのページで使用していた。

そのような行為をしても、オリンピック関連組織からの法的措置の対象にならないというのは、公共スペースか、私的スペースかが明確ではないフェイスブック特有の曖昧さに一因があるのかもしれない。違反となるコンテンツでも、それを見ることができるのはフェイスブックのメンバーだけで、厳密には私的スペースでの出来事となる。そうなると、公共スペースと同じ規制の対象ではない。だが、かなりの数の人びとがフェイスブックのメンバーであることを考えると、私的スペースと考えるには無理がある。フェイスブック社CEOのマーク・ザッカーバーグ自身、二〇一三年にプライバシーは「死んだ」と宣言している。フェイスブックが最近、多くのコンテンツを一般に公開していることを見ると、この言葉は特に意味深い。この動きについては、公共スペースではなく私的なスペースとして登録したユーザーのプライバシーを軽視することになるとして、かなりの議論になっている。

ソーシャルメディア・プラットフォームで利益を上げるには、様々なレベルで様々な方法がある。オリンピック組織委員会（OCOG）がツイッターを通じて、公認コンテンツに視聴者を導くという方法もある。スポンサーに対して、あらかじめ合意した、一定の枠組みでのツイートを許可すれば、それによって、スポンサーの知名度をさらに上げることができるかもしれない。フェイスブックのアドセンスを使えば、スポンサーの利益を確保しつつ、アプリのコンテンツ管理機能によってスポンサーが動画や静止画のコンテンツ共有を管理して、IOCのメッセージが届く範囲も広げられるかもしれない。

CODEのようなデジタル資産について言えば、OCOGの新しいメディアインフラが生んだテクノロジーによって知的財産は維持することができた。しかし、それが公共のソーシャルメディアプラットフォームに存在しないということで、コンテンツが拡散する範囲は限られてしまう。さらに、OCOGのウェブサイトに限られている以上、OCOGが存在しなくなった時点で、後に継がれていくものも残らない。デジタルの形で具体的な内容を保管することはできるが、大会後も意味ある遺産を残せるかは保証の限りではない。ソーシャルメディアの時代のコンテンツ保管の意味についての議論は複雑である。ソーシャルメディアとして成功しているプラットフォームの一つにスナップチャットがあるが、これは、コンテンツの配信の方を重視しており、短期間でコンテンツは消去されることになっている。歴史的に見ると、これには相当な意味がある。コミュニケーションを通じて共有された内容の軌跡をたどることができなくなる世界が将来現れるかもしれないからだ。こうした枠組みで軌跡が失われるというのも大変なことだが、三〇年前には記録に残ることさえありえなかった。そう考えると、スナップチャットのアプローチは、私たちの生活について記録に残されるものが多すぎ、残さなくてはならないという強迫観念に抵抗することの大事さを思い起こさせてくれるのかもしれない。日常について限りなく記録することがたどりつく終着点は、何をしていたか思い出せなくなることだ。すでに、私たちが作る動画や静止画のコンテンツの量は作った途端思い出せなくなるほどに、私たちの能力を超えている。常にコンテンツが作成される世界では、思い出す力を失うのも速い。

デジタル文化を理解する助けとなる、こうした具体例には、今後も問題となるような特徴が隠されているのだろうか。コミュニティやブランド、製品との私たちのつながりについて、新しい考え方を示すような傾向があるだろうか。分析しようとしても、二、三年のうちに新しいプラットフォームが登場して、そのような試みは無駄になるのか。ソーシャルメディアの主流は、一〇年後にはどんな形になっているだろうか。フェイスブックは生き残るか。ユーチューブは。ツイッターは。二〇一六年リオ大会を前に、アメリカNBCはコミュニケーション手段として、これまで使っていたツイッターからスナップチャットに移行すると表明している。確かに、若者の多くはすでに、フェイスブックから、一対一の対話が可能なスナップチャットやワッツアップ（WhatsApp）に移っている。誰でも共有できるという方法の人気が落ちているのかもしれない。NBCはソーシャルメディアでも画期的な動きをしてきており、二〇三二年までのオリンピック放映権をすでに取得していることもあって、デジタルの発展については常に敏感に対応しなくてはならない。結局のところ、その時々に人気のプラットフォームに乗っかるという戦略がソーシャルメディア対応のアプローチとしては最善のものかもしれない。そうすれば、常に革新の最先端にいるというイメージも作りだせる。

オリンピックのような巨大イベントの今後について確かなことは、大会開催地は、それ以外の場所でも展開される、より広いフェスティバルの一部でしかないという状況になるということだ。それ以外の場所は、競技場外の場所でもいいし、ソーシャルメディアプラットフォームでのオンラインでも構わない。どのような場合でも、イベントの概念や企画についての考え方は、その場に近いところにいても公認会場には入れない、遠隔参加者の数を考慮に入れたものに変わらなければならない。今後の大会開催組織は、二種類の観客の気持ちに配慮する必要がある。その方法としては、物理的世界とデジタル体験の両方に基づく相乗効果を作りだすのが最適だろう。ツイッターなどのプラットフォームは、人びとが情報やニュースにアクセスする方法を変化させた。また、携帯での利用というのも変化の一つだ。単に、携帯電話で使うという意味での携帯ではない。オンラインであるということは、かつては室内でコンピュータの前に座っているということだった。だが今は、屋外で、動きながら、物理的に場を移動しながら、デジタルインターフェイスができるのである。

6　デジタルでオリンピックを支えるボランティアたち

オリンピックに参加する従来の形のボランティアの貢献と、オンラインでコンテンツ生成を行う人びとの働きには多くの共通点があり、その共通点を探ることには大きな意味がある。オリンピックムーブメントの精神は具体的には、大会を支援しようとボランティアで参加する人びとの気持ちに表れる（夏季大会には七万人ほどのボランティアが必要である）。ボランティア活動に時間を割こうとする人の気持ちを理解できれば、ソーシャルメディアユーザーが大会のためにしてもいいと思っていることが少しでもわかるかもしれない。大会がＩＯＣによる企画、運営、所有のものではなく、ボランティア、または新しい形のボランティアによる企画、運営、所有になったとしたらどうなるだろうか。

オリンピック関係組織内でデジタル環境に応じて、このような変化が起きれば、プラスとなる効果が様々に考えられる。しかし、ここではまず、この動きが最近大成功を収めているアプリが求めていることでもあることを理解しよう。たとえば、ワールドワイドウェブで公開する際に手軽な手段となっている「ワードプレス」を考えてみよう。これは、デベロッパーがプラグインの機能を使って、自分のデザインをアプリに取り込むことを可能にする。ワードプレスはコアのテンプレートの機能に短いコードを組み入れる。これが、ワードプレスをウェブパブリッシングの最大手の一つに押しあげた。使っているのはブロガーだけではない。『タイム』誌のウェブサイトも利用している。

企業は、それぞれのソフトウェアを開放し、ソフトウェア・デベロップメント・キット（ＳＤＫｓ）を使って、第三者による開発を認め始めた。プラットフォームに新しいアイディアを加え、別の環境でも展開することを可能にする方法と考えられるようになったのだ。オリンピックの観客も同じような展開を通じて、プログラム編成において重要な役割を演じられるようになるかもしれない。

オリンピックには、広く人道的な目的を掲げるオリンピック憲章があり、それが他のスポーツ大会とオリンピックを区別する。その目的追求のための手段を持つことはＩＯＣの最大の関心であり、特にメディアが変化している時代にはそうだ。従来のメディアは、ユーザー生成コンテンツの普及と、ジャーナリストの役割やその意識が市民にも行き渡ったことで、危機に陥っている。新聞の購読者数は減り続け、テレビ放送は独占状態だ。ジャーナリズムの実践である報道も、市民による情報拡散に脅かされている。そうしたことから、ＩＯＣとメディア関係者との関係も見直す必要が出てきている。変化する状況に応じたモデルを構築しなくてはならない。

ソーシャルメディアやユーザー生成コンテンツに注目することで、ＩＯＣは、あまりに商業化し、ＩＯＣ専売となってしまったやり方に飽き飽きしている観客に新たな興味を感じさせることができる。ＩＯＣの対ソーシャルメディア作戦を巡る動きにはそんな様子が見てとれる。だが、このような変化がもたらす中にはさらに大きな意味があり、デジタル時代の労働パターンの変化もその一つだ。その変化は制度や一般大衆についての私たちの考え方にも影響を及ぼす。言い換えれば、オリンピックについてのコンテンツの多くが大会の法的権利所有者ではなく、一般の人びとによって生成されるようになったら、社会は、彼らの私的所有の正当性を認めざるをえなくなる。デジタルテクノロジーは活動家の道具だと考えるべきだというのは、そういうことだ。テクノロジーは、制度と個人の関係、あるいは統治する側と統治される側の関係の条件を変化させてしまう。このような活動は必ずしも無秩序を求めるものではないし、社会で優勢な勢力に反対するものでもない。観客が、オリンピックのような社会的産物の制作者でもあり消費者でもあるという前提に基づいて考えなくてはいけないということだ。こうした見方はすでに何年も、メディア制作を動かす原動力とはなってきたが、実際に観客の側に権力を移譲するまでには至っていない。

ステークホルダーや参加するコミュニティに権力を与えるべきだという理由では運営方法を変える動機にはならないとしても、市場シェアの獲得であれば充分な動機付けになるだろう。オリンピックに市場シェアという考え方を取り入れるのは、テレビの視聴率という形ではそれなりにできるが、それ以外では簡単ではない。デジタル時代はこの考え方もまた別な意味を持つ。ページビューや番組の視聴率より、「クリックスルー」〔バナー広告をクリックして広告主のサイトを訪れること〕や「シェア」の数の方が重要、少なくとも同等の重要性を持つようになるかもしれない。視聴者がデベロッパーとなって共に働く場合には、ページビューを増やす機会はとてつもない規模になる。オンラインで開発するという仕組みがそうさせるのだ。一つの製品に関してデベロッパー集団を作れば、そのような視聴者はそのブランドのその後の展開にとって不可欠となり、ブランドの広告塔として重要な役割を果たす。クックリックはこのプロセスを遊び《プレー》と労働《レイバー》を合体させ「プレイバー」と呼び、「このような状況では労働と遊びの関係が変化する」と論じている（Kucklich 2005）。その結果、「消費者が生産過程」に再び組み込まれることになる（Klien et al. 2003, p. 57）。

一つの組織が、一般の人びとをこのような作業に動員する能力には限界がある。それには何百、何千もの人びとの参加が必要であり、一つの企業ではそれほどのマンパワーを用意することはできない。個別の形としてはツイッターがあり、開設以来、ニュースメディアに採用され、ニュース配信の方法に変化をもたらした。新しいメディアの登場が社会に変化をもたらすのかという点から見ても、ツイッターにマスメディア機関の存在が目立つことは重要だ。人気のアカウントの多くはマスメディア機関のものだ。これは、他のソーシャルメディアプラットフォームでも同じである。二〇一六年一月のデータによれば、フェイスブックでもっとも多く共有されたコンテンツのほとんどが、FOXニュース、『ニューヨーク・タイムズ』紙、NBC、『ガーディアン』紙、BBCのものだった（Corcoran 2016）。これらは、ソーシャルメディアが新しいメディア機関としてではなく、新しいメディアとして機能していることを示している。これまでのメディアの形態としては、活字、テレビ、ラジオといった分類が普通だが、ソーシャルメディアプラットフォームの数々も、ソーシャルメディアとして一つの広い分類にしてしまうのではなく、個々に分類されるべきかもしれない。たとえば、ツイッターは広い意味でのオンラインメディアよりも、ラジオ、テレビ、活字メディアの方との類似性が強い。だからと言って、この状況を見ただけで何も変化していないとは言えない。先に挙げたメディア企業は、新しいアプリを採用したにしても、それ以前からの支持者がおり、また、最新のニュースを報道する機関としての評判も確立していた。そう考えると、従来のメディアがこれからも優勢であると予想するのも妥当である。

メディアの変化を確かめるもう一つの方法は、平均的なツイッターユーザーの情報アクセス方法を調べることだが、デジタル時代にニュースソースが細分化してきていることは明らかだ。ニュースを見つける環境も変化しており、ランキングに頼っても何もわからない。たとえば、ツイッターのブラウザ「ツイートデック（TweetDeck）」を使うと、ユーザーはリストによって画面に見える項目を設定できる。そのリストは検索例に現れた関心に応じて編集されている。つまり、ソーシャルメディア時代の特徴は、みんなが使うプラットフォームなどなく、みんなが見るチャンネルもない。私たち自身が作りだすフィルターによって、たこつぼ化状態で生きている。そのような環境では、個人的なやりとりとニュースの境界線は曖昧だ。多くの場合、前者、言い換えれば私信がニュースのように広がっていく。

しかし、ツイッターのようなプラットフォームが、一対一、あるいは多対多のコミュニケーションの新しい時代を告げているとするのは単純すぎるだろう。確かに、最近ツイッターに加えられた「モーメント」というオプションは、ツイッター内で話題のトピックに限られてはいるが、コンテンツを同時に編集できるストリームを提供している（Caddy 2015）。ソーシャルメディアプラットフォームは私的コミュニケーションという考え方から離れていくようで、かなりの数のツイッターは自動的に共有されている。「ＩＦＴＴＴ（If This Then That）」などのアプリは、ユーザーがウェブサイトの

RSSフィードとツイッター・アカウントとにリンクを設定するだけで、コンテンツをツイッターに投稿することを可能にする。多くの人の目には、手間のかかることをしているように見える行為だが、実際はそうではない。人びとの交流にとっては、ソーシャルメディアはいとも簡単に逆効果も生む。ツイッターには開設当初からスパムやポルノ的な内容が後を絶たない。このように見てくると、ソーシャルメディアの普及が最終的にもたらすものは人間同士の交流の消滅、それに代わって登場するのは自動共有システムだと考えるのも無理な話ではない。人気のソーシャルメディアの中にもそのような状況が見えないわけではない。長い間有用なサービスを提供してきたプラットフォームを利益につなげようとし始めたのだ。ツイッター上の宣伝ツイートやユーザーのニュースフィードに現れるフェイスブックの宣伝などである。ソーシャルメディアが示すビジネスモデルは、まずユーザーの関心を引き、そのプラットフォームを毎日利用するように仕向け、そして、習慣という弱みに乗じて画面に宣伝をちりばめるというものだと言わざるをえない。ビジネスになる頃には、ユーザーは人脈の構築などでの便利さでそのプラットフォームに釘付けになっており、商品などのコンテンツも渋々ながら、確実に受け入れることになる。ソーシャルメディアプラットフォームの長期的な目標は、広告媒体としてますます個人仕様になることで、ユーザーが宣伝だとは気づかないようなコンテンツにすることである。そして、ソーシャルメディアの経営者の発言にはさらなる野望が感じられる。マーク・ザッカーバーグは、世界でまだインターネットを使えない地域にインターネットを持っていくことが目標だと述べている。

ソーシャルメディアは、オリンピック関係者のコミュニケーション戦略や周囲のコミュニティをどう動員するかの考え方に大きな影響を与えている。今では、ニュース報道はソーシャルメディアを通じて行われ、そこで新しい視聴者が形成され、新たな収入の道も生まれてくる。この三つの変化こそが、従来のメディア形態からの移行を最大の特徴とするスポーツ２・０の鍵である。次章では、コンテンツや消費者コミュニティの形成に携わる組織を取りあげ、最終章で、市民ジャーナリストという新しい集団が、オリンピックを巡るコミュニケーションチャンネルを左右する存在となってきている状況を論じる。

第9章

ソーシャルメディアの効果
――二〇一二年ロンドン大会のケーススタディ

1　オリンピックに浸透するソーシャルメディア

第8章で述べた通り、オリンピックのメディア関連部署は大会から大会へと、イノベーションをもたらす能力を発揮しており、ソーシャルメディアの利用についてもその能力を活かしている。本章では、ソーシャルメディアを体系的に組み込んだ初の大会である二〇一二年ロンドン大会を例に、そうしたイニシアティブのいくつかを紹介したい。検討するのは、ソーシャルメディアがオリンピックの様々なステークホルダーのキャンペーンに利用された例である。第8章での議論に基づき、ソーシャルメディアプラットフォーム向けに作成されたコンテンツを見れば、ジャーナリズムに起きている変化や、視聴者がジャーナリズム的なコンテンツと意識しているものについての変化もわかると、私は考えている。しかし、それは同時に、ジャーナリズムとエンタテインメントの境界線を曖昧なものにしていることについても考えたい。

多くのポータルメディアが、ジャーナリズムについて一般の人びとがコメントできるスペースを増やすにつれ、そうしたスペースでの議論がメディア文化にも大きな影響を及ぼすようになってきた。それにより、そもそもの報道の役割について、さらにはその延長線上で、その報道の元になっているプロのジャーナリズムの重要性についても疑問が投げかけられるようになった。いい例がユーチューブの「ビデオ返信」で、時には、返信の対象であるオリジナルのコンテンツより視聴回数が多いくらいだ。よりジャーナリズムに近い例としては、オンラインニュースのプラットフォームであるハフィントンポストがある。そのブログには、ジャーナリストというよりは知的レベルの高い一般人といった方がいいタイプが多く登録していて、それを通じてハフィントンポストはかなりの量のコンテンツを掲載することが可能になり、他に寄稿する可能性のあるブロガーも惹きつけている。このように、広く投稿ボランティアを募る方法は、二〇一二年ロンドン大会の前から多くのポータルメディアが採用していた。たとえば、日刊紙の『メトロ』はウェブサイト用のコンテンツ作成に一〇〇人のブロガーを活用した。他には、一般の人びととのコメントへの関心が高いのを利用して、自らのドメインを読者のコメントや投稿記事のために開放したポータルメディアもある。イギリスの『ガーディアン』紙はオンラインで強力な存在となっているが、最近、専門のポータルサイトを立ちあげ、これは実際、ユーザーのためのブログスペースとして機能している。

　こうした変化により、ポータルメディアは数多くの記事を掲載（そして所有）できるようになった。ブロガーに対しても、コンテンツを既存のメディアのドメインに転載することを促すようになり、そうすれば、それが生みだす利益を管理できる。ポータルメディアはこうして、それ自体がソーシャルメディアプラットフォームとなり、今では、コンテンツ掲載も独立系の個々のウェブサイトなどに任せるのではなく、自ら行っている。つまり、ポータルメディアがブロガーの知的労働を乗っ取ったことで、ブロガーの役割はコンテンツの生成ではなく、集約あるいは編集へと変化したのである。投稿者はポータルメディアとこうした関係に入る際に取引をする。たとえば、発表内容については何らかの編集が行われると合意した場合には、投稿者が発表できることに制限がかかるかもしれない。一方、そのような合意によって独立性は薄まるかもしれないが、情報集約に成功した事業体は「関心経済《アテンション・エコノミー》」〔情報発信メディアが増えたことで人々の関心が情報量に対して希少になり、その希少性に価値が生まれ、「交換財」となりうるという概念〕での市場シェアを拡大できる。投稿者にとっての利点は、記事が規模の大きいプラットフォームに掲載されることで、より広い範囲で読んでもらえるということだ。メディア事業体にとっての問題は、自社に関連するコンテンツであっても管理がむずかしくなること、あるいは、ジャーナリズムとしての中身が希薄になることである。

2 ニュース制作者としてのソーシャルメディア

ジャーナリストの役割やその関係に新たな形が現れていること以外にも、ソーシャルメディア向けに作成されたコンテンツは、特にニュース制作についてメディア文化に存在するギャップを見せてくれる。オリンピックでそのギャップが現れるのは、ソーシャルメディアの普及によって、プロのメディアへの懸念が露わになってくるときである。二〇一二年ロンドン大会開会式の夜、ＮＢＣのテレビ生中継方法を巡って不満が高まり、「# NBCfail」というハッシュタグがツイッターに登場した。これは、大会中も、さらにはパラリンピック大会中も続いた（Carter 2012）。批判の中身は生中継が少ない、大会の細部が見えない、さらにコマーシャルに中断されるなどであった。これに応じて、イギリス人ジャーナリストのガイ・アダムスはＮＢＣオリンピックの社長のｅメールアドレスをツイートで公表し、人びとに不満を直接社長にぶつけるよう促した。このためにアダムズは、ツイッターのガイドラインを破ったとして一時的にアカウントを停止されることになった。ところが、今度はそのことが、個人のｅメールは個人のものかどうか、また、ツイッターはそのような状況に関わるべきかどうかについての議論を巻き起こした。ここで興味深いのは、そもそもニュースになる出来事がプラットフォーム上で起こったこと、そして、ツイッターのハッシュタグがすぐにニュースの内容に影響を与えるまでになったことである。「# NBCfail」の一件はユーザー生成コンテンツがニュース項目の設定に影響を及ぼし、さらに、ソーシャルメディア上の出来事がニュース自体を作りだす経過を見せてくれることになった。だが、NBC側の戦略にもそれなりに価値があったに違いない。同じことは二〇一六年のリオ大会でも繰り返され、開会式中継でのコマーシャルの量は再び非難の的となった。

3　ユーチューブ上のオリンピック

オリンピック報道でソーシャルメディアが中心的な役割を占めるようになってきたように、オリンピックのその他のステークホルダーたちの間でもPRやコミュニケーションの手段をソーシャルメディアにまで拡大し、視聴者や顧客に訴える道具として活用するようになった。その結果、そのメディアコンテンツがニュースなのか、それとも宣伝なのかが曖昧になることにもなった。二〇一二年ロンドン大会準備のための七年間、ロンドン・オリンピック及びパラリンピック組織委員会（LOCOG）はユーチューブを使って、オリンピックプログラムの様々な側面を宣伝する映像を流した。映像の数は三五七、大会閉会までに視聴回数は一二〇〇万回を超え、購読契約数は五万二〇〇〇に達した(1)。

コンテンツからはそのような活動の重要性がいくつか見える。第一に、二〇〇八年から一二年の間では活動の焦点が変化しており、それはソーシャルメディアを使ってのマーケティングの手本となるものかもしれない。(2) 二〇〇八年と〇九年、映像は北京大会閉会式でのオリンピック旗の引き渡しと、競技会場の建設状況が中心だった。二〇一〇年になると、映像はボランティア募集（ゲームメーカープログラム）や、人びとにオリンピックを身近に感じてもらうための「インスパイア・マーク・プログラム」など、参加を促すキャンペーンが多くなった。また、オリンピック、パラリンピックそれぞれのマスコットもしばしば登場した。二〇一一年には、映像の多くが大会の主要行事やその流れを見せるものになり、イギリス人選手やセレブが大会への期待を語るようなものも多かった。二〇一二年、「ロンドン2012チャンネル」ではユーチューブコンテンツが組織委員会がアップロードした映像の五〇パーセント以上を占めていたが、その大半は大会やマスコットについての裏話を披露したり、パラリンピックの競技を説明したり、さらに聖火リレーのハイライト場面などだった。聖火リレーの映像の視聴回数ランキングは表9-1に、ロンドン2012チャンネルでの視聴回数ランキングは表9-2に示した。

組織委員会以外に、IOCも二〇〇六年以降、盛んにユーチューブを利用している。本格的にコンテンツを制作し始めたのは二〇〇八年だ。オリンピック競技の内容を、放映権についての合意がない国に伝えるためだが、他では放送されない内容も含まれた。オリンピック開催を巡って都市が争うIOC総会の様子も今ではIOC運営のインターネットで放映される。インターネット放送なのは、総会は興味ある人だけが見るもので、多くの視聴者を見込めるものではないからだ。だが、総会が放送されること自体が、透明性を確保する行為であり、総会での展開のすべてを研究者やメディアが観察できる。また、ソーシャルメディアプラットフォームの無制限のサーバースペースがあれば、さらに

表9-1　聖火リレーの視聴回数ランキング

ロンドン大会聖火リレー68日目ハイライト [ハローからハーリンゲイ：ウェンブリー・スタジアム及びアレクサンドラ・パレス経由。]	86,768
ロンドン大会聖火リレー69日目ハイライト（実際は70日目、ビデオ名に誤り） [イギリス全土を縦横につないできたリレーの70日目。聖火はオリンピック・スタジアムでの夜の開会式に向けて最後の道のりに入った。]	74,105
ロンドン大会聖火リレー68日目ハイライト（実際は69日目、ビデオ名に誤り） [開会式前日の聖火リレー。聖火はカムデンからウェストミンスターまでロンドン中心部の名所を巡る。]	50,259
ロンドン大会聖火リレー第1週目ハイライト [聖火リレー第1週目のハイライト。ギリシアでの聖火採火からランズエンド到着、イギリス国内70日間のリレーの始まりが見られる。]	49,020
ロンドン大会聖火リレー67日目ハイライト [聖火は144人のランナーがつないでいく。ロンドン地下鉄を経て、キューガーデンを巡り、キングストン・アポン・テムズからイーリングへ向かう。]	40,159
ロンドン大会聖火リレー第9週目ハイライト [9週間の聖火リレーのハイライト。全体で1020万の人々が通りに並んで聖火を迎えた。]	39,453
ロンドン大会聖火リレー1日目ハイライト [ロンドン大会聖火リレー第1日目のハイライト。オリンピック・ヨット選手のベン・エインズリーがランズエンドから聖火リレーを開始、冒険家のベン・フォーグルがコーンウォールのイーデン・プロジェクトを走った。]	37,406
ロンドン大会聖火リレー65日目ハイライト [聖火はロンドン・アイに到着、ロンドン市内のレッドブリッジ、バーキング、ダゲンハムを通過。]	34,346
ロンドン・パラリンピック聖火リレー [聖火はイギリス連邦4国（イングランド、スコットランド、ウェールズ、北アイルランド）で採火、デーム・タニ・グレイ＝トンプソンがナレーションを担当。]	31,384
ロンドン大会聖火リレー8週目ハイライト [これまで8週間の聖火リレーの動きのハイライト。イギリス国内を巡った道のりを追う。]	24,458

表9-2　LOCOG制作のユーチューブビデオ視聴回数トップ10

ビデオ名	視聴時間	視聴回数 (2016年2月24日時点)
ロンドン大会「ゲーム開始」	0:22	1,593,514
『マリオ＆ソニック AT ロンドンオリンピック』(Wii)	2:37	1,347,561
プレミアリーグ、トッテナムのサッカー選手たちが、目隠しで PK に挑戦	1:33	946,738
ロンドン大会マスコット・フィルム 1『アウト・オブ・レインボー』	3:43	819,990
ロンドン大会『ロック・ザ・ゲーム』ユーチューブ生中継	0:53	469,169
ロンドン 2012 公式結果アプリ——今すぐダウンロード	1:39	418,086
ロンドン大会マスコット・フィルム 2『アドベンチャー・オン・レインボー』	4:55	415,620
ロンドン大会マスコット・フィルム 3『レインボー・レスキュー』	5:00	394,926
ロンドン大会引き継ぎ式	1:29	374,482
ロンドン大会マスコット・ダンス	0:52	341,620

多くを公開できる可能性を示してもいる。世界では、政府の公聴会や議会での討論が当たり前のように放送されているところもあり、それに呼応するアプローチである。すべてが放送されるわけではないが、このようなプラットフォームが登場する前に世界に伝えられていたことに比べれば、はるかに大量の情報が公開されている。

二〇一六年六月九日の時点で、IOCのユーチューブを利用したチャンネルの視聴回数は五億一六五一万九四七八回、購読契約数は一二五万五一四一となっている。もっとも視聴回数の多い映像は、ウサイン・ボルトが金メダルを取った陸上男子一〇〇メートル走決勝の全場面で、一七〇〇万回以上視聴されている。視聴回数が多いトップ一二は表9−3に示されている。だが、このデータが最初に取られた二〇一三年以降、新たな映像が加えられている（表9−4）。これら映像は現在も視聴できるが、その特徴は競技全体を映したものであることだ。それまでの映像がハイライトだけであったり、スポーツ以外の内容であったりすることを考えると、これは新たな展開である。競技全体を見せる映像の登場はそのスポーツの人気を示すものかもしれないが、同時に、放映権に関する点から見ても興味深い。放映権契約の根本は、一定の領土内での一定の期間の独占放映権、とりわけ生放送の権利である。放送するタイミングが決定的に重要な要素となる。それこそがスポーツ放送を巡る契約の鍵だ。生放送を提供する事業者であることの重要性はここでも明白だ。それは今ではソーシャルメディアの強みでもある。生放送で最大限の視聴者を獲得することが現在のソーシャルメディア戦略の基礎にある。常に情報をシェアできる世の中で、過去を振り返っている時間がない状況では、それは非常に重要な点だ。

表9-3　IOCチャンネルでのユーチューブ視聴回数ランキング

ランキング 2013/2/15時点	視聴回数 2013/2/15時点	視聴回数 2015/1/7時点	ランキング 2015/1/7時点	視聴回数 2016/2/23時点	ランキング 2016/2/23時点
1. 男子100メートル走決勝完全リプレー	5,563,689	12,230,979	1	16,185,018	1
2. 閉会式：スパイスガールズ	5,154,369	8,519,716	2	10,595,427	2
3. 男子200メートル走決勝完全リプレー	2,939,089	5,790,647	5	7,363,451	6
4. 開会式：ローワン・アトキンソン出演部分	2,643,364	6,620,704	4	9,642,314	4
5. 開会式：女王出席部分	2,143,649	5,545,214	6	8,371,936	5
6. 閉会式：クイーン feat. ジェシー・J	2,032,348	3,556,679	8	4,480,563	9
7. 男子100メートル走：ウサイン・ボルト世界記録	1,978,177	3,256,218	9	3,679,729	11
8. 閉会式：エミリー・サンデーのパーフォマンス部分	1,874,432	2,754,528	12	3,008,208	15
9. 男子4×100メートルリレー決勝	1,507,421	4,516,596	7	6,793,140	7
10. 閉会式：テイク・ザット出演部分	1,311,433	2,168,098	16	2,500,196	22
11. 閉会式：ジョン・レノンの「イマジン」演奏部分	1,118,282	1,867,137	20	2,361,926	24
12. 閉会式：『ワンダーウォール』	1,082,778	1,634,888	22	1,877,839	33

表9-4　2013年以降、視聴回数ランキングに加わった映像

ビデオランキング 2016/2/23 時点	視聴回数 2015/1/7 時点	視聴回数 2016/2/23 時点
3.　2012 年ロンドン大会男子バスケットボール決勝　アメリカ対ナイジェリア戦　アメリカはオリンピック大会記録を更新	6,723,417	10,331,798
8.　男子水泳バタフライ 100 メートル決勝　マイケル・フェルプス金メダル	―N/A	4,840,505
10.　ロンドン大会女子体操平均台決勝	2,992,806	4,251,087
12.　男子バスケットボール準々決勝　アメリカ対オーストラリア（USA ブロードキャスト）	2,868,665	3,474,493

ＩＯＣは、競技のすべてを映した記録映像を共有することで、大会終了後もユーチューブチャンネルで利益を上げる方法を見いだした。これは新たな財源となり、新たな視聴者の獲得にもつながるかもしれない。これは、放送事業者が大会放映権獲得に当たって、どれほどの金額を出すかにも影響してくる。大会終了後ＩＯＣのユーチューブチャンネルで見られるとなったら、放映権に高い金を出そうという気も失せるかもしれない。放送事業者にとって大事なのは、生放送ですべてを見せる権利を所有するということだからだ。

ＩＯＣのユーチューブチャンネルの視聴統計からは、さらに学べることがある。たとえば、オリンピックでのセレモニーの大切さで、それは視聴回数にも表れている。だが、同じセレモニーでも、開会式より閉会式の方がデータ的には目立っており、視聴者は開会式の方を見るという通念に反している。二〇一二年のユーチューブ全体でみるとどの映像も目立って視聴されたわけではないが、ＩＯＣの現在の映像カタログでは二〇一二年のロンドン大会の映像が大半を占めているというのは面白い。また、そうした映像にスポーツ競技ではない、寸劇や音楽の部分が目立つというのも面白い現象だ。(3) こうしたことから、組織委員会は、開会式同様に閉会式にも力を注ぐべきだという意見も出てくるかもしれない。だが、そうはならないだろう。なぜなら、生で見る観客がもっとも多いのは開会式だからだ。

4 ロンドン組織委員会のソーシャルメディア活用法

二〇一二年八月、ロンドン大会が閉幕した翌日、アレックス・バルフォアLOCOG委員長は組織委員会が行ったソーシャルメディア関連の活動についてのデータを公表した。それによれば、二〇一二年大会の開催がロンドンに決まった頃に組織委員会の情報ソースを購読していたのは四万六〇〇〇人、それが大会終了時にはeメールのデータベースで五億人に達した。「London2012.com」のユニークビジター数〔重複しない訪問数〕は一億九〇〇〇万、訪問回数は四億三一〇〇万回、ページビューは四七三〇億件である。モバイル機器用に開発されたアプリのダウンロード件数は一五〇〇万回、七カ国で第一位となった。(4) LOCOGが利用した四つのプラットフォーム（フォースクエア、グーグル+、ツイッター、フェイスブック）でのフォロワーは四七〇万人、そのうち、ツイッターとフェイスブックだけで三〇〇万人以上のフォロワーがいた。六年の間にLOCOGが全体的にあるいは部分的に、作成や管理に関わったデジタルプロダクツ、サイト、サービスは七七に及び、その中には次のようなものが含まれる。

「London2012.com」／「Get Set 」（教育関連サイト）／「School Leavers」（新卒者向けサイト）／「Pre-Games」トレーニング・キャンプ案内サイト／「Velodream」大会／「Gamesmaker」（ボランティア）と申し込みサイト（アトス社と共同）／聖火リレー・サイト及び地図／聖火リレー人選プラットフォーム／「London Prepares」ウェブサイト／記念品オークションサイト／オンラインショップ（eコメラ社と共同）／モバイルサイト／人事採用サイト（ODA及びLOCOG）／「Local Leaders」サイト／イベント・データベース及び入力サイト／マスコット・サイト／「Learning Legacy」／「Festival 2012」／「#1yeartogo」ツイッター分析処理／「Young Gamemakers」／チケット申し込み／チケットサイト（入力用 front end html のみ）／施設開放ウィークエンド・サイト／企業向け旅行相談／ツイッター／フェイスブック／ユーチューブ／グーグル＋／フリッカーのアカウント／三種のプラットフォームでの「参加」アプリ

バルフォアは、「主要サイトへのウェブトラフィックの六六パーセントは大会中にサーチエンジン経由で行われ」、「グーグルでは一六日間で一〇回のロゴ変更が行われた」ことを指摘している。さらに、フェイスブックが「検索後にアクセスされた回数がもっとも多く」、フェイスブックアプリはすべてのアプリストアを通じて拡散した。モバイルアプリでは、ＡＲやコンピュータ作成のツアーなどを使って一万五〇〇〇以上のイベントが紹介された。その他、「情報チェックイン、ベストアドバイス、その地域の歴史、天気予報」なども提供され、一〇〇〇万人のユニークビジターが聖火リレーのコンテンツを視聴、うち二五パーセントが地図も閲覧している。モバイルアプリでは、聖火リレーのランナーについてもツイッターとつなげて詳細に紹介した。世界大の広がりという意味で大事なのは、「二〇一一の国・地域の人びと」が閲覧し、「一五五カ国の人びとが我々のアプリを使用」、「イギリス国民の四〇パーセントがウェブサイトを閲覧、また、ウェブを利用できるニュージーランド人の二九パーセント、同じくカナダ人の一九パーセント、アメリカ人の一二パーセントが閲覧した」という数字である。

フェイスブックでは、八つのアカウントを通じて一八六万回の「いいね!」があり、コンテンツは四九〇〇万人のユーザーに視聴され、うち四三パーセントは二四歳以下であったと、バルフォアは指摘している。ツイッターでは、四八の公式アカウント全体（ライブフィードも行うスポーツアカウントが三六、マスコットアカウントが二つ、イベントカメラが六つ）で一九〇〇万人のフォロワーが生まれた。グーグル+は、「式典だけをフォローする」フォロワー数が八一万八〇〇〇、それにより新たなコンテンツが加えられ、開会式、閉会式の裏側を生中継でブログすることも行われた。フォースクエアのフォロワー数は六万だが、一二〇カ国の人びとが「フォースクエア特製のオリンピック及び聖火のバッジをチェックし、すべての観客向けパブリケーションのQRコードもチェックしていた」。「マスコットゲーム」サイトへの訪問数は四〇〇万回、ユーザーによって作られたマスコットは一五万に達した。「ロンドン2012フェスティバル」で最大の成功を収めたのは、アーティストのマーティン・クリードとのコラボで行った「すべての鐘（All the Bells）」プロジェクトで、これは七月二七日の朝、六万六〇〇〇人のアプリユーザーがバーチャルな鐘を鳴らすというものだった。これと並行して、イギリスに住む人びとに何かしらのベルを見つけて、同じ時間に三分間ベルを鳴らし続けるよう促して、オンラインでなくても大会を歓迎する気持ちを示すことができるようにした。

このようなデータを大会別に比較することは、比較の基準が常に変化していることもあって、簡単ではない。それは、フェイスブックなど一つのプラットフォームに限っての比較でもそうだし、まして、業績評価の方法も大きく異なる、別々のプラットフォームにまたがっての比較では当然だ。大会が終わる度に、組織委員会は前大会より多くを達成したと主張するが、たとえば一つのプラットフォームのユーザーの総数といったような、たった一つの要素も共通に扱われてはいない。二〇一二年のフェイスブックの月間ユーザー数は一六〇億万人（Statistica 2016）、二〇一六年には一六五〇億人である。オリンピック組織委員会がソーシャルメディアのユーザーに関するデータを発表する際には、このような単純な比較統計も含まれていないことが多い。

5 ロンドン大会関連組織のソーシャルメディア利用

ロンドン大会組織委員会が行ったソーシャルメディア利用以外にも、地域の関連組織が広範囲に及ぶデジタルコンテンツを作成し、文化オリンピアード期間中を通じて様々な活動を提供した。二〇一二年度の活動であった「インスパイアド」は数々のイベントを組織し、それぞれがウェブサイトやソーシャルメディアを展開し、大規模な組織（博物館、美術館、地方自治体など）が関わったこともあって、ロンドン大会を巡るオンライン活動の主流を成した。バルフォアが示したデータが不充分なのは、「ロンドン2012フェスティバル」などの公式プログラムでも、公式ドメイン以外での展開やデジタルプロダクツを利用したからである。

ソーシャルメディア内での個人のアカウントと組織のアカウントの緊張関係がここに表れている。様々な資源は組織アカウントを支えるのに利用されるが、個人のユーザーにとってのソーシャルメディアの意義は、直接コンタクトし、個人的な会話ができることだ。こうした関係を考慮すると、組織は人が自分の名前を使ってオリンピック関連コンテンツを広められるような支援に力を注ぐべきだと思われる。ロンドン大会を見ると、やり方が良ければ、この方法で成功を収めることができそうだ。「ロンドン2012フェスティバル」のディレクターであったルース・マッケンジーは二〇〇九年にツイッターのアカウント（@ruthmackenzie）を作成し、ロンドン大会組織委員会から任命された後は盛んにツイッターを利用した。フォロワー数は二〇一二年三月から七月の間に倍増している。マッケンジーが直接に、パーソナルな形で交流したことが功を奏してフォロワーが増え、そのフォロワーたちが彼女のコンテンツをシェアしたのである。組織委員会委員長のセバスチャン・コー（ツイッターでは@sebcoe）はロンドン大会では主に象徴的な役割であり、フォロワー数は多かった（三万九七二九）。しかし、内容は個人的な形ではなく、動きもあまりなかった。実際、@ sebcoe では、三月から七月の間にわずか一三回のツイートしか見られず、対照的に @ruthmackenzie では、一四〇〇回のツイートがあった。さらに @sebcoe のフォロワーは同時期三〇パーセントしか増加しなかったのに、@ruthmackenzie は二倍に増えた。@sebcoe は最低レベルの動きしかなく、コー自身ではなくマーケティングチームが主として運営していたのではないかと思わせる。このようなソーシャルメディアの利用はまず成果を生まない。@sebcoe アカウントは——@London2012 アカウントの次に規模の大きいアカウントだったにもかかわらず——、そのポテンシャルを活かせず、大会中にフォロワーを惹きつけられなかった。

ここでのイベント運営の教訓はもう一つ、ブランドはともかく、人びとは他の人びとをフォローしたいのであって、組織のアカウントだけでは満足しないということだ。もちろん、コーのアカウントに比べてマッケンジーのアカウントのフォロワー数が簡単に増加したのは単に、数百から数千に増える方が数千から数万に増えるより簡単だったからかもしれない。しかし、コーのアカウントをもっと盛んに動かしていたら、コンテンツへの注目がもっと増えていたかもしれない。同じことは、組織委員会の中核となる別のアカウントでも起きていた。コーのフォロワーの二割だけでも、そのコンテンツを見てくれていたら、マッケンジーの全フォロワー数よりも多い数になったはずだ。組織委員会が、パーソナルな方法で大会について話を広める機会を逸したのは明らかだ。

大会組織委員会以外にも多くの組織がソーシャルメディアを通じて、大会との関係を宣伝しようとした。そうした組織は「オリンピックファミリー」として一つに括ることができるが、それに含まれるのは国内オリンピック委員会、スポンサー、メディアパートナーたちである。こうしたパートナーの多くが、——国際的にも国内でも——大会中、関心や活動を活発にしようとソーシャルメディアでキャンペーンを展開した。こうした組織がもっともよく利用したプラットフォームの一つがツイッターであり、それは瞬く間にジャーナリズムに不可欠な媒体となっていった。もっとも有名なアカウントのいくつかは公認メディアによるもので、従来のジャーナリズムとソーシャルメディアプラットフォームとの関係が構築されつつあることを示唆した。この関係の意味については二〇一二年大会前に、オヴァイドが次のように論じていた。

ツイッターとNBCの利害関係が、大会中常に一致するかどうかはわからない。NBCは自社のウェブサイトとモバイルアプリにオリンピックのハイライト映像などを載せるつもりでいる。そうした内容は他のデジタルサービスで見られるかどうかわからない。ツイッターが自社のイベントページにオリンピックプログラムを掲載すれば、それはNBCの縄張りを侵すことになるかもしれない。NBCオリンピックの社長ゲーリー・ゼンケルは、どこであってもオリンピックが報道されれば、（オンラインで）視聴者を刺激することになり、NBCとしては助かると語った。

(Ovide 2012)

NBCはすでに何年もツイッターを活用してきた。二〇〇八年北京大会に至るまでの時期にも、オリンピック選手のアカウントのリストを作成したが、そのリストはツイッターでもっともフォローされる結果になった。ツイッターリストは指定した複数のアカウントのコンテンツを一つのフィードにまとめる方法で、ユーザーがコンテンツを見ていくときの助けになる。オリンピック専門アカウントとしてはNBCのアカウントが、フォロワー数で他を圧倒し、二〇一二年大会終了時までには四〇万以上のフォロワー数を誇った（大会開始二五日前には一八万二七八一フォロワーでしかなかった）。一方、@

London2012のフォロワー数は大会終了までに一六〇万（二〇一二年七月二日には七一万八四五四）、@sebcoeは七万三〇〇〇（二〇一二年七月二日には三万九七二九）だった。

ロンドン大会終了後、ＮＢＣユニバーサル社は大々的な視聴者調査の結果を集約、「アメリカ国内でおよそ二億一七〇〇万の人びとがロンドン大会を視聴した結果になり、テレビでのオリンピック観戦としては史上最高の規模となった」ことを明らかにした[5]（Chozick 2012）。同社は――二〇一〇年バンクーバー大会では損失を被っており――、二〇一二年大会の成功はツイッター、フェイスブック、ストリファァイ、アドビ、パナソニックなどのソーシャルメディアと戦略的なパートナーシップを組んだことも一因である。また、オンラインのコンテンツはテレビ視聴に悪影響を与えるどころか、逆に「テレビ観戦を拡大した」という証拠も現れ（Lazarus, Chozick 2012に引用）、ＮＢＣユニバーサル社は閉会式をライブストリーミングで流すことを決定した。

イギリス国内で大会中もっともフォローされたツイッターアカウントは、国内の公式放送事業体であるＢＢＣのアカウントであった。@BBC2012は公式パラリンピック放送事業者であるチャンネル4（@C4Paralympics）と並んで、大会前に急速にフォロワー数を伸ばし、チャンネル4はＢＢＣのフォロワー数を超えたくらいである。普通はオリンピックが大勢の視聴者を集めるのだが、ツイッターではパラリンピックの方をフォロワーする方が多かった。これは、チャンネル4が製作して大きな成功を収めたキャンペーン映像「スーパーヒューマンに会おう（Meet the Superhumans）」によるところが大きいかもしれない。この映像が人びとの想像力をかきたて、二〇一二年大会では何か違うことが起きるのかもしれないという期待感を高めたのだ（4Creative 2012）。障害を違いと捉える感覚は、ロンドン大会でオスカー・ピストリウスがパラリンピックだけでなく、オリンピックにも出場しようと運動したことでも広まった。

今日までに、パラリンピックについてチャンネル4が製作したビデオ――説明つきと説明なしの二種類――のユーチューブでの視聴回数は二〇〇万回を超えた（説明つきが一三三万五四〇九回、説明なしが九六万三二八一回）。同じ映像がチャンネル4や宣伝でも使用され、世界三大広告賞の一つカンヌライオンズ国際クリエイティビティ・フェスティバルでグランプリを獲得した。ビデオの視聴回数はチャンネル4のパラリンピック・ユーチューブチャンネルの他のどの映像もはるかに超えた。なお第二位のビデオの視聴回数はわずか一〇万五三四八回、その次は三万七八〇三回でしかない（二〇一五年一月八日現在）。イギリスの放送事業者二社のオリンピック・ツイッターアカウントの大会前と後のフォロワー数は表9－5に示した。(6)

BBCは、二〇一二年九月二八日にアカウントを閉鎖、本書執筆段階では、チャンネル4のパラリンピックアカウントは続いており、二〇一六年リオデジャネイロ・パラリンピック大会に向けてコンテンツを掲載している。

その他の二〇一二年大会専用アカウントの中でフォロワー数が多かったのは、公式製菓となったキャドバリー社の @CadburyUK（二〇一二年七月一一日時点でフォロワー数四万一五六三）、公式飲料のコカコーラ社の @COKEZONE（同時点で一万五八三九）、そして、@NBCOlympics（同時点で一八万二七八二）などメディアパートナーのアカウントである。フォロワー数はその範囲と重要度を表す一つの指針にすぎないが、大会中の広がりを示すものでもあることを考え、表9－6に最後の統計に表れた

表 9-5　イギリスパラリンピック／オリンピック放送局のツイッター・フォロワー数

	2012 年 7 月 29 日	2012 年 9 月 10 日	2015 年 1 月 8 日
@C4Paralympics	45,233	120,723	103,378
@BBC2012	31,992	92,334	116,729

表9-6　2012年ロンドン大会スポンサーのツイッター・フォロワー数

組織名	2012 年 7 月 29 日	2012 年 9 月 10 日	増加率
@British_Airways	188,950	198,540	5%
@AdidasUK	90,325	124,325	38%
@CadburyUK	48,716	95,828	96%
@SamsungMobileUK	25,073	26,726	7%
@COKEZONE	7,758	21,457	77%
@PanasonicUK	7,724	11,031	43%
@BTLondonLive	3,432	5,726	67%
@EDFEnergy	4,224	5,161	22%
@thankyoumum（P&G）	3,511	4,324	23%
@BPLondon2012	773	1,071	39%
@Omega2012Clock	347	360	4%

実数の順で記しておく。

6　ソーシャルメディアを通じて人びとの感覚を探る

スポンサーらは自分たちのデジタル資産を管理するだけでなく、大会を通じて新たなキャンペーンに乗りだしてもいた。その一つが、イギリスのエネルギー企業のＥＤＦエナジーが行った「国のエネルギー」キャンペーンで、イギリス中から集められたデータに基づいて、ツイッター相互解析を行った。

偶然だが、アーティスト主導の文化オリンピアード「Emoto」――これには私も関わった――も同様のことを試みたが、こちらはイギリスだけでなく世界規模のツイッターコミュニティを対象にした。そのデータやその他の報告から――ＬＯＣＯＧが利用したソーシャルメディア分析プラットフォームのレイディアン６（Radian6）など――、有力なインフルエンサーが浮かびあがってきた。客寄せとしてのセレブの利用である。たとえば、ブリティッシュ・エアウェイズのソーシャルメディア広告では、ポップグループ、ワン・ダイレクションのルイ・トムリンソンが「おもてなしありがとう　ＢＡ」とツイートしたときにフォローはピークを迎えた。ピークとなった日のポスティングはレイディアン６によると一万七九四六、だがリツイートはその後数日続いた。この一言がリツイートされた合計回数は二万八〇九九回となった。ルイ・トムリンソンには五五〇万人以上のフォロワーがいて、これだけでも、有名人とコラボすることが関心やフォローを促す有効な戦略であることがわかる。しかし、もっと面白いのは、それだけのインパクトを持ったのがアスリートではなかったということだ。こうしたことは、IOCのユーチューブチャンネルでもスポーツ以外のコンテンツで繰り返されている。

そうすると、オリンピックに関するソーシャルメディアの世界はアスリートだけでなくアーティストによっても動かされていると言えるかもしれない。アスリートは国内での知名度は高いが、国際的に見ればアーティストの方がよく知られていることからもそう言える。要するに、オリンピック関連のソーシャルメディアを成功させたければ、国際的なアーティスト——主にセレブ——と協力して、音楽やビジュアルアート、あるいはステージパフォーマンスなどを制作してもらうのが得策のようだ。BBCはこの策にのっとり、アーツカウンシル・イングランド（イギリスの芸術支援財団）とパートナーシップを組んで、「ザ・スペース」（@TheSpaceArts）という、画期的なマルチプラットフォームの放送サービスを開設した。これを通じて人びとは文化系コンテンツを、オンラインでも、あるいは、新しく開設されたTV専門チャンネルでも無料で視聴できる。これは、オリンピックの時期の文化イベントとしてはもっとも注目すべき、新たな活動かもしれない。これまで文化イベントというのはライブで鑑賞できる人びとだけが楽しめる、地域限定の活動だったからだ。オリンピック時に専門の文化芸術チャンネルを開設するというのは、オリンピックの歴史上でも前例がなかった。大会終了後はオリンピックの一部ではなくなったが、「ザ・スペース」は新しいアート作品制作を依頼する場として活用された。(7)

**表9-7　2012年ロンドン大会の内容についての
イギリスのツイッター・ユーザーの感覚**

試合日時	好感情	感情を示すタイトル	関連イベント
2012/07/25	64%	今日最も良い気分になった時	イギリス女子サッカーチームがニュージーランドを破った時：68%
2012/07/26	69%		
2012/07/27	64%	最多ツイート数	開会式中の1時間あたりのツイート数：47168
2012/07/28	72%		
2012/07/29	71%	今日最も良い気分になった時	リジー・アーミステッドが自転車ロードレースでイギリス初の金メダルを獲得した時：79%
2012/07/30	68%		
2012/07/31	64%		
2012/08/01	76%	今日最も良い気分になった時	イギリスが女子ボート二人乗りとタイムトライアルバイクで2つの金メダルを獲得した時：76%
2012/08/02	73%	試合で最もがっかりした時	ビクトリア・ペンドルトンとジェス・ヴァーニッシュが自転車チームスプリントで失格となった時：好感情は86%から71%へと15ポイント下落
2012/08/03	76%		
2012/08/04	76%	最も良かった出来事	ジェシカ・エニスが七種競技で金メダルを獲得した時：90%
2012/08/05	76%	今日最も良い気分になった時	アンディ・マレーが金メダルを獲得した時：82%
2012/08/06	74%		
2012/08/07	75%	今日最も良い気分になった時	ブラウンリー兄弟がトライアスロンで金メダルと銅メダルを獲得した時：82%
2012/08/08	73%		
2012/08/09	76%	今日最も良い気分になった時	ウサイン・ボルトが200メートル走で金メダルを獲得した時：76%
2012/08/10	73%		
2012/08/11	73%	今日最も良い気分になった時	モハメド・ファラーが5000メートル走で金メダルを獲得した時：76%
2012/08/12	68%	2番目にツイート数が多かったこと	閉会式中の1時間あたりのツイート数：46080

（出典 EDF Energy of the Nation Report 2012）

国際オリンピック委員会もロンドン大会中は積極的にソーシャルメディアを利用したが、コンテンツを集約することが主な内容だった。ロンドン大会での重要なイノベーションは、http://hub.olympic.org で、これは、IOCのソーシャルメディア用コンテンツが掲載される二大プラットフォームであるフェイスブックとツイッターのアスリート個人のコンテンツを集約したサイトである。

7　フェイスブックの「いいね」

二〇一二年ロンドン大会でのソーシャルメディアの活動規模を測るものとして、ユーチューブとツイッターは確かに強力な要因である。そうは言っても、これだけではたった二つであり、それ以外のプラットフォーム（特にフェイスブックとインスタグラム）や大会関係者が利用したモバイルプラットフォーム（ロンドン2012用のアプリなど）を取りあげないというのは怠慢だろう。これらの視聴者利用度についてはLOCOGの統計に含まれているが、この環境でのオリンピックステークホルダーの活動の幅はさらに広く、その全体を把握するのはかなりの難題となる。

どのスポーツの人気が高いかを確かめるために使える比較可能なデータとしては、アスリート個人に関するところでの「いいね」の数が指標として信頼できる。フェイスブックの「いいね」は、ユーザーがアスリートのページにアクセスし、面白ければそのページの「いいね」アイコンをクリックす

**表9-8　ロンドン大会中のアスリートに対する
フェイスブックでの「いいね」の数**

	国籍	大会中の「いいね」数（概算）	大会終了時の「いいね」総数
ウサイン・ボルト	ジャマイカ	1,000,000	8,100,000
マイケル・フィリップス	アメリカ	850,000	6,300,000
トム・デイリー	イギリス	880,000	1,000,000
ジェシカ・エニス	イギリス	692,300	801,000
ガブリエル・ダグラス	アメリカ	591,000	600,000
ジョーディン・ウィーバー	アメリカ	288,000	324,000
マルセル・グエン	ドイツ	193,000	200,000

（出典 Frank and Williams 2012）

るという形だ。フェイスブックは大会終了後、大会中のフォロワーの増加を示す統計を発表した（表9―8を参照）。このデータの興味深い点は増加した数ではなく、フェイスブックがその増加をどのように解釈して見せたかである。フランクとウィリアムズによれば、「（ジェシカ・エニス〔女子七種競技で金メダル獲得〕やトム・デイリー〔男子一〇メートル高飛び込みで銅メダル獲得〕のような）地元のお気に入り選手がそれぞれのスピリットや頑張りによって大会中は世界で有名になったり、……比較的無名だった選手が勝つことによってスターになったり」した（Frank and Williams 2012）。後者の例としては、「二八万八〇〇〇以上の人びとのハートを掴んだジョーディン・ウィーバー（アメリカ）〔女子体操団体で金メダルを獲得〕を始め、マゼル・ニューエン（ドイツ）〔男子体操個人総合で銀メダルを獲得〕やガブリエル・ダグラス（アメリカ）〔女子体操個人総合で金メダルを獲得〕などがいる。ダグラスは、フェイスブックの「いいね」の数が一万四〇〇〇から大会終了時には六〇万までに増加し、『「人気急上昇」スター賞を受賞した』」。ソーシャルメディアのプラットフォームが単に、ユーザーがコンテンツを投稿するためのサイトではなくなるというのは、こういうところに表れている。集まったデータを元に、社会的・歴史的に重要な物語を語る存在になるのである。そういう意味では、物語の語り手、いやジャーナリストと言えるかもしれない。

8 インスタグラム人気の高まり

ロンドン大会開催の頃には、携帯で写真を共有するプラットフォームであるインスタグラムについても多くの議論が巻き起こっていた。テクノロジーについての助言サイト、マッシャブル（Mashable）は次のように書いている。

ハッシュタグ #olympics に投稿された写真は六五万枚、#london2012 には二六万三〇〇〇枚がアップロードされた。もっとすごいのが、#michaelphelps で共有された写真が二万七〇〇〇枚に達したことだ。人びとがどこから写真を送っているかを見ると、もっとも「インスタされた」場所はオリンピック・スタジアムで七六〇〇枚以上の写真が投稿された。次がサッカー会場となったウェンブリー・スタジアムで三五〇〇枚、三位はオリンピック・パーク内のバスケットボール会場で、二三〇〇枚だった」。

(Laird 2012)

インスタグラムの成功は、二〇一二年四月にフェイスブックに買収されたことも関係し、大会中に使われる写真共有プラットフォームとして確固たる地位を築いたのかもしれない。オリンピックのステークホルダーたちも写真共有にはインスタグラムを優先的に使用することになった。そこがバンクーバー大会とは違うところで、この時ＩＯＣはヤフーと前例のないパートナーシップを組み、同社のフリッカーを使って静止画を発表することにした。ソーシャルメディア担当責任者に任命されたアレックス・ヒュオットはフリッカー、フェイスブック、ツイッターなどにアカウントを作成し、フリッカーにはファンが写真を投稿できるＩＯＣ専用サイトを開設した。そうすると、フリッカーが、ＩＯＣが作った最初のコンテンツ共有サイトとなり、グーグルやヤフーなどの新メディア大企業との提携が当たり前になる未来の到来を告げるものであったかもしれない。

バンクーバー大会は、人びとが許可をとる必要なく、オリンピックスポーツの写真をインターネットに投稿することを、ＩＯＣが積極的に呼びかけた最初の大会でもあった。それまでは大会でそのようなことがあると、ＩＯＣは知的財産権の侵害と捉えて、写真の掲載停止と取り下げを求める手紙を撮影者に送っていた。バンクーバー大会以後、コンテンツが明らかに商業目的である場合を除いて、そのようなことは行われていない。さらに、バンクーバー大会はプロのフォトジャーナリストの時代の終わりの始まりを告げていたのかもしれない。ブロガーには嬉しいことだが、携帯電話のカメラでも印刷に耐えるレベルの画質の写真が撮れるようになったからだ。たとえば、二〇一三年三月三一日の『ニューヨーク・タイムズ』紙の一面を飾った中には、最初はインスタグラムに投稿された写真も含まれていた。その写真を撮影したのはプロのカメラマンだったが、インスタグラムの写真を『ニューヨーク・タイムズ』の紙面に取り込むという行為は、プロの写真撮影を巡る状況の変化を表すものだろう。このことについて、写真を撮ったカメラマン、ニック・レイハムは次のように述べている。

ロッカールーム内のシャワー室で、ニューヨーク・ヤンキースの選手の写真を、iPhoneで撮ったのは私だ。狙っていたわけではない。写真スタジオで撮影するか、シャワー室で撮るかのどちらかの選択となり、後者を選んだのだ。朝六時、フロリダ州タンパにあるニューヨーク・ヤンキースの春季キャンプのトレーニング施設の狭い場所に他の何人ものカメラマンと並んで、何とか自分の場所を確保した。下に並べたのが、その時にiPhoneで撮って、インスタグラムで処理した写真だ。

(Shapiro 2013)

二〇一二年ロンドン大会はソーシャルメディアをいかに大会に組み込むかの基準となった大会だった。視聴者とのコミュニケーションの原則がデジタル時代には変化してきていることを見せてくれた。この大会の教訓は、ソーシャルメディアの成長を過小評価してはいけないということだけではない。ニュースの配信方法が変化し、また、コンテンツのジャンルの境界線が曖昧になっていることにも留意しなくてはならない。ソーシャルメディアは、オリンピック業界がムーブメント——様々な利害関係や社会的に有意義な関心を持っている人びとが広く参加する動き——として適切な役割を果たすことを可能にしてくれる。次章ではこの点についてさらに詳しく論じ、オリンピック大会期間中のオンライン活動の片隅で起きていることに目を向ける。すなわち、市民ジャーナリストの存在である。

第10章

市民ジャーナリズムとモバイルメディア

1　市民ジャーナリズムとは？

ソーシャルメディアの台頭は、オリンピックの演出とその報道の仕方に新たな課題と、同時に機会ももたらした。観客やファン、様々な活動家らが大会にどのように関わるか、仲間同士の交流や、単にスポーツを楽しむなど、その方法も広がった。ソーシャルメディアはテレビ放映権を持つ放送事業者の優位を強化することにもなった。ソーシャルメディアの利用と合わせた方が、テレビの視聴時間も増加するからだ。このように見ると、ソーシャルメディアや（広義の）ユーザー生成コンテンツの共有は、オリンピック業界の目標にとって障害になるものではない。だが他方で、ソーシャルメディアは、オリンピックムーブメントを巡るビジネス界のステークホルダーの種類には変化をもたらしており、そうなると、オリンピックの伝え方も変化する。今では、ファンは単にテレビを見ているだけではない。モバイル機器を使ってオリンピックに関するコンテンツを作成し、大会についての世界規模の交流に加わることができる。この交流はインターネットのあらゆる場に広がり、オリンピックのメディア構造は拡大している。

もちろん、コンテンツを共有する人びとがすべて、オリンピックの理想を追求しているわけではなく、大会をお祝いしようという気分でいるわけでもない。中には、オリンピックの持つ物語性に抵抗するためにソーシャルメディアを利用する者もいる。本章では、オリンピックを巡るメディアコンテンツ生成の新たな展開を取りあげ、メディアの新たな利用法によって、厳正に管理されてきた大会のメディア環境が変わってきている様子について考える。簡単に言えば、非公認ジャーナリストがプロのジャーナリストの新しい姿を代表しているのと同じく、「市民ジャーナリズム」は新しい種類のアマチュアの登場を表していることを論じたい。それを通じて、メディアの生産と消費が、バーチャルな世界と物理的な世界の統合と共通の目的意識に基づいた「コミュニティの再生」(Jankowski 2006, p. 55) の一翼を担っている様子を説明する。バーチャルな環境が増大すれば、メディアコミュニティが物理的に存在する必要が失われるように思えるかもしれないが、最近の大会での例を見ると、むしろ逆であることがわかる。こうした変化を検討するため、本章ではまず、二〇一〇年と二〇一二年の大会でのメディアのオルターナティブな展開に焦点を当て、次に、それがオリンピックメディア全体に持つ意味について論じる。

私がここで使う「市民ジャーナリズム」の概念は、特に政治的左派を指すもので、こうした人びとは元々メディアの現状には批判的だ。キムとローリーも、市民ジャーナリズムを実践する人びとは、従来のメディアへの不信感や改善の必要性を訴える政治団体を支持する傾向があるとする（Kim and Lowrey 2014）。この特徴に従って、私は、市民ジャーナリズムと非公認メディアセンターに集まるジャーナリストたちも区別したい。後者はオリンピックを祝う方法を拡大しているにすぎないからだ。市民ジャーナリズムのようなオルターナティブなメディア――ジャーナリズムの一つの形態――は、ソーシャルメディアの台頭で危機に陥る可能性もある。ソーシャルメディアがそれまで占めていたスペースを埋め尽くしてしまうかもしれないからだ。ソーシャルメディアプラットフォームでのトラフィックが増加すれば、オルターナティブメディアがこの枠組みの中で活動することはむずかしくなり、また、この枠組み自体が批判の対象ともなってくる。一方、インターネットの普及や、自主出版、編集の機会の民主化は、オルターナティブメディアのプロ化ももたらした。『ハフィントンポスト』や『ザ・カンバセーション』などの事業者は新しい種類のオルターナティブメディアに資金をもたらしたが、これらの巨大メディア企業は報道の自由を損ねていると、批判の対象にもなっている。同じような展開は、組織化が進んでいない、政治的傾向も様々な、市民主導のジャーナリズムでも起こりうる。

オリンピックにおける市民ジャーナリズムのソーシャルメディア利用を検証することが有益なのは、オリンピックが単なるスポーツ大会ではなく、社会運動として意識されているからだ。したがって、ソーシャルメディアを巡ってのオリンピックの変化とメディアの変化には共通点があるはずだ。レンスキーによれば、大会では時に、一時的ではあるが、従来のメディア監視組織や独立系のメディア組織による具体的なキャンペーンに対抗して声を上げる組織が出てくることもある（Lenskyj 2006）。しかし、世界でもっとも厳正に管理されているメディアコミュニティを根底から揺るがすのは簡単ではない。レンスキーは、オルターナティブメディアは、大会についての人びとの会話に大きな影響を与えられるかもしれない、特にデジタル世界ではマスメディアの影響と同じくらいのことができるかもしれないと述べている（Ibid.）。インターネットは、様々なメディアが公平に政治的影響力を行使する機会を作りだしているとも言える。

本章では、オリンピック業界の周縁で活動する個人や組織によるソーシャルメディアの利用に注目する。そうした個人や組織は完全にオリンピック業界の外に位置するわけではないし、業界批判を試みても外からはインサイダーだと批判される。これ以上論を進める前に、このようなメディアの傾向を「オルターナティブ」と呼ぶことの問題点について触れておきたい。「オルターナティブ」という言葉はそれだけで、そう形容された対象を周縁的な立場に位置づける。したがって、私の考えでは、この種のメディアの活動はオリンピック公認メディアを補完するものと考えた方がわかりやすい。[1] すでに示したように、オリンピックメディアにこうした二面性がなければ、オリンピックは自らを社会運動だと主張することはできない。

オルターナティブメディアをより適切に表す形容詞は「現状破壊的《ディスラプティブ》」の方かもしれない。このメディアが目指すのは、オリンピック関係者が発し続ける、お祝い気分だけのメッセージに亀裂を生じさせることだからだ。現状破壊的なメディアの実践例は、オリンピックの周縁に位置するアーティストの活動によく見られる。二〇一二年ロンドン大会開催前のイギリスでは、政府機関の「アーツカウンシル・イングランド（ACE）」が支援した活動がそうだった。ACEは二〇一二年ロンドン大会に関連したプロジェクトに公的資金を提供した。アーティストの中には、それ自体が破壊の意味を減じさせると批判するだろうが、資金を受けたアーティストが思想的、あるいはクリエイティブな面で制限を受けたかどうかは簡単には論じられない。ACEのプログラムは明らかにオリンピックに批判的だとか、協力したアーティストが大会のお祝い気分を損なうことを目的にしていたということではない。実際には、そのような関係の中に自制を求められる雰囲気はあった。大手の組織は政治的関係への影響に配慮して、オリンピックを批判することには及び腰になるだろう。

オリンピックを批判した作品もあり、それらはオルターナティブメディアの現状破壊的な役割を充分に示している。アートが広い意味でオルターナティブメディアのカテゴリーに含まれていいのかどうかについては議論もあるだろうが、大事なのは、アートも意見表明同様、メディア領域で行われるもので、アートワークもメディアの産物であることだ。そう考えると、アートワークはネットワークの外に存在すると見ることに意味はなく、さらに、訴える力が強いメディアプロダクツはアートワークにますます近づいている。二〇一二年ロンドン大会開催前にイギリスのチャンネル4が展開した「スーパーヒューマンに会おう」コマーシャルがその例かもしれない。オルターナティブメディアが作成するコンテンツがオリンピックのステークホルダーと関連することもあるが、その内容は、IOCやその他開催関連組織が決めたオリンピックの優先目標やスポーツを宣伝することとは関係ないことが多い。こうした例も、オリンピックに関するオルターナティブな物語性と言えるかもしれないが、私が特に興味を持っているのは、大会に対して明らかに政治的に対抗する作品である。総体としては、これらを「便乗メディア」と分類してみたい。オリンピックプログラムの中のスポーツ以外の側面に人びとの関心を集めるものであり、しかも、大会への注目に便乗してそれを行おうとするものだ。便乗広告のやり方に似ているが、メッセージの増幅を狙うのではなく、従来のメディアが占めていたスペースを占領してしまうことを目的としている。

オルターナティブメディアも、作品は主流のソーシャルメディアに位置づけるが、マスメディアの行動とは異なると考えていいだろう。メディアは一般的に、コミュニティの生成と再生を担う存在だが（Jankowski 2006）、市民メディアと市民ジャーナリズムの分野では、その役割に明らかに高い優先順位が置かれている。市民ジャーナリズムのルーツは、オルターナティブメディア、コミュニティメディア、草の根ジャーナリズムなどの関連用語にあり、こうした形態のメディアはソーシャルメディアの台頭に伴って、盛んになってきた（Allan and Thorsen 2009）。

モバイル機器の普及により、プロのメディアが使っていたテクノロジーが一般でも使われるようになり、広帯域のスピードも高速化、3G、4Gの衛星信号や無料のアプリが増えるなど、普通の消費者が商業放送レベルのテクノロジーを利用できるようになった。これらにより、市民が偶然、あるいは意図的にジャーナリストの役割を演じられるようになり、文章、動画、静止画などを使ってのニュース製作に関わるようになった。市民ジャーナリズムの登場は、ベケットが言う「ネットワーク化されたジャーナリズム」（Beckett 2008）の輪を完結させた。これまではトークショーやコメントを通じて、組織化されたジャーナリズムによるニュースの受け手となっていただけの存在だったのが、今や市民ジャーナリズムはプロのジャーナリズムの一部となった。それだけでなく、「破壊的ジャーナリズム」として独自の立場を築き（Beckett and Ball 2012）、ニュース製作が行われるオルターナティブな社会的スペースとして確立した。中には、組織的で、プロのジャーナリズムの倫理観を掲げるものもあるが、管理や上下関係、状況の制約から自由という意味で、いわば「ワイルドな」ジャーナリズムの形をとるものもある。このような新しいタイプのジャーナリストの発展は、二〇一〇年バンクーバー冬季大会から始まった。

2　オリンピックの第五階級
——二〇一〇年バンクーバー冬季大会

バンクーバーオリンピック組織委員会（ＶＡＮＯＣ）は、ソーシャルメディアの発展に大きく影響を受け、それらのプラットフォームをプログラムに取り入れた最初の組織委員会である。そうなった理由は、開催都市と組織委員会の歴史に隠れている。ＶＡＮＯＣが組織された二〇〇三年には、今日大成功を収めているソーシャルメディア企業の多くが生まれた。ＶＡＮＯＣも市民も、この偶然の流れが生んだ恩恵にあずかることができた。市民が文化面で独自の貢献を行ったことも忘れてはならない。二〇一〇年、大会開催前にリチャード・フロリダはバンクーバーを「第一級のクリエイティブ・クラス」〔脱工業化した都市で経済成長の鍵となる新たな社会経済学上の階級のこと〕と呼んだ（Florida, Ravensbergen 2008 で引用）。ウェブ２・０から生まれたアプリでもっとも成功しているのが写真共有プラットフォームのフリッカーとソーシャルメディア管理ツールのフートスイート（Hootsuite）である。今では世界的な成功を収めているこの二つは、オリンピック招致を計画中だったバンクーバーで誕生した。つまり、バンクーバーは、デジタルコンテンツを大会の核心に取り込める都市だったのだ。さらに、誘致プロセスの初期段階から、組織委員会レベルでブロガーとの連携に助けられた大会でもあった。しかし、当時のバンクーバーの政治状況によって、新しいメディアはすぐに細分化され、オリンピック大会中は六つのメディアセンターが運営される事態となった。バンクーバーのデジタルエリートらは大会に積極的に参加したのだが、その方法や目的はバラバラだった。

まず、私がファーストメディアのスペースと呼ぶもので、これはオリンピック競技場運営の一部としてＶＡＮＯＣが開設した公式メディアセンターを指す。次に、セカンドメディアは開催地域が設置、運営するもので、二ヶ所の非公認メディアセンター、ブリティッシュコロンビア・国際メディアセンター（ＢＣＩＭＣ）、そしてホイッスラー・メディアハウス（ＷＭＨ）が含まれる。セカンドメディアのスペースは前回のトリノ冬季大会の例を踏襲するもので、市街地の中心に置かれ、競技会場にも専用のスペースが用意された。どちらも、大会競技の取材ができないメディアのための施設で、たとえば、カナダ放送協会（ＣＢＣ）は大会期間中を通じてＷＭＨを利用した。さらに、公認メディアが必要とする場合に備えて、別個のスペースも用意した。

ＢＣＩＭＣはバンクーバーの中心にあるロブソン・スクエアに開設され、多様なメディアが集まる場所となり、撮影スタジオや記者会見場も置かれた。ここで開催されるイベントの多くは大会関連の公式メディアイベントであることも多かった。たとえば、当時カリフォルニア州知事だったアーノルド・シュワルツェネッガーは聖火リレーに参加した後、ここで記者会見を行っている。公式のオリンピック活動と、都市を基盤とする団体で、有名人の訪問については特権を有するものたちとの間で利害が一致することもあるのだ。ＢＣＩＭＣやＷＭＨのような非公認メディアセンターの意義は、開催都市が大会期間中に訪れる機会を最大限活用できる場所となることであり、これは特に、国際的にその都市を売り込むのに役に立つ。

サードメディアのスペースも大会中のバンクーバーで誕生した。これはファーストメディアやセカンドメディアより政治的に多様で、プロのジャーナリストの割合は少ない。三つのスペースの違いは、その組織形態で、それにより活動の内容や対象とする人びとの種類も変わってくる。サードスペースは開催都市やオリンピック運営関連の構造の外で運営されるものだ。バンクーバーでは、私はサードメディアの二つのセンター、「Ｗ２メディアセンター」（Ｗ２メディア社設立）と「トゥルー・ノース・メディアハウス」（ＴＮＭＨ。新しいメディア関係の専門家の団体が設立）の開設に直接関与した。この二つのセンターの具体的な特徴について、少し詳しく説明することは有益であり、特にそのメンバーは、私が「オルターナティブメディア」と呼ぶものの中心的役割を果たすものである。

3　オリンピック初のソーシャルメディアセンター

「W2メディアセンター」は、バンクーバーのダウンタウン東地区にあるウッドワード・ビルに設置された。文化団体として、コミュニティとは歴史的なつながりを持つ。大会中は、ファーストやセカンドのメディアセンターにはアクセスできない、あるいはその環境が適切ではないと考えたジャーナリストのためのセンターとなった。その場所は、活動にも独自の特徴を作りだした。貧困地区に近い場所で、大会開催中、ホームレスの人びとが一時的に集まって作った「オリンピックテント村」から数メートルしか離れていなかった。テント村は、大会中ホームレスの人びとが連帯して自分たちの存在を表明し、また、大会準備期間中に受けた待遇に不満を表明するために作られていた。

W2の活動は、そのように社会から切り離された集団に共鳴するものだった。また大会中に中立的な区域を作りだそうともして、組織委員会から資金提供を受けたデジタルアートを企画する一方で、大会を批判するイベントを演出したりした。オリンピックの歴史上、大会中にこのような二面的な機能を果たした組織ができたというのは初めてではないだろうか。ただ、中立的区域というのは、それぞれに利害関係を持つ双方のステークホルダーから、妥協と思われたようだ。W2は、それまで個別の歴史をたどってきた夏と冬の大会の双方のコラボというユニークな活動にも支えられた。二〇一二年ロンドン大会に関連する文化プロジェクトを主催する地域団体と協力して、二つの大会を一つにつなぐコンテンツを共同制作したのだ。これは、ロンドン2012文化オリンピアードに関するコンテンツ作成プロジェクトとして、ロンドンがそれぞれの地域にオリンピックとパラリンピックの意義を念頭にした独自の活動の展開を認めたことで生まれた機会であった。

W2の例は、オリンピック大会の活動が、通常はオリンピック業界の周縁で活動している新しいコミュニティとの距離を縮めることができる可能性を示している。また、アートとジャーナリズムが、オリンピック期間中の周縁活動を補完し高めあう可能性も示した。W2メディアセンターの開所式には、グレガー・ロバートソン（バンクーバー市長〔当時〕）が出席し、これが史上初のオリンピック・ソーシャルメディア・センターであることを宣言した。W2は会費をとって会員とする公式の手続きを決めたが、会員だからといって、特別なアクセスが持てるわけではない。他のメディアセンターに入れないプロのジャーナリストは、滞在施設や薬物使用の状況など、W2以外のところではできない議論ができることを高く評価した。

4 DIY式オリンピック・メディアセンター

W2はジャーナリストも使えるオルターナティブメディアのセンターとなったが、「トゥルー・ノース・メディアハウス」（TNMH）は、ジャーナリストになれるのはプロとして条件を満たす人間だけであるという考え方を、さらに崩壊させる役を担った。TNMHのアイディアはクリス・クラグ、ロバート・スケールズ、デイブ・オルソン（全員ブリティッシュコロンビアでの新しいメディアのパイオニアであり、早くからインターネットを使っていた）と私の四人のコラボから生まれた。クラグ、スケールズ、オルソンの三人はボリス・マンとともに、バンクーバーが二〇一〇年の大会開催権を勝ちとった直後に行われた二〇〇六年トリノ冬季大会を訪れ、ブリティッシュコロンビア州と協力して、ブロガーとのミーティングなど一連のイベントを計画した。こうした初期の経験がＴＮＭＨの原点となり、トリノでピエモンテ・メディアセンターを視察したことで、オルターナティブメディアセンターが、主に携帯電話を使って、移動しながら活動する市民ジャーナリストのために何ができるか——また、できないか——についてもある程度ヒントを得ることができた。

彼らはファースト、セカンドメディアに接触したが、ブロガーにとっての機会は現れては消えていった。セカンドメディアにアクセスできた者もいたが、ほとんどの者はできなかった。その対応策として、ＴＮＭＨが開設された。真に民主化されたオリンピック初の加盟制度を実施し、ＴＮＭＨ加盟レポーターとなるために必要なのは、ウェブサイトにアクセスし、メディアパス記入用紙をダウンロードして、自分の情報を記入し写真を貼付し、印刷して、ラミネートすることだけだ。後は、それを首から下げればいい。このＤＩＹメディア公認によって、市民はレポーターとなった。オリンピックという奇妙な世界では、首にパスがかかっていればある種の権威となるため、このラミネートされたパスは、人びとを大会関係者に押しあげ、アクセスする権利を保証したのだ。

この過激な方法は、メディアだけがそれまで享受していた権利を民主化した。オリンピックに市民ジャーナリズムからの挑戦が迫っている。オリンピックは放送事業者に対する放映権の販売収入に依存している。そのためには競技やその他のプログラムの独占放映権が保証されていなければならない。そのメディアアクセスを開放することは、特にビデオコンテンツの作成にも関わる場合、オリンピックムーブメントの財政基盤全体を脅かすことになりかねない。これが、市民ジャーナリストがもたらす脅威だ。彼らは一つのメディア事業体が優先されるプロセスを打ち砕こうとしている。だが、ＴＮ

MHのやり方は、チャンスと捉えることもできる。視聴者を単にコンテンツ消費のところで引き止めるより、クリエイティブな作品の制作を通じて関与させる方が意義は大きいはずだ。一般の人びとによるコンテンツ生成を媒介することがオリンピックムーブメントにとっても有益であり、そのためには、大会や組織関係者に批判的なコンテンツを認めることも必要だ。

もちろん、サードメディアによってバンクーバー大会が失敗に終わったわけではないし、財政基盤が脅かされることもなかった。W2やTNMHは、公式のオリンピックメディア機構の中ではちっぽけな邪魔者でしかなかった。しかし、市民によるメディアという行為は、今日のメディア業界に起きている変化を体現するものでもある。市民とプロのジャーナリストが一緒にジャーナリズムを形成するとなれば、市民も、これまでプロのジャーナリストにしか許されなかった経験ができるようになる。

5 オリンピックでの市民通信サービス——二〇一二年ロンドン大会

二〇一〇年バンクーバー冬季大会でのオルターナティブメディアセンターの活動が、二〇一二年ロンドン大会での展開を理解するヒントとなる。ロンドン大会準備のための二年間、イギリスでも同じような市民ジャーナリストの集団が形成され、そのうちの何人かはバンクーバーのプロジェクトにも直接参加していた。すでに触れたW2と、イングランド北西部、南西部とスコットランドのロンドン2012クリエティブ・プログラマー・プロジェクトのコラボは、ロンドン2012計画にも継続した。ロンドン2012はバンクーバー大会中の活動にも資金を提供している。さらに、数多くの文化団体がこのイニシアティブを支援し、オルターナティブのニュースネットワークの構築をサポートした。このネットワークはツイッターでは #media2012 のハッシュタグで知られた。このネットワークでは、先のコラボに刺激された一連のやりとりや活動も見ることができた。たとえば、二〇一二年初頭にブリストルで開かれた、#media2012 運営グループのミーティングでは、大会中のメディアセンター（サードタイプ）開設に向けてのコラボが始まり、場所はセーリング会場の近くに決まった。このグループからは、#CitizenRelay というプロジェクトも始まり、聖火リレーがスコットランドを通る行程を地元の人びとに伝えることになった。

このように、ロンドン大会では、すでに準備段階で、以前のオリンピックでつながっていた国際的なブロガーが集まり、将来の大会で市民ジャーナリズムにチャンスを与える計画を立て始めていた。バンクーバーでは、W2メディアセンターの活動の一つとして「新しいメディアによるオリンピック」と題された会議が開催されたが、それに参加したロシアのアレクサンダー・ゾロタレフは「ソチレポーター」について発表した。これは二〇一四年ソチ冬季大会で市民ジャーナリズムのコミュニティを構築するためのイニシアティブ（ナイト・ニュース財団〔ジャーナリズムの質の向上を目指す非営利団体〕が資金提供）である。これは継続的で、組織化されたネットワークではなかったが、オリンピック関連の市民ジャーナリストが世界に広がっていることを示した。バンクーバー、ロンドン、ソチの大会ではある程度の継続性は見られた。だが、ロンドン大会が、市民ジャーナリズムの影響が大きく、重要になった初めての大会だと言われたのは、市民ジャーナリズム全体が偶然同時期に盛んになったからだろう。大手の組織も、人びとをジャーナリストと考える、同じようなイニシアティブを支援するようになってきた。

6　オリンピックを批判するオルターナティブメディア

すでに紹介したネットワーク以外でも、市民ジャーナリストはソーシャルメディアを利用して、大会への批判を拡散した。表10ーーが示すように、そうした批判はツイッターでよく見られた。他にも、開会式で動物を使うのに反対するなど、様々な活動があった（より幅広い活動については Miah 2014 を参照)。

市民ジャーナリストによる組織的な活動はまだ大会中には目立たず、オリンピック関係者や公認メディアを作りだす内容の方が目立つが、それが却って、市民ジャーナリズムの活動に注目を集めることも多い。市民ジャーナリズムの活動の多くは大会前に展開された。大会中のツイートが少ないことからもわかるように、大会中の活動を計画していたものはほとんどない。大会中に作られる物語の中身に影響を与えることは初めからあきらめているか、それとも、オリンピック批判の二面性の表れで、批判の対象は関連組織間の政治的駆け引きであって、スポーツそのものではないということかもしれない。大会にアスリートが現れた途端、彼らの生涯の夢の実現を妨害したり、彼らへのリスペクトを損ねたりするような活動には共感できなくなることもあるだろう。この点は証明がむずかしい。また、大会中に抗議運動がないと言っているのでもない。バンクーバー大会では、開会式当日に市街でデモ

表10-1　ツイッターにおけるオリンピック批判ツイート

団体	ツイッター・フォロワー数 2012/8/13 時点（ロンドン大会閉会式の翌日）	大会中のツイート数	最初のツイート
@OurOlympics	3,701	829	私たちのオリンピック：2012 年ロンドン大会を取り戻そう http://www.oepndemocracy.net/ourkingdom/kerry-anne-mendoza/our-olympics-case-for-reclaiming-london-2012-games@occupylsx@occupylondon@occupywallst#occupy#ows#nhs
@GamesMonitor	972	100	オリンピックの神話を暴く
@CounterOlympics	714	459	オリンピック選手村に売り飛ばすのを止めて住まいを取り戻そう　バンクーバーオリンピック選手村テントシティ http://vacant.wordpress.com
@BigLotteryRfnd	224	59	DCMS は私たちの運動に応え、払い戻しを約束したが、私たちは詳細を知りたい http://ow.ly/4vU4f
@PlayFair2012	183	3	「プレイフェア 2012」運動に参加しよう――アディダス、ナイキ、ペントランドに労働者の権利を守れと伝えよう http://tiny.cc/vsab4
@DropDowNow	117	1	2012 年ロンドン大会パートナーからダウ・ケミカル社を外せ　#Bhopal http://www.change.org/petitions/drop-dow-chemical-as-partners-for-the-london-2012-olympic-games-bhopal?share_id=JEYrOwiLbk&utm_source=share_petition&utm_medium=twitter via @change
@BP2012Greenwash	308	43	BP はオリンピックで環境配慮しているというごまかしの責任をとれ。方法は至極簡単、すべてリツイート（RT）せよ @BPLondon2012tweets!
@ReclaimOurBard,	238	39	私信
@OlympicMissiles	194	0	オリンピックの軍事訓練中ダミーミサイルが放置されたままになった http://t.co/OcPnyLyA#stoptheolympicmissiles#olympicmissiles/

行進が行われた。ロンドン大会では、開会式翌日、市内のマイル・エンド・パークに、「カウンターオリンピック（#Counter Olympic）」の呼びかけで三〇以上の団体が集まり、大会開催に抗議してデモ行進を行った。(2) デモは二〇一六年のリオ大会でも行われたが、こちらはブラジル政府や、社会に必要なものではないオリンピックに金をつぎこんだことへの反対が多かった。こうした出来事はメディアで報道されたが、オリンピックのステークホルダーが語りたかったストーリーの根幹を揺るがすことはなかった。ロンドン大会での市民ジャーナリズム活動から言えることは、彼らは大会に反対しているわけではなく、メディアを自らのものにするために行動するということだ。ロンドン大会では、オリンピックファンが単にプログラムを消費するだけでなく、制作にも加わりたいと思っていることが見てとれた。もちろん、市民が自由に制作するソーシャルメディアコンテンツは別の問題だ。これが大会について流れるニュースとして、もっとも大きな影響を持つようになってきていることが否定できない。しかし、マスメディアの存在に影響を与えるまでに組織化されるかについては、まだ何とも言えない。

7 便乗広告から便乗メディアへ――二〇一四年ソチ冬季大会

オルターナティブメディアの持つ現状破壊性は、最近のメディアに起きている変化全般に見られる特徴である。新しく新聞や雑誌を発行したり、テレビ局やラジオ局を新設したりすることは――成功すれば――それまでのメディア文化を破壊することにつながる。したがって、ソーシャルメディアを通じて市民ジャーナリズムがもたらす破壊は、これまでと種類が違うというよりは程度の違いなのかもしれない。それでも、市民ジャーナリズムによるソーシャルメディアをオリンピックの公式ストーリーに絡ませることは、オリンピックメディアの歴史で画期的な転機となるだろう。それが起こった例もすでにあり、たとえば二〇一四年ソチ冬季大会では、LGBTQ〔レズビアン、ゲイ、バイセクシャル、トランスジェンダー、ジェンダークィアのコミュニティ〕のロシア市民の権利についての議論が交わされた。二〇一四年二月が近づいた時期、活動家らが主要なオリンピックスポンサー企業のCEOに対し、次の行動をとることを促す手紙を送った。

・個人として、また組織として、LGBTを差別するロシアの法律を非難すること
・大会前の期間と大会中を通じて、国内や国際社会でのオリンピック関連のマーケティング及び宣伝活動を使って、平等の推進を訴えること
・IOCに対し、オリンピック開催国において、大会関連での深刻な人権侵害を監視する部局の創設を提案すること
・IOCが、今後オリンピックを開催する国に対して、あらゆる種類の差別を禁じる第六条を含め、オリンピック憲章を確実に遵守することを求める

スポンサー企業が何の反応も示さないことがわかると、活動家らはマクドナルドのツイッター・キャンペーンのハッシュタグ、#CheersToSochiを乗っ取った。それにより、オルターナティブな

コンテンツがかなりの範囲に拡散した。活動家はマクドナルドのキャンペーンのレイアウト、カラー、タイトルによく似せたタグを作り、中身の文章だけを、ソチ大会のスポンサーを下りない企業について、差別を支持していると糾弾する内容に変えたのだ。

従来の便乗広告は、他のブランドのスペースに自分のブランドを忍び込ませるという形だ。先の例はまさに、便乗メディアキャンペーンと言えるだろう。元々のキャンペーンのデザインをハッキングして、オルターナティブなメッセージを潜ませられるというのが、この方法のメリットだ。ブランドや製品の知名度を上げることを目的とする便乗広告とは違い、便乗メディアの目的はブランドでも金儲けでもない。ソーシャルメディアを使って既存のメディア文化を混乱させることだ。二〇一二年ロンドン大会でも、便乗メディアの例も見られていた。ブリティッシュ・ペトロリアム（BP）に関連してのもので、同社は大会前から批判の対象だった。「持続可能なオリンピックのための運動（CAMSOL）」がロンドン2012のウェブサイトを真似したウェブサイトを作り、そこでBPをオリンピックから排除することを真摯に求めるメッセージを掲載した。よく見れば、これがフェイクであることがわかり、BPを国内スポンサー企業のリストから外す提案は実際には存在しなかった。

便乗メディアの例が重要なのは、オリンピックに関連しての市民ジャーナリズムの意義について、広い意味でのオリンピックメディア文化への影響という観点からの議論の核心に関わるからだ。異なる形でジャーナリズムに関わる人びとはそれぞれに補完的な役割を果たしているのか、それはまだ明らかではない。個々のメディアの目的は、大会プログラムへのアクセスによってある程度決められてしまう。ファーストメディアだけが競技にアクセスできることから、彼らは期間中、競技に関する取材、報道だけに時間を使い、スポーツニュースの枠組みを踏み出すことはないだろう。オリンピックは仕組みとして、アスリートをカメラの前に立たせるときは、その映像を撮らせることがオリンピック組織にとって重要な意味を持つ相手の前から順番に立たせることになっている。まず、放映権を持っているテレビ局、次に放映権はないニューステレビ局、次に公認ジャーナリストだ。公認カメラマンやライターは少し違うが、こちらも似たような制限の元でコンテンツを生成している。活字報道分野では、「プレス席」という特権が与えられ、競技を見ながら、記事を書けるようになっている。直接目撃することは今でも、プロのジャーナリズムにとっては不可欠な要素なのだ。このような仕組みの中では、セカンド、サードのメディアのレポーターは競技に近づくことはできないため、それ以外のことを取りあげざるをえず、結局そうすることになる。

セカンド、サードのメディアセンターに属するジャーナリストは、スポーツに焦点を当てることはない。中には、ファーストメディアのセンターには入れなかったスポーツジャーナリストもいるが、多くはスポーツを離れて、開催都市や政治、観光などに関心を持っている。セカンドメディアのジャーナリストは通常、オリンピック関連で、スポーツ以外の話題を取材し、開催都市あるいはステークホルダーらの記事を毎日書くことになる。サードメディアのレポーターは、物議を醸すようなコンテンツを取りあげるが、私がオルターナティブメディアの関心事と考えるものが多い。とはいっても、ここも内実は様々である。二〇一二年ロンドン大会では、市民ジャーナリズムの多くは一般の人びとに自分たちなりのオリンピックストーリーを語る機会を提供するという形が多かった。「誰のためのオリンピックか？」というプロジェクトでは、ロンドンの公園や公共スペースがどのように変化したか、そして、そうした変化が人びとの地元やオリンピックについての態度にどう影響したかを明らかにするドキュメンタリーを共同制作した。

三つのレベルのオリンピックメディアは、広くメディア組織と社会の関係の変化も表している。ユーザー生成コンテンツが普及した現在、メディアは市民のものになってきた。それに伴い、歴史的にプロのメディアにだけ許されてきた場へのアクセスを求める声が大きくなっている。そこから何が起こるかを予測するのはむずかしいが、オリンピックに関して言えば、こうした傾向を示す例は数多く見られる。たとえば、公認メディアも競技以外のことについても取材できるよう、権限の拡大を求めるようになった。これはＩＯＣが「アジェンダ２０２０」で、ファンのために計画している「三六〇度のオリンピック」体験にも呼応するもので、大会会場以外での体験も考えている。オリンピック業界も、自分たちの目的に沿った形で市民レポーターを奨励できるかもしれない。ロンドンでもソチでも、ＩＯＣ及び組織委員会はソーシャルメディアでの動きの規模だけをテーマに記者会見を開いたことがあった。このように、メディア関係者の「ロングテール」効果はオリンピックムーブメントの目的追求に有益であると言える。

これらの変化が長期的に何をもたらすかはまだ不明だが、ユーザー生成コンテンツの拡大が、オリンピックにおけるメディア運営に新たな時代を開いたことは確かだ。メディア事業体は今では、オリンピックに新たな人材を送りこんでいる。ウェブアーキテクト、ブロガー、キュレーター、あるいはデータを基礎とした報道の専任者などは、オリンピックのレポーターとしては新しい任務である。一方、オープンなメディア環境では、一般の人びとへの制限が厳しくなる可能性もある。バンクーバーでTNMH公認による特権が認められたのは、大会時のシステムでは二つのタイプの公認をきちんと区別できなかった（あるいは、そこまで気が回らなかった）こと、さらに、スポーツ以外の会場をメディアに取りあげてもらいたいと望んだことが合わさっての結果であった。TNMH公認のおかげで本来は入れないはずの会場にまで入れたのかどうかは、実は明らかではない。ただ、組織側が主要メディアと認識する唯一の方法が記者証であることは明らかになった。その証明書に、それを所持している個人やチームがアクセスできる地域について何も書いてなくてもだ。TNMHは、プロのジャーナリストと同じアクセスを手に入れるためには、自分はプロだと示せばいいだけだということを暴いて見せたという点で興味深い。また、ユーチューブが従来の放映権とは違う契約を結ぶことができたように、メディア人口が拡大すれば、IOCにオルターナティブメディアセンターを設置させ、それを通じて、大会のスポーツ以外のイベントを取材したいレポーターのネットワークを広げることも可能かもしれない。

オリンピックで市民ジャーナリストにコンテンツを作成させることの価値は、その記事の量では測れない。指標となるのは、単なる観客や通り過ぎていく観光客でしかなかったかもしれない人びとを、どれだけ大会に惹きつけられるかの力である。コミュニティメディア（詳しく言えば、参加型メディア）は、それ以外の形のメディア制作に欠けている点を埋めるために生まれた。従来のメディア制作では情報伝達における社会的責任を果たしていない、あるいは、コンテンツの信用性を脅かす政治的意図に操られているかもしれないという点だ。だが、その必要性を説明するのにもっと説得力のある理由は、メディア制作はコミュニティを作りだすというものだ。意見や知識を共有したいと願う気持ちは、コミュニティメディアの存在を説明する、強力な動機である。それは、市民性、表現の自由、そして人間性までも定義する、重要な気持ちである。

メディアテクノロジーの拡大でデジタルデバイドは解消したかもしれないが、「デジタルリテラシー」デバイドはまだ存在しており、これについてはコミュニティメディア組織が応えることができる。同時に、私たちは今、「関心経済」の渦中にあり、メディア組織にとっての最大の課題は、人びとの関心を集められるチャンスはわずかしかないということだ。ソーシャルメディアに載る内容が関心を集められる時間は平均三時間だと言われている。それを過ぎたら、無視される可能性が高い。コミュニティメディア組織の役割もこの傾向によって変わり、組織の任務の大半が、コミュニティ向けのコンテンツ生成ではなく、コミュニティのメンバーが作るコンテンツを集め、掲載の形を考えることに移っている。

オリンピックにおけるオルターナティブメディアコミュニティは、従来のメディア組織の特権的地位に挑戦する人びとで成り立っている。便乗メディアは、従来のメディアが金の力で生みだした知的財産に便乗し、逆にそうした組織自体にカメラの目を向け、これまで語られなかったストーリーを暴露しようとする。

このような例は、オリンピックではしばしば見られる。たとえば、公認ジャーナリストをＩＯＣの管理下にないメディア施設に招き入れるだけで、そのジャーナリストは、あまり話題になっていないオリンピック関連の出来事について知ることになる。また、プロでないジャーナリストが大会について放送したり、記事を書いたりすれば、――セカンド、サードのメディアセンターのように――、公式イベント中に生まれる疑問も幅広いものになる。サードメディアのレポーターの役割は、ベケットとボールが「アウトサイダージャーナリズム」と呼んだものに似ている。それは「メディアや権力に挑戦する」のに不可欠な存在で（Beckett and Ball 2012, p. 156）、「権威や主流メディアの意表をつく『無責任な』ジャーナリズムに対する一般の支持はかなり大きい」とする（Ibid., p. 146）。オリンピックでの市民ジャーナリズムもこれに似ている。市民ジャーナリズムはオンラインでインパクトのあることができるスキルを持った、クリエイティブな人びとの集団であるという解釈もある。二〇一〇年バンクーバー冬季大会では、W2とそのクリエイティブなコミュニティが作ったソーシャルメディアストーリーは『輝くハートを持って（With Glowing Hearts）』という題名の映画になり、大会についてのオルターナティブなストーリーを語った。この映画がIOCのバンクーバー大会資料として保管されることはないだろうが、もしそうなれば、オリンピックムーブメントは単なる巨大イベントではなく、社会運動として自らの存在意義をさらに強力に押しだせるだろう。

市民ジャーナリズムの登場で、オリンピックは社会運動として、その根底を貫く価値観と目標をもっと効果的に追求できるようになる。ソーシャルメディアを通じて、オリンピック組織側は市民に力を与え、市民が大会の物語を語るのに大きな役割を果たし、オリンピックにもっと有意義な形で参加することを促進できる。だからこそ、オリンピック産業が地元開催都市を超えて、そうしたコミュニティと密接に協力し、ソーシャルメディアの優位を活かしつつ、大会が生みだす機会を最大限活用することが大事なのである。

おわりに　アップデートされたスポーツのゆくえ

デジタル化が進行するスポーツ

本書は、二一世紀のスポーツを巡るデジタルシステムの現状を検証し、スポーツが複雑なデジタルシステムと密接に絡み合ってきた様子を確認した。システムは巨大化し、スポーツのために物理的なスペースが今後も必要なのかどうか、疑ってかかるのも当然に思える。一方で、eスポーツの発展により、スペースや場、物理的存在の再構築につながる「スポーツ2・0」なるものが誕生していることも確認した。だが、私は、スポーツの未来は物理的存在を必要としなくなるとか、デジタル的な身体性が実際の身体運動に取って代わるとか主張しているわけではない。本書全体を通じて私が訴えたかったのは、デジタルとスポーツの間に新たな関係を作りだす必要があるということだ。そこでは、観客、アスリート、広くスポーツ関係者がバイオデジタルインフラを通じて、これまで以上に密接につながる。人びとが、時計、ブレスレット、電話などのモバイル機器から離れられなくなっているのと同様、観客やアスリート、スポーツ関係者のすべてにとって、スポーツの未来もデジタルテクノロジーとの融合を特徴とするものになっていくだろう。スポーツにおいて、物理的な存在とデジタル的な存在を区別する時代は終わった。スポーツ文化において、それを示す証拠はすでに数え切れないほどある。ウエアラブルテクノロジーというアイディアさえ、体内に摂取可能なテクノロジーの登場の前では時代遅れだ。二〇一五年九月、アメリカ食品医薬品局は、大塚製薬とプロテウス・デジタル・ヘルス社が開発したセンサー内蔵の内服薬を認可した。このタイプの薬として初の認可である。このテクノロジーでは、内服薬が患者の体内を移動する間、モバイル機器と通信することができる。

飲み込み可能なセンサーを埋め込んだ内服薬「エビリファイ」を摂取すると、センサーが胃に到達した時点で、ウエアラブル・プロテウス・パッチに信号を送り始める。パッチはセンサーからの情報とその経過を記録するが、それ以外にも患者の状態、たとえば休息、ボディアングル、活動のパターンなどの情報を集める。情報は記録され、携帯電話などブルートゥース対応デバイスを通じて患者に伝えられる。さらに、患者が同意した場合のみ、医師やその他介護関係者にも知らされる。患者はモバイル機器に情報保護が確保された、専門のアプリをダウンロードすることで、情報を見ることができる。医師や介護関係者は、情報保護が確保されたウェブポータルを使って、データを見ることになる。

(Proteus 2015)

このようなデジタル機器は単なるテクノロジーではない。文化的、社会的、政治的、美学的、道徳的な意味を持つものである。それが普及すれば、組織、人びと、そしてコミュニティは自らの存在のあり方を考え直さなければならず、生活のあらゆる側面に入り込んでくるデジタルイデオロギーという考え方すら生まれてくるかもしれない。この新たな世界がもたらすものは多様で、時に相互矛盾を引き起こす。データが増えれば、私たちの生活を向上させるヒントが多く生まれるが、同時に、そのデータがどのように利用されるのか、誰が所有するのか、私企業がデータを管理した場合は私たちにどんな影響があるのかなどの懸念も増大する。

デジタル社会への移行に伴う影響については、まだ見え始めたばかりだ。今日のスポーツ文化で尊重される価値観はデジタルな新世界では通用しない。高度のパフォーマンス、精度、試合展開の予測可能性、さらにアスリート間の力の差が縮まっていることなどを考えると、スポーツのこれまでの価値観を考え直し、記録や結果より、儀式的な側面を重視するスポーツに回帰するのかもしれない。実際、一位と八位のアスリートの差がほんのわずかで、普通の観客では誰が勝ったのかわからない状況では、スポーツを見る理由は勝敗を楽しむためではなく、何か別のものがなくてはならないだろう。そのような状況では、デジタルによる差配がさらに重要で、競技の邪魔をしたり、調停したりする道具となる。「フォーミュラE」という自動車レースの例を見てみよう。このゲームでは、観客の応援が車のパフォーマンスを左右する。そのウェブサイトによれば、ファンがレース開始前にお気に入りのドライバーに投票することで、ドライバーのパフォーマンスレベルを上げることができる。「投票数でトップ3に入ったドライバー三人は、それぞれ五秒間の「パワーブースト」を受けとり、車の力も一時的に一五〇キロワット（＝二〇二・五馬力）から一八〇キロワット（＝二四三馬力）に上がる」。このような新しい考え方は、アスリートと観客の関係についての従来の見方が変わる可能性を示している。

第1部では、スポーツ2・0について、「プレー」と「ゲーム」の理論を用いて、より広い哲学的な背景に照らして論じた。デジタル文化とスポーツ文化のつながり――さらに、その二つが反映されたものとしてのオリンピック文化――について理解することで、デジタルに媒介されたスポーツへと変化している状況が見えてくる。観客や運動好きな人びとがデータへの関心を強めてきた今、スポーツが文化的活動として発展していくためにはデジタルテクノロジーが必要である。この関係の中で共通の土台となるのが、デジタルゲームの盛りあがりで、これはスポーツのように、オルターナティブな世界を作りだしたいという、人びとの願望を表している。そして、スポーツとデジタルの世界が同じ方向に動き始めていることの証拠でもある。

変化の兆しは、プロアスリートのトレーニングにデジタルテクノロジーが果たす役割にも表れている。パフォーマンスの振り返りでも、シミュレーションを使っての練習でも、デジタル解析がアスリートのパフォーマンス向上のための知識の積み重ねに役立っている。審判はテクノロジーを利用して、自らの判断を正確にすることができるし、アスリートはソーシャルメディアを通じて自分のイメージを作りあげることができる。ゲーマーがプロアスリートとして登場してきたことも、従来のスポーツ――それにアスリート――が、業界のデジタル化に対応しなくてはならない理由の一つである。スポーツ界のセレブたちは観客の関心を集められるが、躍進するeスポーツ業界では脇に追いやられてしまう可能性がある。ｅスポーツは独自のマーケットで、独自の方法で放送し、利益を上げ、ブランドを築きつつある。ゲーム開発業者が従来のスポーツ界に組み入れられなければ、スポーツ業界の人気はさらに衰え、特に若い人びとにはそっぽを向かれることになるかもしれない。若い人びとにとっては、新しい体験――オンライン――の方が体育館やスポーツ会場など、人が集まる従来のスペースより身近だ。観客も同じで、もっとパーソナルな、ユニークな視点でスポーツを見たいと望んでいる。観客がライブ会場で写真やビデオを撮るのは、それがクリエイティブな行為で、記憶をパーソナルなものにし、そこでの出来事に参加した感覚を生むからだ。ライブを再体験するための投資である。スポーツ観戦の「目撃者」的な側面を考慮すれば、デジタルを通じての観戦の未来も暗くはない。とてつもないレベルのテクノロジーを介して、ハイパーレベルのデジタル観戦も可能だろう。

多様化するオリンピックメディア

オリンピックでの三つの変化が、ｅスポーツとオンライン、モバイルメディアとの密接な関係を示している。一つ目は、プロのメディアにおける変化で、人員面と大会での活動面とに見られる。次にメディア事業体がコンテンツを流すプラットフォームの種類が増えたことで、メディアの権力構造に新たな序列が作られた。ツイッター、グーグル＋、フェイスブック、インスタグラムのようなソーシャルメディアが視聴者獲得に不可欠となり、それに応じて、ジャーナリストもこうしたプラットフォームを使いこなせなければならなくなった。ライターはカメラマンにもなり、みんなビデオジャーナリストだ。さらに、大会が大規模になればなるほど、スポーツ以外の分野のジャーナリストも集まってくる。オリンピック大会での非公認ジャーナリストの登場や市民ジャーナリズムの発展は、そうした変化を表すものである。オリンピックは公認メディアによる独占放映権に財政的には依存していることから、IOCにとっての課題は新しいタイプのレポーターが作成するコンテンツが先の契約関係を侵害しないことを確実にしつつ、他方、大会が単なるスポーツイベントではなく社会運動であることを主張できるように、大会の包括的な取材、報道を実施することである。これには非主流のメディアが鍵となる。しかし、オリンピックは未だに、この種のメディアを過度に管理することなく、うまく活用する方法を見いだしていない。

ソーシャルメディアがもたらした革命の第一段階には、ツイッターが、いわゆる二〇一〇年の「アラブの春」で活躍、ウィキリークスが登場し、AR機器やウエアラブルカメラが発表され、eスポーツゲームが爆発的なブームを迎えた。今はどうなっているだろう。変化はいい方向に向かっているだろうか、それとも同じようなものが増えているだけだろうか。二〇一六年四月、ツイッターはNFLの試合をそのプラットフォームでライブストリーミング配信する契約を結んだ。これは、ツイッター上で人びとができることに大きな変革をもたらした。また、テレビの未来にも強力なメッセージとなり、eスポーツのやり方のポテンシャルを高め、スポーツ中継を新たな環境に拡大する流れも強化した。二〇年後には、今あるようなテレビは存在していないかもしれない。

二〇一二年ロンドン大会の開会式でもっとも痛烈なメッセージとなった瞬間は、若者の生活の中でのソーシャルメディアやデジタルテクノロジーの役割を紹介した部分の最後に、ティム・バーナーズ＝リーが登場したときだ。イギリスのポピュラーカルチャーを紹介した部分で、一九五〇年代初期から現在までをカバーした。彼がコンピュータを前に座った姿でステージに現れた場面は、初めてのソーシャルメディア・オリンピックと呼ばれるようになったロンドン大会の象徴となった。開会式の芸術監督を務めたダニー・ボイルは大会を通じて一連の政治的メッセージを送ったが、その一つがこの瞬間に凝縮されていた。

開会式は、バーナーズ＝リーの言葉、「これはみんなのもの」を映像で見せて終了したが、このメッセージは会場にいた彼自身からツイッターで配信された。この言葉は、インターネットは無料で、オープンで、何よりも人類全体を豊かにするものでなくてはならないという気持ちを表している。イギリス政府も他の政府も、インターネット管理に力を注いでいる中、世界に向けたこのメッセージには大きな意味があった。彼のツイート全体を見ると、込められた意味がよくわかる。ツイートは「これはみんなのもの #london2012 #oneweb #openingceremony @webfoundation @w3c」となっていた。WWW財団とWWWコンソーシアムを、無料で、誰もがアクセス可能なウェブとして彼が特記したこともメッセージを強力なものとした。

このメッセージは本書の結びにふさわしい。プロスポーツの世界は、競争と協力という二つの価値観に支えられているが、この二つはしばしば対立する。本書の第2部では、スポーツの競争の側面を取りあげ、競争力や審判の判断力の向上のためにデジタルテクノロジーが利用されていることを論じた。第3部では、デジタルテクノロジーがもたらす、協力やスポーツ体験の共有の機会に焦点を当てた。スポーツは長い間、この二つの価値観をうまく両立させて、スポーツへの期待感を醸成し、多くの視聴者を惹きつけ、視聴者参加の方法も多様化させてきた。

デジタル化が全面化する世界

デジタルでつながる人びとの増加は単に、アナログ社会からデジタル社会へ、予期せず移行していることを示しているのかもしれない。コンピュータに強い社会になったわけでもなく、デジタルテクノロジーを新しい形のパーソナルな体験をもたらすものとして捉える社会になったわけでもないかもしれない。ブログ、写真やビデオの共有、VRなどはそうした変化を示してはいるが、ただくだらないことを拡散しているだけで、世界を変えるようなコンテンツが流れているのではない可能性もある。

デジタル文化への期待は常に、このような形で表されてきた。だが、新しいテクノロジーに対して、これほど高い目標を設定することは妥当だろうか。デジタルテクノロジーが社会の変化をもたらすことを期待されているのであれば、どんな変化なのか。デジタルで得た力の活用法としてもっとも奨励されているのが政治参加の分野だ。文字通り、政治制度を変革する試みである。権力関係を打ち砕くことはできなくても、政治的な意味を持つ変化は毎日起こっているかもしれない。また、オンラインでのチャットは、特にモバイルが普及した世界で対人関係を大幅に改善している。

デジタルでつながるというのは、デベロッパーになるとか、市民ジャーナリストになるという意味ではない。社会や文化全体と切り離して、デジタル文化への参加だけが社会変化への道であると考えるのは単純すぎるし、望ましくもない。参加度について考えるには、人口内のデジタル市民の最適な割合を設定してみてもいい。たとえば、プロデューサーが二％で、消費者が九八％という状況から、プロデューサーが二〇％、消費者が八〇％という変化だ。あるいは、人がオンラインで過ごす時間の割合という考え方もある。一〇〇％の人が制作に一〇％の時間を使い、残りの九〇％は消費に使うというものだ。この数字は単純すぎるが、ポイントは、すべての人が一〇〇％の時間をコンテンツ制作の方に費やしたら、コンテンツを消費したり、解釈したりするチャンスがなくなる。したがって、最適な割合という考え方にも意味はある。

デジタルに媒介される時代、情報の動きと社会的な行動との関係についても、再考する必要がある。たとえば、ブログやメディア事業体が最適数に達したときを想像できるだろうか。それ以上情報があっても飽和状態になるか、あるいは情報媒体そのものから離脱してしまうような状況だ。今日のメディアはそういう状態にあるといえるだろうか。この疑問に対してはまず、情報が果たす、異なる役割に目を向けて考えてもらいたい。民主的プロセスとして、今日の議論にとって重要な情報がある。だが、それには歴史的な価値もあり、ある程度の時間を経なければその重要性は充分に理解されないかもしれない。社会は前者の価値に囚われがちで、後者の意義は軽視されてきた。だが、情報の利用価値は今だけのものなのか。スナップチャットのようなデジタルプラットフォームの価値は、コンテンツが共有された途端に消え去るというところにあり、これは、デジタル作品は永遠に存在するというアイディアへの対抗概念かもしれない。だが、それでは、私たちが歴史を理解する力を損なうことにもなりかねない。

スポーツとデジタル文化の融合は、夢か、悪夢か？

デジタルテクノロジーの発展、ＶＲシステムの浸透、一般でのデジタル機器の利用の普及など、これらの要因はすべて、スポーツ界でも拡大してきた。それを踏まえて、ここでもう一度、本書のそもそもの発想に立ち戻り、ゲームを物理世界に限定する必要があるかどうかについて考えてみたい。物理世界でスポーツを行うことは世界の資源に負荷をかける。それを考えると、スポーツ全体をバーチャルな世界に移行させ、今日のプロ及びアマチュアのスポーツ参加の条件を限定している物理世界に別れを告げたらどうだろう。ＶＲ化の傾向は、私たちの生活のあらゆる側面で進行している。それならばスポーツでも、ゴルフやクリケットの試合が雨で中断したり、また、水資源を使いすぎたりしないこともいいではないか。都市は、短期間のスポーツイベントが終わってしまえば「無用の長物」となってしまうスタジアムを建設する必要がなくなる。資源をそんなものに投じるのではなく、代わりにデジタルソリューションの開発に投資すれば、その恩恵は社会全体にトリクルダウンしていく。スポーツ界に宇宙開発計画がもたらす効果のようなものだ。選手チームが膨大な金額を使って地球の裏側まで行って、試合に参加するということがなくなり、スポーツへの参加も民主化される。競争を不公平にしてしまうような自然の気まぐれを正確に補正したシミュレーションを使うことで、天気が競争の結果を左右することもなくなる。

こうした可能性によってスポーツが掲げる価値観がさらに高まることを念頭に本論を展開しているのだが、世界中のスポーツ運営関係者や熱狂的なファンからの反応は予想できる。たとえば、オリンピックの意義は世界を同じ時に同じ場所に集めることだ。だからこそＩＯＣは、隣接する二つの都市での大会開催すら認めたがらない。だが、ＶＲの論理を最大限までスポーツに当てはめることで、失われるものはあるのだろうか。バーチャルな世界でも競技を運営するには国際的な協力が――おそらくは今よりもっと――必要になる。スポーツが地政学的に良好な関係を養うことも目指す社会運動であるなら、その役割は決してなくならない。ワールドワイドウェブやインターネット全般の運営についての論争を考えれば、これこそが、地政学的関係において相当の外交交渉を伴う、重要な議論になると言える。

失われることがあるとしたら、それはスポーツの社会的側面――観客が一ヶ所に集まること、会場までの旅程、そして、その場にいるという感覚など――であろう。私が想像する世界も同じような価値観で動くのであれば、こうした側面は残したいと思う。だが、デジタル世界でのスポーツも、物理世界での没入体験に匹敵するものを提供できる。もしかしたら、もっと深く没入できるものかもしれない。二〇一三年の「コンシューマー・エレクトロニクス・ショー」で展示された有機ＥＬテレビの宣伝文句は「実際よりリアル」だ。今後二〇年の間にこの言葉は何度も聞くようになるだろう。

スポーツにおける通信バトルの勝敗については、すでに、ソーシャルメディアも市民ジャーナリズムも放映権獲得メディアの基盤を揺るがすことにはならないと述べた。フロストが言うように、「結局はビッグメディアがネットを支配し」(Frost 2011, p. 325)、ソーシャルメディアや市民ジャーナリズムがそれと同じ地位を占めることにはならない。だが、新しいメディアのネットワークがビッグプレーヤーになることはありうるし、すでにそうなっているものもある。そしてビッグプレーヤーとなったメディアのプラットフォームが、プロのメディアのゲートキーパーとなる。そうなると、コミュニケーションの権力構造が変化する。それが市民に力を与えるかどうかは別問題だが、ローカルにおける対話が盛んになっていることは頭に入れておくべきだ。誰もが他人の意見を聞きたいと思うわけではないが、親友の体験については知りたいと思う。フェイスブックの「グラフサーチ」エンジン〔ソーシャルネットワーク内のコンテンツをフレーズの組み合わせで検索する機能〕はその傾向に対応しようとしているが、うまくいっていない。大規模メディア企業がこのようなパーソナルな関心を引き寄せない限り、その地位も安泰ではない。少なくとも、多くの人びとがオンラインやオフラインで過ごす余暇を楽しむために探すような情報の分野では危うい。

デジタルスポーツの次の段階を考えるうえで最後の要素は、バイオデジタル(3D)・インターフェイスである。この展開によって、これまで論じてきた問題の多くもその様相を変えるだろう。生物学とデジタルシステムの融合は、グーグル・グラスのようなウエアラブルテクノロジーの発展にも表れているが、ここで決定的なのは、人間の生物学的機能と一体化できる度合いである。このようなインターフェイスの初期段階としては、高度なレベルの人工補装具がある。二〇一二年ロンドン・オリンピックにオスカー・ピストリウスが出場したときに装着していたようなものだ。これは、人工補装具を身につけたアスリートが、オリンピックで障害のないアスリートと並んで競った初めての例である。

彼の登場は、バイオニック・アスリートの誕生として話題になり、これからも障害のあるアスリートは障害のないアスリートの地位にチャレンジし続けるに違いない。二〇一六年にチューリッヒで開催された「サイバスロン大会」も、テクノロジーで拡張される未来を示唆している。そして、本書で取りあげた他の項目のすべてに共通して、このような大会の実現もデジタルデータシステムにかかっている。

バイオデジタル的な融合はさらに発展し、アスリートがデジタルテクノロジーを自らの身体の一部としていく傾向も進んでいくだろう。身体的インターフェイスと知覚体験が変化し、世界を体験する新たな方法が生まれてきそうなことを予感させるプロトタイプも出てきた。ケヴィン・ウォリックは神経作用——一種のテレパシー——を引き起こすチップを開発した。バイオデザイナー〔医学、工学、ビジネスを連携させた医療機器開発分野〕のジェームズ・オーガーとジミー・ロアゾは電話機を使わずに他人と話ができる、電話機能を備えた歯のインプラントを開発した。

これらが現在のスポーツとはかけ離れたものに思えるとしたら、テクノロジーが周りの環境を修正することによって、すでにアスリートの身体能力を変化させていることを思い出してほしい。スキー界ではすでに二〇年もの間、滑降中の関節への衝撃を緩和するため、圧電制振機器が使われている。このように、外部に使われるテクノロジーもアスリートの身体バランス能力に影響を与える。デジタルテクノロジーとスポーツについては、あらゆる面でまだまだ調査が必要なことが多い。中には、すぐにでも調査しなくてはならないものもある。デジタル的スポーツ体験はどういう年齢分布になるか。デジタルゲーム界に女性が増えていることはよく取りあげられるが、スポーツのジャンルは女性にも公平なものになっているか。デジタルゲームの主要トーナメントではサッカーゲームが主流で、それ以外でも男性のファンタジースポーツが圧倒的に多いことを考えると（Howie and Campbell 2015）、デジタルスポーツはジェンダーに平等であるとはまだ言いがたい。また、データ主導の訓練が盛んになってきたことから、訓練から得られるデータの管理法や所有権について、深刻な疑問が投げかけられている。もちろん、eスポーツ界での八百長も問題だ。

一方、個人の自分史がデータ化されることが多くなると、パーソナルデータの所有権の強化が必要になるし、また、異なるプラットフォームを超えて自分のデータを移行する必要も高まってくる。それがなければ、「ビッグデータ」革命も閉じられた、営利システムに飲み込まれてしまい、自らの健康に関するデータでさえ、料金を払わなければアクセスできないことになってしまう。健康データについての所有権を認めるのは現実的な話ではないにしても、データに公益性がある場合には営利目的は二の次としていい場合もある。データ主導経済において、その所有権や代理行使権への要求が高まっていることには、市民ジャーナリズムにも通じるところがある。オリンピックにおけるメディアの活性化は、市民が自らコンテンツを作成し、ストーリーを作りあげる能力を得たことで、ジャーナリズムの方法が変わってきたことによる。一人で記事から撮影までを兼務する「バックパックジャーナリズム」に向かう傾向（Edgar 2013, p. 1208）、あるいは、ボイルが「ワイヤレスのスポーツジャーナリスト」と呼ぶ人びとの登場により（Boyle 2006, p.138）、ジャーナリストが必要とするものも変化した。ジャーナリスト自身でニュース制作を行えるようになって、メディアセンターの役割は意味を失っている。電源とインターネット接続さえあれば、ジャーナリストの仕事は可能である。時が経つにつれ、オリンピックの公認メディアは徐々に、市民ジャーナリストの集まりと混じりあっていく。そうなると、ネットワークで機能するジャーナリズムの時代にプロのメディアを区別するものは何かの議論が高まるだろう。これらすべて、スポーツ界が市民主導の目標を掲げるなら、今後の財政状況はさらに豊かになることを示している。視聴者や読者獲得の最善の方法は、彼らをストーリー作成に参加させることである。

ここでは草の根主導のeスポーツゲームの動きが、オルターナティブなモデルとして参考になるかもしれない。ただ、これにはビッグスポンサーに売り渡されるというリスクも伴う(1)。従来のスポーツがeスポーツを取り込み始めている証拠がある。二〇一六年五月、イギリスのサッカークラブ、ウェストハム・ユナイテッドは史上初めてeスポーツプレーヤーと契約を交わした。一方、消費者主導のライブストリーミング配信と契約した方が——オリンピックなどの大会にとっては——、スポーツを単なる競技ではなく、社会運動として促進する方法としては効果的なモデルとなるかもしれない(Kidd 2013)。ここでの最大の問題は知的財産権をどのように認めるかで、デジタルスペースではデータやコンテンツが自由に動き回るため、むずかしい状況になっている。これはeスポーツ界では大問題だ。主要なスポーツ団体が管轄するスポーツ関連のゲームと連携することをまだ検討していないからである(Burk 2013)。将来は、スポーツ団体がオリンピックの規範に準じるのではなく、デジタルスポーツの規範に準じることになることも考えられるが、そのためには、eスポーツ業界が従来のスポーツに背を向けて、独自のイベントを開催することがないように自ら努力しなくてはならない。eスポーツがスポーツとして認められれば、かなりの恩恵があるだろうが、eスポーツの方は今のところ、そう認めることをあてにはしていないようだ。

デジタル的なイノベーションのすべてが、物理的なものの意義を減じるわけではない。中には、物理世界をさらに豊かにするものもある。ナイキの「チョークボット」はツール・ド・フランスのルートとなった道路に黄色のペンキで「グラフィティ」を描いたロボット車だが、グラフィティの内容は視聴者が携帯電話を使って送ったメッセージだった。デジタルで送られたメッセージを見える形にし、それを競技の場に組み入れるというのは、スポーツ制作の面で驚くべき成果が数々含まれている。だが、重要なのは、クリエイティブで、高度なテクノロジーを伴うことが、簡単で身近なテクノロジー——この場合はＳＭＳのメッセージ——を使って行われたことだ。スポーツ２・０に関わる技術者が増えれば増えるほど、その重要性は増す。デジタルシステムによって社会の不公平が悪化することはなく、むしろ社会正義は促進されるのである。

謝辞

本書執筆の過程では、多くの人びとの影響を受けた。まずはデニス・ヘンフィルで、彼とは、執筆開始当時から多くの点で共通の興味を分け合ってきた。ヘンフィルの研究のおかげで、デジタルテクノロジーに関する私の興味は、単なる活動のメカニズムとしてだけでなく、パフォーマンスのスペースと条件を規定する道具としてのものに広がった。執筆中二番目に大きな影響を受けたのはリバプールのＦＡＣＴとの作業で、特に「通常の道具を放棄せよ」というフェスティバルの企画で、この団体が果たした役割を通じてのことだ。このフェスティバルは「ロンドン２０１２文化オリンピアード」の企画の一つとして始まり、マンチェスターのＨＯＭＥとカンブリアのＦｏｌｌｙとの共同作業で行われた。

私はＦＡＣＴで研究員として活動できたのだが、そのおかげで、デジタルアート界でスポーツに関与する様々なステークホルダーと交流することができた。彼らの多くにとって、スポーツとの関わりの入り口はオリンピックだった。二〇一二年ロンドン大会を前にした時期に様々な人びとと話ができたことで、本書の論点について考えを深めることができた。特に、マイク・スタッブス、デイブ・

モートリー、ギャビー・ジェンクス、ジョン・オシェア、レオン・セス、ヘザー・コーコラン、ローラ・シラーズには、デジタルであれば何であれ、中身の濃い会話ができたことを感謝する。とりわけ、イングランド北西部担当のロンドン２０１２クリエイティブ・プログラマーだったデビー・ランダーには感謝したい。彼女は #media2012 プロジェクトを通じて、市民ジャーナリズムに関する研究を強く支持してくれた。また、大会中ドリュー・ヘメントと Emoto2012 チームと活動を共にできたことも喜びであった。この活動では、@London2012 のツイッター・データをアートとしてもよくできた、独自の視覚化に成功した。

この他に執筆の道のりを教示してくれたのは、エマ・リッチ、クリス・クラグ、アナ・アディ、ベアトリス・ガルシア、ダニエル・ダヤン、モンロー・プライス、チャーリー・ベケット、ニック・ディドリック、ラリー・カッツ、アレクサンダー・ゾロタレフ、アレックス・バルフォアらである。彼らとの意見交換を通じて得た知見は本書が論じる範囲に影響を及ぼし、彼らの意見は研究過程でも欠かせないものであった。

長年にわたって、私の研究を支援してくれているオリンピックムーブメント関係の人びとにも感謝したい。特に、国際オリンピック委員会のメディア担当責任者であるアンソニー・エドガーは二〇一二年ロンドン大会と二〇一六年リオデジャネイロ大会の間の時期に私の研究を支援し、親切に対応してくれた。彼と共に働けたことは、私にとって特別な経験となった。マーク・アダムズ、ディック・パウン、アレックス・ヒュオット、アレックス・バルフォア、ヒシャム・シェハブらは、オリンピック関連事項やスポーツ界全般についての視点や知見を惜しみなく共有させてくれた。感謝を申し上げる。

国際eスポーツ連盟のアレックス・リムとジェイ・シン、さらにパトリック・ナリーにも感謝する。eスポーツ業界の将来についての私の考えは、二〇一五年のソウルでの第七回eスポーツ世界大会での彼らとの意見交換を通じて明確なものとなった。

この研究を資金面で支援してくれた人びとにもお礼を申し上げたい。マンチェスターのサルフォード大学は広範囲に及ぶ研究であるにも関わらず支援してくれた。また、前任校である西スコットランド大学も、過去一〇年間にわたって私の研究に資金を提供してくれた。加えて、イギリス学士院とスコットランド地域大学対象カーネギー財団は、二〇〇四年アテネ大会から二〇一〇年バンクーバー大会までの時期の実証研究を資金面で支援してくれた。最後に、オリンピック大会の次から次へと続く私の研究プロジェクトを信じ続けてくれたダグ・セリーに感謝する。

感謝の思いはデータ収集の時期だけでなく、あまりに野心的な本書の意図やスポーツについて新しい見方を追求する私の姿勢について、人びとがどう思うか不安に感じた時期にも感じていた。ここで名を挙げた人びとに共通する思いは、それぞれの分野の境界を超えたいと思う願いであり、超えてみようとする意欲である。本書がその思いに少しでも応えられるものになっていることを願う。

［解説］

「スポーツ2・0」をめぐる日本のこれから

稲見昌彦
（東京大学先端科学技術研究センター教授、超人スポーツ協会代表理事）

スポーツとコンピュータゲームは長らく対極の存在として捉えられてきた。テレビゲームの家庭への普及以降、大人は子供たちに「家に閉じこもってゲームばかりしていないで外でスポーツでもやりなさい」と久しく言い続けてきた。それがいまや『Ingress』や『ポケモンGO』など、現実世界に情報世界を重畳した拡張現実感技術を用いたゲームが登場し、多くの人が屋外を歩き回りときに急ぎ足でゲームをプレイするようになっている。

また、アジアオリンピック評議会が二〇二二年のアジア競技会にてeスポーツを正式なメダル種目とし、コンピュータゲーム競技が従来のスポーツ競技と一体となって開催されることになった。その決定に呼応するように二〇一八年二月に日本eスポーツ連合が発足し、国内でもeスポーツが大きな盛り上がりを見せつつある。

本書は生身の肉体をフルに活用した従来型スポーツ、つまり「スポーツ1・0」に対し、バーチャルリアリティ、eスポーツやソーシャルメディアなどのデジタルテクノロジーを活用した二一世紀型の新たなスポーツとそのコミュニティを「スポーツ2・0」と定義し、その背景技術やスポーツ文化への影響に関し、詳細な実例を挙げながら丁寧に考察している。

私は幼少時、任天堂の「ゲーム&ウオッチ」に没頭する一方で運動はからきしダメ。野球やドッジボールが得意な友人らを眩しく眺めながらゲームに工作に読書にとインドア系の小学生生活を送っていた。

そんな私が中学に入学した一九八四年の夏、初の商業五輪としても名高いロサンゼルスオリンピックが開催された。ジョン・ウィリアムズによる開会式のファンファーレの後、目を疑うような光景にくぎ付けになった。背中にロケット推進装置を装着した「ロケットマン」がスタジアム上空を一周してグランドに降り立ったのだ。「人類は航空機を発明することで、ギリシャ神話のイカロスのように自在に空を飛ぶ夢を実現した」と何かの本で読んだものの、今一つ腑に落ちていなかった若干ひねくれものだった私も、ロケットマンを目の当たりにし、テクノロジーを身にまとうことで超人的な能力を手に入れられることに深く感銘を受けた。

大学入学時の一九九〇年は本書でも詳説されているバーチャルリアリティ（VR、人工現実感）に関する第一次ブームの端緒であった。それまで「画面の向こう側」であったパソコンやテレビゲームの世界を一人称として体験可能とする技術の登場に興奮した。学べば学ぶほどに窮屈に思える物理法則。それにガチガチに縛られた現実世界を離れ、時空を自在に操ることができる情報空間に自らの身体をバーチャル化して投射したとき、人類にとってサイバースペースは宇宙空間と並ぶフロンティアであることを確信した。

そういった原体験から、技術により人間能力を拡張することを目指した「人間拡張工学」に興味を持ち、現実空間での感覚能力を拡張する拡張現実感技術、ウェアラブル技術やロボット技術などを用いることで人間の認識や行動を拡張する超人化技術の研究開発を続けている。現在は東京大学に二〇一六年五月に設置されたスポーツ先端科学研究拠点のメンバーとして先端科学のスポーツトレーニングへの応用や新たなスポーツの共創活動を行い、さらには二〇一八年二月に新設されたVR教育研究センターの応用展開部門長として、VR技術の社会実装に関わる活動に携わっている。

最近はアバターを用いたVRコミュニティやVR空間内での講演や講義、さらにはコンサートが行われるなど、VRは単一の技術領域を超え、社会的、文化的にも浸透しつつある。VRやeスポーツは学生たちにも大人気であり、東京大学にもVRサークル「UT-virtual」やeスポーツサークル「東京大学LoLサークル」などが二〇一七年に相次いで誕生し、私も両サークルの顧問として活動をバックアップしている。さらにはVR系スタートアップが内外で多数立ち上がったり、IT企業がVR関連事業に大規模な投資を行ったりするなど、ビジネス面でも大きな注目を集めている。かつて様々なポップカルチャーがたどってきたように、本書で紹介されたような若者に歓迎される技術や文化は、近い将来必ず社会のメインカルチャーとして浸透することになろう。

†

さて、二〇一三年九月、アルゼンチンのブエノスアイレスにて開催されたIOC総会にて東京が二〇二〇オリンピック・パラリンピック競技大会の開催地として選出された。しかしながら前述したように運動音痴でスポーツにはあまり関心を持てなかった私は、数あるニュースの一つとして聞き流してしまった。ところがニュースに接して一週間ほどしたのちに、私が専門としている人間拡張工学を用いて新たなスポーツを創造すれば、私のようにスポーツに興味がない人や、老若男女が分け隔てなくプレイするこが可能になるだけでなく、現在オリンピックとパラリンピックとで隔てられてしまっているアスリートたちも分け隔てなく参加可能な「人機一体」の新たなスポーツの祭典を開催できる可能性に思い至った。海外の若者にとって、現在の日本の魅力はポップカルチャーとテクノロジーと教え子の留学生らから度々聞いており、二〇二〇年にポップカルチャーとテクノロジーの魅力を統合したスポーツイベントを開催できれば、日本発の新たなチャレンジとして海外からも注目を集めると確信した。

そんな考えをまとめ、朝日新聞の『WEB RONZA』にて同年一〇月四日に発表した論考『二〇二〇年にサイボーグ五輪を開催しよう』(http://webronza.asahi.com/science/articles/2013100100004.html)は多数の有識者から反響を呼び、翌二〇一四年一〇月一〇日に人機一体の超人スポーツの開発、普及を目指した「超人スポーツ委員会」を暦本純一東大教授、中村伊知哉慶大教授、私の三名を共同代表とし、研究者、メディアアーティスト、アスリート、ゲームデザイナーなど五〇名以上の有識者と共に立ち上げる運びとなった。現在は一般社団法人「超人スポーツ協会」として超人スポーツ共創活動としては、都内や岩手県など各地での超人スポーツハッカソンの開催、ＤｅＮＡベイスターズと連携した超野球開発プロジェクト、スポーツ庁委託事業の一環として超福祉スポーツ共創プロジェクトなどを開催した。競技会や学術的な発信も行っており、超人スポーツ公式競技会「超人スポーツゲームズ」、学術イベント「超人スポーツアカデミー」、国際イベント「Superhuman Sports Design Challenge in Delft」など、二〇二〇年を見据え活発に活動を行っている。なお、類似した取り組みとして、スイス連邦工科大学チューリッヒ校のロバート・ライナーらが主導している、技術を用いたパラスポーツ「サイバスロン」や、誰もが楽しくプレイできるスポーツ創造を目指した「世界ゆるスポーツ協会」「運動会協会」など相次いでおり、スポーツ共創が世界的なムーブメントとなりつつある。

超人スポーツの取り組みの中で私自身にとっても興味深いことが起きた。超人スポーツ協会公式の一つとして体重移動のみで操作できる二輪の電動バランススクーターを用いた球技「ホバークロス（Hover Crosse）」がある。バランススクーターに乗った二人のプレイヤーがオフェンスとディフェンスに分かれ、フィールドに置かれた三箇所のゴールにボールを入れて得点を競う一対一の対戦型の球技であるが、私は競技開発後一年にわたって開発者や学生らを打ち破り、競技会で一位であり続けたのだ。今までの半生においてとにかくスポーツに苦手意識を持っていた私が、である。実は個人的にバランススクーターを所持しており、普段から研究室内で利用していたのが勝利の秘訣であるのだが、そのとき気付いたことが二点ある。

一つ目は私が苦手意識を持ち、興味をあまり持てなかったのは「既存のメジャースポーツ」に対してであったこと。工学系の教員として日々学生たちに教えているように「なければ作ればよい」のである。思い返せば我々も幼少時は多くの遊びを作ってきたが、体育の枠組みの中で、既存のメジャースポーツでのパフォーマンスを要求されることになっていた。皆が幼少時に普通にやってきた「スポーツ創造」の取り組みを、今こそ大人の英知で発揮すべきなのである。

そして、二つ目のより重要な気付きは「能力はどこに帰属するか」ということである。私自身も、多くの人と同様に能力とは個々の身体に帰属していると漠然と考えていた。よって、人間拡張工学という研究分野の取り組みも、身体の認識・行動能力を支援・拡張することに注力してきた。

しかしながら、「ホバークロス」を体験することで、「能力とは自己、他者、環境との相互作用の中に存在する」ことを大悟した。プロアスリートでもスポーツの対戦相手や種目が変われば、得手不得手が変わるように。つまり、身体そのものは変化しない状況でも、社会やルールなどの環境が変わればその能力も変化するのである。例えばドラえもんの映画『のび太の宇宙開拓史』の中で、地球環境ではいじめられっ子なのび太が、重力の小さな星「コーヤコーヤ星」に行った途端に八面六臂の大活躍をするエピソードがある。逆にウルトラマンもM78星雲のウルトラ族の中では一般人に過ぎないであろう。双方ともフィクションの世界であるが、我々が自覚する能力や思考のフレームワークとしての常識が、現在の地球環境や物理法則に規定されてしまっていることを示唆している。現在障がいをもつと言われている方々も、それは現在の地球の重力下で作られた都市空間・社会環境の中での参画に障がいがあるのであって、環境が変われば活躍できる可能性もあろう。実際MMORPG（大規模多人数同時参加型オンラインRPG）の元祖とされる『ウルティマ オンライン』では、耳の不自由なプレイヤーが多数活躍していたと言われている。なぜなら大気中の音声コミュニケーションと違い、チャットで会話することが前提のオンラインゲーム環境であれば、他のプレイヤーと分け隔てなくゲームやコミュニケーションを楽しむことができるからだ。一方私も日本語や英語が通じない国に行けば、まさに耳や言葉が不自由な状態となってしまう。

本書でも「スポーツへの参加はスポーツがなければ社会参加の機会がなかった人びとに対して、その機会を拡大するものだと言われる」とある。産業革命により肉体労働から解放された労働者たちの間で近代スポーツが普及したことを鑑みても、社会環境の変化は新たな能力を規定し、社会参加のチャンスを生み出してきた。現代までに人類は「狩猟社会」「農耕社会」「工業社会」「情報社会」と変遷してきたと言われている。スポーツとはそれぞれの社会における基本スキルを、経済活動の外側の領域でゲーム化したものと捉えると興味深い。狩猟社会では射的、投擲や格闘技、農耕社会ではチームスポーツ、工業社会ではモータースポーツ、情報社会ではロボットコンテストや、国際科学オリンピック、将棋、囲碁などのブレインスポーツ、そしてeスポーツなどが該当するかもしれない。それらは各段階の社会における、新たなスキルと価値の方向性を示唆している。つまり、スポーツとは時代時代の社会規範における身体の役割をバーチャル化した、非日常的なハレの場でのゲームであると換言できる。

†

現在わが国は第五期科学技術基本計画において、情報空間と現実空間を高度に融合させたシステムにより、経済発展と社会的課題の解決を両立した人間中心の未来社会像として「ソサイエティ5・0」を提唱している。その計画書では、IoT、ロボット、AIなどを活用したイノベーションにより、持続的な経済成発展を目指しつつ、少子化、超高齢化、災害といった課題に立ち向かうことが謳われている。一方世界各国ではこれら新技術の登場によって現在の雇用が失われる可能性が懸念されている。しかしながら幕末や維新を振り返ってみれば、こういった社会変革はまさに「社会参加の機会がなかった人びとに対して、その機会を拡大する」絶好のチャンスと捉えることができる。むしろ知恵を絞るべきは働き方改革でなく、遊び方改革なのである。ソサイエティ5・0への社会変革は、スポーツ関連ビジネスやコンピュータエンタテインメント産業に並ぶ新たなビジネスチャンスの端緒となろう。例えば三六〇度動画を用いたVRや遠隔アバターロボットの登場は、観光業のありかたを大きく変えるかもしれない。観光先は現実世界だけでなくても良い。例えばゲーム実況動画などはバーチャル世界における新たな観光ガイドと捉えることもできよう。

ではこのソサイエティ5・0において新たに必要となるスキルは何であろうか。私は情報世界と現実世界が有機的に統合された環境において、情報身体と物理身体とを自在に操ることによる価値創造であると考えている。一九六〇年に発表された、「サイボーグと宇宙」という論文は、身体を改造することで、人類を宇宙など様々な極限環境に適応させることを主張した。現在我々は肉体改造こそ行っていないが、ロボットアバターやバーチャルアバターを使いこなす「情報的サイボーグ」になりつつある。この情報的サイボーグこそがソサイエティ5・0という人類にとっての新たなフロンティアを開拓する新たな身体となろう。

従来の社会変革とそれらの時代に応じたスポーツとの関連性に倣うのであれば、ソサイエティ5・0におけるスポーツとは、まさに本書が提案する「スポーツ2・0」に他ならない。そして本書が指摘するように、スポーツそのものが社会変革や社会の捉え方を時にリードしてきた。一歩引いて眺めると、各時代の「リアル」な実社会の課題を抽象化するように変革、創造されてきたスポーツと、それを取り巻くコミュニティは、社会におけるレギュラトリー・サンドボックス（規制の砂場）に他ならない。二〇世紀におけるモータースポーツで磨かれた技術が自動車の技術レベルの向上に寄与したように、二一世紀社会のレギュラトリー・サンドボックスとしての「スポーツ2・0」で培われた技術は少子高齢化社会における課題解決の糸口となるかもしれない。

スポーツとは決まったルールの中でベストのパフォーマンスを競うだけの存在ではない。全てのスポーツ、そしてオリンピックなどすべての競技会は、地上の物理法則に規定された自然現象ではなく、人間が形作ってきた新たな価値基準である。そして未来の人気スポーツを作るチャンスも我々は平等に有している。本書をきっかけに、スポーツ・ゲームの未来に是非とも思いを馳せて欲しい。

Sport 2.0 ——進化する e スポーツ、変容するオリンピック

2018 年 9 月 5 日　初版第 1 刷発行
2019 年 6 月 18 日　初版第 3 刷発行

著　者　　　アンディ・ミア
訳　者　　　田総恵子

発行者　　　長谷部敏治
発行所　　　NTT 出版株式会社
〒 141-8654　東京都品川区上大崎 3-1-1　JR 東急目黒ビル
営業担当　TEL 03(5434)1010　　FAX 03(5434)1008
編集担当　TEL 03(5434)1001
http://www.nttpub.co.jp

ブックデザイン　小口翔平＋岩永香穂（tobufune）
印刷・製本　株式会社光邦

ISBN 978-4-7571-6073-6 C0075

[著者紹介]
アンディ・ミア（Andy Miah）
英マンチェスターにあるサルフォード大学教授。
1975 年生まれ、イギリス・ノリッチ出身。バングラディッシュ人の父とイギリス人の母の元に生まれる。生命倫理を専攻し、テクノロジーと人間の行動変容を主な研究テーマとしている。『ハフィントンポスト』『タイム』『ガーディアン』等、様々な媒体に寄稿。共著に、*The Medicalization of Cyberspace, The Olympics, Genetically Modified Athletes* がある。http://andymiah.net/

[訳者紹介]
田総恵子（たぶさ・けいこ）
翻訳家、十文字学園女子大学教授。訳書にサンスティーン＋ヘイディ『賢い組織は「みんな」で決める』、サンスティーン『シンプルな政府』（ともに NTT 出版）、エーベンシュタイン『フリードリヒ・ハイエク』、スカウソン『自由と市場の経済学』（ともに春秋社）など。

[解説者紹介]
稲見昌彦（いなみ・まさひこ）
東京大学先端科学技術研究センター教授。1972 年、東京都生まれ。専門は人間拡張工学、自在化技術、エンタテインメント工学。光学迷彩、触覚拡張装置、動体視力増強装置など、人の感覚・知覚に関わるデバイスを各種開発。超人スポーツ協会代表理事、JST ERATO 稲見自在化身体プロジェクト研究総括など、を務める。著書に『スーパーヒューマン誕生！』（NHK 出版）など。

参考文献

Ahmed, Murad. 2008. "Facebook Fans Lost for Words in 'Scrabble' Row." *The Times*, January 17 (http://www.thetimes.co.uk/tto/technology/article18).

Akins, A. S. 1994. "Golfers Tee Off into the Future." *The Futurist*, March-April: 39-42(https://www.questia.com/magazine/1G1-15266290/golfers-tee-off-into-the-future).

Allan, Stuart, and Einar Thorsen. 2009. *Citizen Journalism: Global Perspectives*. Peter Lang.

Artwick, Claudette G. 2013. "Reporters on Twitter." *Digital Journalism* 1 (2): 212-228 (doi: 10.1080/21670811.2012.744555).

Baldwin, Alan. 2012. "Inside the World of Olympic Timing: 'We Could Measure in Millionths of Seconds but That Wouldn't Be Fair.'" *The Independent*, July 25 (http://www.independent.ie/sport/other-sports/olympics/other-news/inside-the-world-of-olympic-timing-we-could-measure-in-millionths-of-seconds-but-that-wouldnt-be-fair-26879706.html).

Barassi, Veronica, and Emiliano Treré. 2012. "Does Web 3.0 Come After Web 2.0? Deconstructing Theoretical Assumptions through Practice." *New Media & Society* 14 (8): 1269-1285 (doi: 10.1177/1461444812445878).

Barkett, B .2009. "Technologies for Monitoring Human Player Activity within a Competition." In *Digital Sport for Performance Enhancement and Competitive* Evolution: Intelligent Gaming Technologies, ed. N. K. Pope, K. A. Kuhn, and J. J. Forster. Information Science Reference.

BBC. 2012. "Rural Chinese Get Online as Mobile Overtakes Desktop." BBC News, July 19 (http://www.bbc.com/news/technology-18900778).

BBC. 2014. "Video Games Should Be in Olympics, Says Warcraft Maker." BBC News (http://www.bbc.co.uk/news/technology-30597623).

BBC. 2015. "Is Computer Gaming Really Sport?" iWonder.

BBC. 2016. "The Beautiful Gamers." BBC Sport (http://www.bbc.co.uk/programmes/p03g8cyj).

Beckett, Charlie. 2008. *SuperMedia: Saving Journalism So It Can Save the World*. Wiley-Blackwell.

Beckett, Charlie, and James Ball. 2012. *WikiLeaks: News in the Networked Era*. Polity Press.

Beijing Organising Committee for the Olympic Games. 2007. Service Guide for Foreign Media Coverage of the Beijing Olympic Games and the Preparatory Period (http://bb.china-embassy.org/eng/xwfw/P020070904068474220087.pdf).

Bijker, Wiebe E. 1995. *Of Bicycles, Bakelites, and Bulbs: Toward a Theory of Sociotechnical Change*. MIT Press.

Blascovich, Jim. and Bailenson, Jeremy, 2011. *Infinite Reality: The Hidden Blueprint of Our Virtual Lives*. Harper Collins.

Borowy, Michael , and Dal Yong Jin, 2013 . "Pioneering eSport: The Experience Economy and the Marketing of Early 1980s Arcade Gaming Contests." *International Journal of Communication* 7: 2254-2274.

Bostrom , N. 2003 . " Are You Living in a Computer Simulation? " *Philosophical Quarterly* 53 (211): 243-255 .

Bovill, M., and S. Livingstone. 2001. "Bedroom Culture and the Privatization of Media Use." In *Children and Their Changing Media Environment: A European Comparative Study*, ed. S. Livingstone and M. Bovill. Erlbaum.

Boyle, Raymond. 2006. *Sports Journalism: Context and Issues*. SAGE.

Boyle, Raymond, and Richard Haynes. 2004. *Football in the New Media Age*. Routledge.

British Olympic Association. 2007. *Team GB Advertising and Media Guidelines: A Guide for Olympian*. Officials, Sponsors, Media and Agents.

Burk, Dan. L. 2013. "Owning e-Sports: Proprietary Rights in Professional Computer Gaming." University of Pennsylvania Law Review 161 (6): 1535-1578 (http:// scholarship.law.upenn.edu/cgi/viewcontent.cgi?article=1022&context=penn_law_review).

Byron, Tanya. 2008. Safer Children in a Digital World: The Report of the Byron Review. Department for Children, Schools and Families and Department for Culture, Media and Sport (http://webarchive.nationalarchives.gov.uk/20130401151715/http://www.education.gov.uk/publications/eOrderingDownload/DCSF-00334-2008.pdf).

Caddy, Becca. 2015. Twitter launches Moments to help users follow breaking news, October 7 (http://www.wired.co.uk/article/twitter-moments-breaking-news).

Carter, Chelsea J. 2012. "Viewers Outraged after NBC Cuts Away from Olympics Closing Ceremony." http://www.cnn.com/2012/08/13/sport/olympics-nbc-fail/

Castells, Manuel. 1996. *The Rise of the Network Society*. Blackwell.

Chambers, Deborah. 2012. " 'Wii Play as a Family': The Rise in Family-Centred Video Gaming. " *Leisure Studies* 31 (1): 69-82 (doi: 10.1080/02614367.2011.568065).

Chen, Chen-Yueh, Yi-Hsiu Lin, and Hui-Ting Chiu. 2013. "Development and Psychometric Evaluation of Sport Stadium Atmosphere Scale in Spectator Sport Events." *European Sport Management Quarterly* 13 (2): 200-215 (DOI: 10.1080/16184742.2012.759602).

China Internet Network Information Center. 2008. Statistical Survey Report on The Internet Development in China (http://www.apira.org/data/upload/pdf/Asia-Pacific/CNNIC/21streport-en.pdf).

Chowdhury, Saj. 2014. "France 3-Honduras 0." BBC Sport, June 15 (http://www.bbc.co.uk/sport/football/25285092).

Chozick, Amy. 2012. "NBC Unpacks Trove of Data From Olympics." *The New York Times*, September 25 (http://www.nytimes.com/2012/09/26/business/media/nbc-unpacks-trove-of-viewer-data-from-london-olympics.html).

Clarke, John, and Ross Stevenson. 1998. "The Games." Australian Broadcasting Corporation.

Cohen, Stanley. 1973. *Folk Devils and Moral Panics*. Paladin.

Collins, Harry. 2010. "The Philosophy of Umpiring and the Introduction of Decision-Aid Technology," *Journal of the Philosophy of Sport* 37: 135-146 (doi:10.1080/00948705.2010.9714772).

Consalvo, Mia, and Konstantin Mitgutsch. 2013. *Sports VideoGames* . Routledge.

Corcoran, Liam. 2016. "The Biggest Facebook Publishers of January 2016." NewsWhip (http://www.newswhip.com/2016/02/biggest-facebook-publishers-january-2016/).

Crawford, Garry. 2005. "Digital Gaming, Sport and Gender. " *Leisure Studies* 24 (3):259-270 (doi: 10.1080/0261436042000290317).

Crawford, Garry, and Victoria K. Gosling. 2009. "More Than a Game: Sports-Themed Video Games and Player Narratives." *Sociology of Sport Journal* 26 (1): 50-66.

Cross, Rod, and Graham Pollard. 2009. "Grand Slam Men's Singles Tennis 1991-2009 Serve Speeds and Other Related Data." *Itf Coaching & Sport Science Review* (http://www.physics.usyd.edu.au/~cross/GrandSlams.pdf#page=8).

Custer, C. 2014. "Why the World Cyber Games Got Cancelled: It's All Samsung's Fault." *Tech in Asia* (https://www.techinasia.com/why-the-world-cyber-games-got-cancelled-its-all-samsungs-fault).

Danzico, Matt. 2012. "Are Pro Video-Game Players Our 21st Century Athletes?" BBC News, August 28 (http://www.bbc.com/news/world-us-canada-19373708)

Dart, J. 2012. "New Media, Professional Sport and Political Economy." *Journal of Sport and Social Issues 38* (6): 528-547 (doi: 10.1177/0193723512467356).

Duncan, J., M. Thorpe, and P. Fitzpatrick. 1996. "Sport on the Verge of the Third-Eye Era." *The Guardian*, [date to be added in proofs].

Edgar, Anthony. 2013. "Interaction with Anthony Edgar." *Sport in Society* 16 (9): 1206-1209 (doi: 10.1080/17430437.2013.819174).

Edgar, Anthony. 2014. "The Future of News and Sports Reporting at the Olympic Games and Other Major Events." Presented at Sportforum Schweiz, Lucerne.

Elias, Norbert and Eric Dunning. 1986. *Quest for Excitement: Sport and Leisure in the Civilizing Process*. Blackwell.

Elliott, Stuart. 2012. "A Bet (and Tattoo) on an Olympian." *The New York Times*, July 4 (http://www.nytimes.com/2012/07/05/business/media/with-a-tattoo-hanson-dodge-bets-on-nick-symmonds.html).

Ellul, Jacques. 1964. *The Technological Society*. A Vintage Books.

e-Sports Earnings. 2015. History of Earnings (http://www.esportsearnings.com/history).

Finn, Jonathan. 2014. "Anatomy of a Dead Heat: Visual Evidence at the 2012 US Olympic Trials." *The International Journal of the History of Sport* 31 (9): 976-993 (doi:10.1080/09523367.2014.907795).

Flintham, M., R. Anastasi, S. Benford, A. Drozd, J. Mathrick, D. Rowland, A. Oldroyd, et al. 2003. "Uncle Roy All Around You: Mixing Games and Theatre on the City Streets." In *ACE'04 June 3?5, 2004, Singapore*, ed. M. Copier and J. Raessens. University of Utrecht and Digital Games Research Association.

4Creative. 2012. "Channel 4 Paralympics—Meet the Superhumans" (https://www.youtube.com/watch?v=tuAPPeRg3Nw).

Frank, Laura, and Betsy Cameron Williams. 2012. "Stats for London 2012 on Facebook. Facebook Newsroom (http://newsroom.fb.com/news/2012/08/stats-for-london-2012-on-facebook/).

Fromme, Johannes. 2003. "Computer Games as a Part of Children's Culture." *Game Studies* 3 (1)

(http://www.gamestudies.org/0301/fromme).

Frost, Chris. 2011. *Journalism Ethics and Regulation*, third edition. Longman.

Fuller, Steve. 2013. *Humanity 2.0: What It Means to Be Human Past, Present and Future*. Palgrave Macmillan.

Funk, J. B. 2001. Children and Violent Video Games: Are There "High Risk" Players? (https://culturalpolicy.uchicago.edu/sites/culturalpolicy.uchicago.edu/files/funk1.pdf).

Fusion Sport. 2012. "Talent ID" (http://fusionsport.com/portal/content/view/397/371/).

Gaudiosi, John. 2015. "Why Coke Is Expanding beyond League of Legends eSports." http://fortune.com/2015/10/30/coke-expands-esports-reach/

Gelberg, J. Nadine. 1995. "The Lethal Weapon: How the Plastic Football Helmet Transformed the Game of Football, 1939–1994." *Bulletin of Science, Technology & Society* 15 (5–6): 302-309.

Gibson, William. 1984. *Neuromancer*. HarperCollins. (黒丸尚訳『ニューロマンサー』早川書房 1986 年)

Gilchrist, Paul, and Neil Ravenscroft. 2013. "Space Hijacking and the Anarcho-Politics of Leisure." Leisure Studies 32 (1): 49-68(doi:10.1080/02614367.2012.680069).

Goel, Vindu. 2008. "Game Over: Scrabulous Shut Down on Facebook." *The New York Times*, July 29 (http://bits.blogs.nytimes.com/2008/07/29/facebook-shuts-down-scrabulous/).

Goff, J. E., T. Asai, and S. Hong. 2014. "A Comparison of Jabulani and Brazuca Non-Spin Aerodynamics." *Proceedings of the Institution of Mechanical Engineers, Part P: Journal of Sports Engineering and Technology* 228 (3): 188-194 (doi:10.1177/1754337114526173).

Griffiths, M. 2000. "Excessive Internet Use: Implications for Sexual Behavior." *Cyberpsychology & Behavior* 3 (4): 537-552.

Grossman, Lev. 2009. "Iran's Protests: Why Twitter Is the Medium of the Movement." *Time*, June 17 (http://content.time.com/time/world/article/0,8599,1905125,00.html).

The Guardian. 2016. "Welcome to Your Cell." *The Guardian,* April 27 (http://www.theguardian.com/world/ng-interactive/2016/apr/27/6x9-a-virtual-experience-of-solitary-confinement).

Guttmann, A. 1978. *From Ritual to Record: The Nature of Modern Sports*. Columbia University Press.

Hall, James. 2012. "Twitter Leads to under-Performance on Field of Play, Says Lord Coe." *The Telegraph*, December 30 (http://www.telegraph.co.uk/sport/olympics/news/9771798/Twitter-leads-to-under-performance-on-field-of-play-says-Lord-Coe.html).

Hayles, N. Katherine. 1999. *How We Became Posthuman: Virtual Bodies in Cybernetics, Literature, and Informatics*. University of Chicago Press.

Heim, Michael. 1993. *The Metaphysics of Virtual Reality*. Oxford University Press.

Hemphill, D. A. 1995. "Revisioning Sport Spectatorism." *Journal of the Philosophy of Sport* 22: 48-60.

Hoberman, John. M. 1992. *Mortal Engines: The Science of Performance and the Dehumanization of Sport*. The Free Press.

House of Commons. 2005. London Olympics Bill (http://www.publications.parliament.uk/pa/cm200506/cmbills/045/2006045.pdf).

Howie, Luke, and Perri Campbell. 2015. "Fantasy Sports: Socialization and Gender Relations." *Journal of Sport and Social Issues* 39 (1): 61-77 (doi: 10.1177/0193723514533200).

Huffman, R. K., and M. Hubbard. 1996. "A Motion Based Virtual Reality Training Simulator for Bobsled Drivers." In *The Engineering of Sport*, ed. S. Haake. Balkema.

Human Rights Watch. 2014. Letter to Sochi 2014 sponsors (https://www.hrw.org/sites/default/files/related_material/Olympics%20letter%20FINAL%20with%20logos.pdf).

Hutchins, Brett. 2008. "Signs of Meta-Change in Second Modernity: The Growth of e-Sport and the World Cyber Games." *New Media & Society* 10 (6): 851-869.

Hutchins, Brett , David Rowe, and Andy Ruddock. 2009. " 'It's Fantasy Football Made Real': Networked Media Sport, the Internet, and the Hybrid Reality of MyFootballClub. " *Sociology of Sport Journal* 26 (1): 89-106.

IBM. 2014. "Data Is a Game Changer" (https://www-07.ibm.com/innovation/au/ausopen/serve.html).

IGN. 2014. "ESPN President Says eSports Is Not a Sport." *IGN News*, September 8 (http://www.ign.com/articles/2014/09/08/espn-president-says-esports-is-not-a-sport).

International Olympic Committee. 2008. "IOC Blogging Guidelines for Persons Accredited at the Games of the XXIX Olympiad, Beijing 2008". Lausanne

International Olympic Committee (http://www.olympiatoppen.no/ol/tidligereol/beijing_2008/utovere/reglement/media3178.media).

International Olympic Committee. 2010. Olympic Marketing Fact File (http://www.olympic.org/Documents/fact_file_2010.pdf).

International Olympic Committee. 2012. IOC Social Media, Blogging and Internet Guidelines for Participants and Other Accredited Persons at the London 2012 Olympic Games (http://www.olympic.org/documents/games_london_2012/ioc _social_media_blogging_and_internet_guidelines-london.pdf).

International Olympic Committee. 2014. Olympic Marketing Fact File (http://www.olympic.org/Documents/IOC_Marketing/OLYMPIC_MARKETING_FACT_%20FILE_2014.pdf).

International Olympic Committee. 2015 a. Olympic Charter (http://www.olympic.org/Documents/olympic_charter_en.pdf).

International Olympic Committee. 2015 b. IOC awards all TV and multiplatform broadcast rights in Europe to Discovery and Eurosport for 2018-2024 Olympic Games (http://www.olympic.org/news/ioc-awards-all-tv-and-multiplatform-broadcast-rights-in-europe-to-discovery-and-eurosport-for-2018-2024-olympic-games/246462).

International Olympic Committee. 2016. IOC Marketing: Media Guide, Olympic Games Rio 2016. Lausanne, IOC.

Internet World Stats. 2012. "167,335,675 Estimated Internet Users in Africa for 2012Q2" (www.internetworldstats.com).

Internet World Stats. 2015. "Internet Usage Statistics for Africa: Africa Internet Usageand 2015 Population Stats" (http://www.internetworldstats.com/stats1.htm).

Ives, Jeffrey C., William F. Straub, and Greg A. Shelley. 2002. "Enhancing Athletic Performance Using Digital Video in Consulting." *Journal of Applied Sport Psychology* 14 (3): 237-245.

Jankowski, N. W. 2006. "Creating Community with Media: History, Theories and Scientific

Investigations." In *The Handbook of New Media: Updated Student Edition*, ed. L. A. Lievrouw and S. Livingstone. SAGE.

Kamal, Ankit. 2011. "Exergaming—New Age Gaming for Health, Rehabilitation and Education." In *Advanced Computing (Communications in Computer and Information Science*, volume 133) (doi: 10.1007/978-3-642-17881-8_40).

Kember, S. 1998. *Virtual Anxiety: Photography, New Technologies and Subjectivity*. Manchester University Press.

Kidd, Bruce. 2013. "The Olympic Movement and the Sports-Media Complex." *Sport in Society* 16 (4): 439-448 (doi: 10.1080/17430437.2013.785754).

Kim, Yeojin, and Wilson Lowrey. 2014. "Who Are Citizen Journalists in the Social Media Environment? " *Digital Journalism* 3 (2): 298-314 (doi: 10.1080/21670811.2014.930245)

Kline, S. Dyer, Witheford, N. and De Peuter, G. 2003. *Digital Play: The Interaction of Technology, Culture and Marketing*. McGill-Queen's University Press.

Kücklich, Julian. 2005. "FCJ-025 Precarious Playbour: Modders and the Digital Games Industry." *The Fibreculture Journal*, issue 5 (http://five.fibreculturejournal.org/fcj-025-precarious-playbour-modders-and-the-digital-games-industry/).

Kuhn, Kerri-Ann. 2009 . "The Market Structure and Characteristics of Electronic Games." In *Digital Sport for Performance Enhancement and Competitive Evolution*, ed. N. K. Pope, K.-A. Kuhn, and J. J. Forster. Information Science Reference.

Lahajnar, Leon, Andrej Kos, and Bojan Nemec. 2008. "Skiing Robot—Design, Control, and Navigation in Unstructured Environment. " Robotica 27 (4): 567-577 (doi:10.1017/S0263574708004955).

Laird, Sam. 2012. "How Instagram Is Winning Gold at the 2012 Olympics.[INFOGRAPHIC]" Mashable (http://mashable.com/2012/08/11/instagram-olympics-infographic/#XUZ1vwVqFZqM).

Lee, Hyuck-gi, and Won-hee Lee. 2012. "Presence in Virtual Golf Simulators : The Effects of Presence on Perceived Enjoyment, Perceived Value, and Behavioral Intention" (doi: 10.1177/1461444812464033).

Lee, Seunghwan, Won Jae Seo, and B. Christine Green. 2013. "Understanding Why People Play Fantasy Sport: Development of the Fantasy Sport Motivation Inventory (FanSMI). " *European Sport Management Quarterly* 13 (2): 166-199 (doi:10.1080/16184742.2012.752855).

Lenskyj, H. 2002. *The Best Olympics Ever? Social Impacts of Sydney 2000*. State University of New York Press.

Lenskyj, Helen. 2006. "Alternative Media Versus the Olympic Industry." In *Handbook of Sports and Media*, ed. A. A. Raney and J. Bryant. Routledge.

Lester, Cheryl. 2006. From Columbine to Red Lake: Tragic Provocations for Advocacy. *American Studies* (Lawrence, Kan.) 47 (1): 133-153.

Levy, Neil. 2012. "Your Brain on the Internet: A Response to Susan Greenfield." The Conversation (https://theconversation.com/your-brain-on-the-internet-a-response-to-susan-greenfield-8694).

Liebermann, Dario G., and Ian M. Franks. 2004. "The Use of feedback-based technologies." In

Notational Analysis of Sport, second edition, ed. M. Hughes and I. M. Franks. Routledge.
Liebermann, Dario G., Larry Katz, Mike D. Hughes, Roger M. Bartlett, Jim McClements, and Ian M. Franks. 2002. "Advances in the Application of Information Technology to Sport Performance. " *Journal of Sports Sciences* 20 (10): 755-769 (doi:10.1080/026404102320675611).
Lin, J. 2014. "When Photos Come to Life: The Art of the Cinemagraph." http://time.com/3388024/when-photos-come-to-life-the-art-of-the-cinemagraph/
Livadas, P. 2005. Greek Olympic Know-How to Beijing. Greek Embassy. http://www.greekembassy.org/
Lomax, R. G. 2006. "Fantasy Sports: History, Game Types, and Research." In *Handbook of Sports and Media*, ed. A. A. Raney and J. Bryant. Routledge.
Love, Tom. 2011. First Screening, 88-91. SportsPro. [volume number or date to be inserted in proofs]
MacKinnon, R. 1997. "Virtual Rape." *Journal of Computer-Mediated Communication* 2 (4) (http://onlinelibrary.wiley.com/doi/10.1111/j.1083-6101.1997.tb00200.x/full).
Macutkiewicz, David, and Caroline Sunderland. 2011. "The Use of GPS to Evaluate Activity Profiles of Elite Women Hockey Players during Match-Play." *Journal of Sports Sciences* 29 (June): 967-973 (doi: 10.1080/02640414.2011.570774).
Malik, Shiv. 2012. "Twitter Suspends Account for Using London 2012 Olympics Logo." *The Guardian*, May 23 (http://www.theguardian.com/sport/2012/may/23/twitter-london-2012-olympic-logo).
Marik, Janina. 2013. "Gaming at the e-Sport Event: Mediatized Confrontations (Re)Negotiating Sport, Body and Media." In *Playing with Virtuality: Theories and Methods of Computer Game Studies*, ed. B. Bigl and S. Stoppe. Peter Lang.
Mare, Admire. 2013. "A Complicated but Symbiotic Affair : The Relationship between Mainstream Media and Social Media in the Coverage of Social Protests in Southern Africa. " *Ecquid Novi: African Journalism Studies* 34 (1): 83-98 (doi:10.1080/02560054.2013.767426).
Markham, Annette N. 1998. *Life Online: Researching Real Experience in Virtual Space*. AltaMira.
McArdle, D. 2000. "One Hundred Years of Servitude: Contractual Conflict in English Professional Football before Bosman." *Web Journal of Current Legal Issues* 2 (http://www.bailii.org/uk/other/journals/WebJCLI/2000/issue2/mcardle2.html).
McGinnis, P. M. 2000. "Video technology for coaches." *Track Coach* 152 (summer):4857-4862.
McGonigal, J. 2003. "'This Is Not a Game': Immersive Aesthetics and Collective Play." *Fineart Forum* 17 (8) (https://janemcgonigal.files.wordpress.com/2010/12/mcgonigal-jane-this-is-not-a-game.pdf).
McLuhan, Marshall. 1964. *Understanding Media: The Extensions of Man*. McGraw-Hill. （後藤和彦、高儀進訳『人間拡張の原理』竹内書店　1967 年）
McMahon, D. 2014. "A Cyclist in the Tour De France Was Busted for Using His Cellphone at Nearly 40 MPH." Business Insider (http://uk.businessinsider.com/tour-de-france-cyclist-busted-using-cellphone-2014-7?r=US&IR=T).
Miah, Andy. 2002. "Immersion and Abstraction in Virtual Sport." In *Sport Technology: History, Philosophy and Policy*, ed. A. Miah and S. B. Eassom. Elsevier.

Miah, Andy. 2004. *Genetically Modified Athletes: Biomedical Ethics, Gene Doping and Sport*. Routledge.

Miah, Andy. 2011. “Towards Web 3.0: Mashing Up Work and Leisure.” In *The New Politics of Leisure and Pleasure*, ed. P. Bramham and S. Wagg. Palgrave Macmillan.

Miah, Andy. 2014. “Tweeting the Olympic Games.” In *Handbook of the London 2012 Olympic and Paralympic*, ed. V. Girginov. Routledge.

Miah, A., and E. Rich. 2013. “The Body, Health and Illness.” In *The Media: An Introduction*, third edition, ed. D. Albertazzi and P. Cobley. Routledge.

Millington, B. 2014. “Amusing Ourselves to Life: Fitness Consumerism and the Birth of Bio-Games.” *Journal of Sport and Social Issues* 38 (6): 491-508 (doi:10.1177/0193723512458932).

Mitchell, William. 1995. *City of Bits: Space, Place, and the Infobahn*. The MIT Press.

Morgan, William. J. 1994. *Leftist Theories of Sport: A Critique and Reconstruction, ed*. B.G. Rader and R. Roberts. University of Illinois Press.

Morozov, Evgeny. 2009. “Iran Elections: A Twitter Revolution?” *Washington Post, June* 17 (http://www.washingtonpost.com/wp-dyn/content/discussion/2009/06/17/DI2009061702232.html).

Morris, B. S., and J. Nydahl. 1985. “Sports Spectacle as Drama: Image, Language and Technology.” *The Journal of Popular Culture* 18 (4): 101-110.

Morton, John. 2011. “Twenty Twelve.” BBC (http://www.bbc.co.uk/programmes/b01f87nh).

Murray, John. Henry. 2000. Legislative Assembly, Wednesday 11 October (https://www.parliament.nsw.gov.au/prod/parlment/hanstrans.nsf/V3ByKey/LA20001011/$File/522la075.pdf).

NBC Sports Group. 2015. “Super Bowl XLIX on NBC Is Most-Watched Show in U.S.Television History.” NBC Sports, February 2 (http://nbcsportsgrouppressbox.com/2015/02/02/super-bowl-xlix-on-nbc-is-most-watched-show-in-u-s-television-history/).

Neilson, Brett. 2002. “Bodies of Protest: Performing Citizenship at the 2000 Olympic Games. ” *Continuum* (Perth) 16 (1).

Newzoo. 2016. “The Global Games Market Reaches $99.6 Billion In 2016, Mobile Generating 37%.” Newzoo, April 21 (https://newzoo.com/insights/articles/global -games-market-reaches-99-6-billion-2016-mobile-generating-37/).

Ovide, Shira. 2012. “Twitter Embraces Olympics to Train for the Big Time.” *The Wall Street Journal,* July 24 (http://www.wsj.com/articles/SB10000872396390444025204577543313839816248).

Owen, David. 2014. “Cuban Deal for Rio 2016 Takes IOC’s Total Broadcast Income in Quadrennium to beyond $4 Billion.” Inside The Games (http://www.insidethegames.biz/articles/1024469/cuban-deal-for-rio-2016-takes-ioc-s-total-broadcast-income-in-quadrennium-to-beyond-4-billion).

Pargman, D. 2000. “The Fabric of Virtual Reality—Courage, Rewards and Death in an Adventure MUD.” *M/C* 3 (5) (http://journal.media-culture.org.au/0010/mud.php).

Peck, Tom. 2012. “Father of Olympic Branding: My Rules Are Being Abused.” *Independent,* July 21 (http://www.independent.co.uk/sport/olympics/news/father-of-olympic-branding-my-rules-are-being-abused-7962593.html).

Perl, Jürgen, and Daniel Memmert. 2011. " Net-Based Game Analysis by Means of the Software Tool SOCCER. " *International Journal of Computer Science in Sport* 10: 77 -84.

Petersen, Søren Mørk. 2007. "Mundane Cyborg Practice: Material Aspects of Broadband Internet Use." *Convergence* 13 (1): 79-91.

Piccini, Angela. 2013. "Olympic City Screens: Media Matter, and Making Place." In *The Oxford Handbook of the Archaeology of the Contemporary World*, ed. P. Graves-Brown and R. Harrison. Oxford University Press.

Plant, Sadie. 2003. *On the Mobile: The Effects of Mobile Telephones on Social and Individual Life*. Motorola.

Plunkett, John. 2011. "BBC Denies Olympics Comedy Stole from Australian TV Show." The Guardian, March 16 (http://www.theguardian.com/media/2011/mar/16/bbc-olympics-comedy-twenty-twelve).

Preuss, H. 2006. *The Economics of Staging the Olympics: A Comparison of the Games 1972-2008.* Edward Elgar.

Proteus. 2015. "U.S. FDA Accepts First Digital Medicine New Drug Application for Otsuka and Proteus Digital Health", Proteus Digital Health (http://www.proteus.com/press-releases/u-s-fda-accepts-first-digital-medicine-new-drug-application-for-otsuka-and-proteus-digital-health/).

ProZone. 2014. "Big Data for a Bigger Picture" (http://prozonesports.com/big-data-bigger-picture/).

Ravensbergen, David. 2008. "Talking with Richard Florida." *The Tyee*, August 5 (http://thetyee.ca/Books/2008/08/05/Florida/).

Reed, Sada. 2013. "American Sports Writers' Social Media Use and Its Influence on Professionalism." *Journalism Practice* 7 (5): 555-571 (doi: 10.1080/17512786.2012.739325)

Reisinger, Don. 2015. "China's Internet Users Soar as Mobile Drives Growth." *CNET*, February 3 (http://www.cnet.com/uk/news/chinas-internet-user-base-continues-to-soar-as-mobile-drives-growth/).

Rheingold, Howard. 1993. *The Virtual Community.* Addison-Wesley.

Rich, Emma. and John Evans. 2005. "'Fat Ethics': the obesity discourse and body politics." *Social Theory & Health* 3 (4): 341-358.

Rich, Emma, and Andy Miah. 2009. "Prosthetic Surveillance: The Medical Governance of Healthy Bodies in Cyberspace" . *Surveillance & Society* 6 (2): 163-177.

Roberts, T. J. 1992. "The Making and Remaking of Sport Actions." *Journal of the Philosophy of Sport* 19: 15-29.

Robertson, Adi. 2013. "US Visa Bureau Says 'League of Legends' Is a Professional Sport." *The Verge*, July 13 (http://www.theverge.com/2013/7/13/4520188/us-citizenship-immigrations-to-give-league-of-legends-players-sports-visas).

Rogers, Katie. 2012. " 〈eref〉 , Olympic athletes take to Twitter to rally against strict sponsorship rules" *The Guardian* , July 31 (https://www.theguardian.com/sport/2012/jul/31/olympic-athletes-twitter-sponsorship-rules).

Ruggill, Judd Ethan, Ken S. McAllister, and David Menchaca. 2004. "The Gamework."*Communication and Critical/Cultural Studies* 1 (4): 297-312.

Rumsby, Ben. 2014. "Football Manager Player Database to Be Used by Premier League Clubs after Deal with Prozone Sports." *The Telegraph*, August 11 (http://www.telegraph.co.uk/sport/football/competitions/premier-league/11025724/Football-Manager-player-database-to-be-used-by-Premier-League-clubs-after-deal-with-Prozone-Sports.html).

Rushton, Bruce. 2013. "Backdooring It: Defense Maneuvers around Setback." *Illinois Times*, May 29 (http://illinoistimes.com/article-11440-backdooring-it.html).

Seeking Alpha. 2007. "Sohu.com Q1 2007 Earnings Call Transcript" (http://seekingalpha.com/article/34174-sohu-com-q1-2007-earnings-call-transcript).

Seo, Yuri, and Sang-Uk Jung. 2014. "Beyond Solitary Play in Computer Games: The Social Practices of eSports". *Journal of Consumer Culture*. (doi: 10.1177/1469540514553711).

Shapiro, Rebecca. 2013. "NY Times Runs Instagram Photo on Front Page (PHOTO)." *Huffington Post*, April 1 (http://www.huffingtonpost.com/2013/04/01/ny-times-instagram-photo-front-page_n_2991746.html).

Sherwood, M., and M. Nicholson. 2012. "Web 2.0 Platforms and the Work of Newspaper Sport Journalists." *Journalism* 14 (7): 942-959 (doi: 10.1177/1464884912458662).

Silberman, L. 2009. "Double Play: How Video Games Mediate Physical Performance for Elite Athletes." In *Digital Sport for Performance Enhancement and Competitive Evolution*, ed. N. K. Pope, K.-A. Kuhn, and J. J. Forster. Information Science Reference.

Smith, Briar. 2008. "Journalism and the Beijing Olympics: Liminality with Chinese Characteristics." In *Owning the Olympics: Narratives of the New China*, ed. M Price and D. Dayan. University. University of Michigan Press.

Smith, Jacob. 2004. "I Can See Tomorrow in Your Dance: A Study of Dance Dance Revolution and Music Video Games." *Journal of Popular Music Studies* 16 (1): 58-84.

Smith, Marquard. 2005. *Stelarc: The Monograph*. MIT Press.

Smith, Murray. 1995. "Film Spectatorship and the Institution of Fiction." *Journal of Aesthetics and Art Criticism* 53 (2): 113-127.

Sorrentino, Ruth Morey, Richard Levy, Larry Katz, and Xiufeng Peng. 2005. "Virtual Visualization: Preparation for the Olympic Games Long-Track Speed Skating." *International Journal of Computer Science in Sport* 4 (I): 39-44 (http://www.ucalgary.ca/~rmlevy/Publications/Sorrentino_Levy_Katz_Peng_IJCSS-Volume4_1_2005.pdf).

Souppouris, A. 2014. "Virtual Reality Made Me Believe I Was Someone Else." *The Verge* (http://theverge.com/2014/3/24/5526694/virtual-reality-made-me-believe-i-was-someone-else)

Sponsorship Intelligence. 2008. "Games of the XXIX Olympiad, Beijing 2008: Global Television and Online Media Report" (http://www.olympic.org/Documents/IOC_Marketing/Broadcasting/Beijing_2008_Global_Broadcast_Overview.pdf).

Sponsorship Intelligence. 2012. "London 2012 Olympic Games: Global Broadcast Report" (http://stillmed. olympic.org/Documents/IOC_Marketing/Broadcasting/London_2012_Global_

Broadcast_Report.pdf).

Squatriglia, Chuck. 2012. "Olympic Runner Auctions Ad Space—on His Body." *Wired*, January 9 (https://www.wired.com/2012/01/olympic-runner-auctions-ad-space-on-his-body/).

Sterling, Bruce. 1997. "Unstable Networks." In *Digital Delirium*, ed. A. Kroker and M. Kroker. St. Martin's Press.

Stivers, R. 2001. Technology as Magic: *The Triumph of the Irrational*. Continuum.

Stoddart, B. 1997. " Convergence: Sport on the Information Superhighway. " *Journal of Sport and Social Issues* 21 (1): 93-102.

Sreberny, A., and G. Khiabany. 2010. *Blogistan: The Internet and Politics in Iran*. I.B. Tauris.

Stuart, Keith. 2014, Aug 12. "Why Clubs Are Using Football Manager as a Real-Life Scouting Tool." (https://www.theguardian.com/technology/2014/aug/12/why-clubs-football-manager-scouting-tool)

Suits, Bernard. 1967. "What Is a Game?" *Philosophy of Science* 34 (2): 148-156 (http://www.simulationtrainingsystems.com/game/).

Suits, B. 1978. *The Grasshopper: Games, Life and Utopia*. University of Toronto Press.

SuperData. 2015. "eSports Market Brief 2015/2016 Update" (http://superdata-research.myshopify.com/products/esports-market-brief-2015

Supponor. 2015. "How It Works" http://www.supponor.com/dbr-live/how-it-works

Sweney, M. 2015. "Facebook Instant Articles: BBC News and *Guardian* Sign Up to Initiative." *The Guardian*, May 13 (http://www.theguardian.com/media/2015/may/13/bbc-news-guardian-facebook-instant-articles).

Taylor, T. L. 2012. *Raising the Stakes: E-Sports and the Professionalization of Computer Gaming*. The MIT Press.

Tenner, E. 1996. *Why Things Bite Back: Predicting the Problems of Progress*. Fourth Estate.〔山口剛、粥川準二訳『逆襲するテクノロジー』早川書房 1999 年〕

Thompson, Derek. 2014. "Half of Broadcast TV Viewers Are 54 and Older—Yikes." *The Atlantic*, March 5 (http://www.theatlantic.com/business/archive/2014/03/half-of-broadcast-tv-viewers-are-54-and-older-yikes/284256/).

Toffler, Alvin. 1970. *Future Shock*. Pan Books.〔徳山二郎訳『未来の衝撃』実業之日本社 1970 年 中公文庫版は 1982 年〕

Toney, James. 2012. *Sports Journalism: The Inside Track*. Bloomsbury Sport.

Trabal, Patrick. 2008. "Resistance to Technological Innovation in Elite Sport." *International Review for the Sociology of Sport* 43 (3): 313-330 (doi: 10.1177/1012690208098255).

Turkle, Sherry. 1995. *Life on the Screen: Identity in the Age of the Internet*. Weidenfeld and Nicolson.〔日暮雅通訳『接続された心——インターネット時代のアイデンティティ』早川書房 1998 年〕

Turkle, Sherry. 2005. *The Second Self: Computers and the Human Spirit*, twentieth anniversary edition.The MIT Press.

Turkle, Sherry. 2011. *Alone Together: Why We Expect More from Technology and Less from Each Other*. Basic Books.

Turner, Mark. 2013. "Modern 'Live' Football: Moving from the Panoptican Gaze to the Performative, Virtual and Carnivalesque." *Sport in Society* 16 (1): 85-93 (doi:10.1080/17430437.2012.690404).

Vastag, B. 2004. "Does Video Game Violence Sow Aggression? " *Journal of the American Medical Association* 291 (15): 1822-1824 (doi: 10.1001/jama.291.15.1822).

Walser, R. 1991. "Elements of a Cyberspace Playhouse." In *Virtual Reality: Theory,Practice and Promise*, ed. S. K. Helsel and J. P. Roth. Meckler.

Weber, Ian. 2005. "Digitizing the Dragon: Challenges Facing China's Broadcasting Industry." *New Media & Society* 7 (6): 791-809.

Weitao, Li. 2007. "Internet Users to Log in at World No. 1." *China Daily*, January 24 (http://www.chinadaily.com.cn/china/2007-01/24/content_790804.htm).

West Ham United Football Club. 2016. "Hammers sign E-Sports star." *West Ham United*, Nov. 9 (http://www.whufc.com/News/Articles/2016/May/6-May/Enter-the-Dragonn).

Wikipedia. 2015. "List of best-selling video game franchises" (https://en.wikipedia.org/wiki/List_of_best-selling_video_game_franchises).

Wolf, Gary. 2010. "The Data-Driven Life." *The New York Times*, April 28 (https://www.nytimes.com/2010/05/02/magazine/02self-measurement-t.html).

Xiong, Qu. 2008. "Internet Rights Holders for Beijing 2008 Olympic Games" (http://www.cctv.com/english/20080806/106217.shtml).

原注

はじめに

(1) 2010年のバンクーバー大会でもかなりの規模でソーシャルメディア分野での活動があり、これが史上初のソーシャルメディア・オリンピックだとされていた。しかし、2012年ロンドン大会ではソーシャルメディアがさらに融合され、より包括的なアプローチが取られている。また、ロンドン大会組織委員会は開会式で、ソーシャルメディアを前面に押しだしていた。

第1章

(1) オリンピック休戦を批判する側は失敗例——オリンピック開催中も紛争が続いた例——に注目する。だが、その意義を否定するのは安易な考え方だ。最終目標が達成できないことがあっても、この制度の意義は関係組織で働く人々のネットワーク内では広く共有されている。

第2章

(1) ビットコインは2008年に設立された仮想通貨で、ピア・ツー・ピア（P2P）の処理を可能にする。
(2) この前提を批判する研究者は、聖火リレーの最終走者に彼女が選ばれたことについて、地元先住民族の人々は見せかけだけだと考えており、海外の視聴者を意識したもので、地域コミュニティでの緊張関係に貢献していないと論じている。

第3章

(1) 僅差での勝敗判定の枠組みについては、Finn 2014に詳しい。
(2) Baldwin 2012によれば、スポーツ計測を行うオメガ社のピーター・ホイツェラーは、競技会場はミリメートル単位での精度を確保するようには作られていないと述べている。1000分の1秒の差を計測するにはミリメートルまで正確に作らなければならないからだ。たとえば、水泳選手が泳ぐ距離は、プールのデザインの微妙な違いによって、レーンによって違ってくるかもしれない。そうであれば、ミリメートルの違いまで計測することは、逆に不公平になる。
(3) 2014年サッカー・ワールドカップのためにデザインされたボール「ブラズーカ」については、Goff, Asai, and Hong 2014を参照。
(4) イタリア人自転車競技選手ルカ・パオリーニは、レース中に携帯電話を使用しているところをツイッターのユーザーに撮影され、ツール・ド・フランス開催組織関係者からレース中の携帯電話の使用禁止について注意された（McMahon 2014）。

第4章

(1) 「ゾンビ・ラン」はアクション満載のゲームにランナーを没入させる。アウトドアでのランニングにオーディオでストーリーを加えることで、ランニングをもっと面白いものにするのだ。

ランナーはヘッドフォンを使って、ゲームが作りだすランニングの目標や指令を聴きながら走る。ランニングコースに現れ、追いかけてくるゾンビから、走って逃げなくてはならない。

(2) メディア批判について最後に付け加えるべき例としては、2005年のレッドレイク高校乱射事件がある。この事件では、犯人のジェフ・ワイズが事件の17日前に映画『エレファント』を見ていたと批判された[Lester 2006]。

第5章

(1) 『ジダン 神が愛した男』(2006年公開)や『泳ぐひと』(1968年公開)などの映画は、スポーツの意義を視聴者が体験する方法の別の形について気づかせてくれる。

(2) 2014年5月、グーグル社は、「グーグル翻訳」に「ワード・レンズ」を組み入れることを目的に、そのメーカーである「クエスト・ビジュアル」社を買収した。

(3) 2014年12月現在で、2013〜16年期の放映権収入は41億ドルとなっている[Owen 2014]。

(4) 事実、オリンピックはアリーナ内に「クリーン」なスペースを確保し、その範囲では、五輪マーク以外にテレビカメラに映らないようにしている。だが、オリンピック以外のスポーツ大会では、アリーナも収入源として利用されている。

第6章

(1) これには、「メイン・プレス・センター」と「国際放送センター」(合わせて、メイン・メディア・センターと総称されることもある)、さらに、様々な競技会場に設置される「特設メディアセンター」が含まれる。

(2) オリンピックでの収入のうち、放送事業体からの収入は約4パーセント、スポンサーからの収入は18パーセントになっている。

(3) この例としては、チャンネル4の2007年の番組「報道されない世界——オリンピックについての中国の嘘(Unreported World: China's Olympic Lie)」がある。中国の新たな立法措置の下で仕事をした外国人レポーターの実体験を描いたものである。

(4) 「スペース・ハイジャッカー」については、Gilchrist and Ravenscroft 2013を参照。

(5) シネマグラフの初期の成果としては、デュエイン・ホプキンスの作品がある。彼の『サンデー』は「通常の道具を放棄せよ」と題されたフェスティバルで展示された。

(6) 明らかに、この例は医者と患者の間の守秘義務に違反する。しかし、私がここで強調したいのは、スポーツの分野ではこの関係がまさに、この試みの商業的性格のおかげで危機に陥っているということだ。

第7章

(1) 公認者数はIOCのメディア担当責任者アンソニー・エドガーとの個人的会話からのものである。エドガーの任務の一つは、公認メディアリストの管理であった。

(2) だが、後でも論じることになるが、非公認メディアセンターとそれ以外のオリンピック報道

インフラの関係が密になっているということは、公式プログラムへのアクセスも多少は可能になっているということでもある。たとえば、冬季大会でのメダル贈呈会場でのイベントや文化オリンピアードでの活動へのアクセスで、これらは、通常の国際報道では取りあげられにくいものだった。

(3) 場合によっては、すべてにアクセスできる公認メンバーでも、注目イベントや特別イベントについては「アップグレードされたカード」が必要になる。たとえば、開会式へのアクセスを希望するレポーターは、開会式メディア席に入るためには特別なステッカーを記者証に貼り付けていなくてはならない。

(4) オリンピアはアテネからは車で5時間ほどの場所にあり、組織関係者は、公認ジャーナリストの多くはそんなに遠くまで出かけたいとは思わないと考えていたのかもしれない。

(5) 2004年アテネ大会のザッペイオン・プレスセンターでは、オリンピック組織委員会からの人間としては文化オリンピアードの関係者だけが来ていた。

第8章

(1) ガイドラインは、IOCメディア担当責任者のアンソニー・エドガーによって作成された。

(2) ガイドラインがあるだけで表現の自由を阻害するという意見もあるが、私の議論はそうした意見に挑戦するものである。

第9章

(1) 3年後（2015年2月5日）、契約者数は5万1742人、視聴回数1568万3645回と、あまり変わっていない。

(2) このチャンネルで初めて公開されたのは2008年だが、チャンネルそのものは2006年3月29日である。

(3) IOCが、ロンドン2012チャンネルが開始される2ヶ月前の2006年1月10日にユーチューブチャンネルを開設したことは覚えておくべきだろう。このおかげで、ロンドン大会が、ステークホルダー全体を通じてユーチューブへの統一方針が採用された初の大会となった。IOCの資産としてロンドン大会が重要な部分を占めているのはこれも一因だが、同時に、その前の夏季大会が中国開催であったことも、北京大会でのユーチューブの存在のあり方に影響しているかもしれない。

(4) これらの数字は、アレックス・バルフォアが2012年10月、大会終了後初めて行った、『ガーディアン』紙ポッドキャスト「テック・ウィークリー」のアレックス・クロトスキとのインタビューからのものである。同じ数字は、プレゼン資料共有サービス「スライドシェア」で、2012年9月10日に発表されたファイルでも見ることができる。

(5) こうした統計については、比較の単位が同じではないことを注意する必要がある。オリンピックは17日間に渡って行われるイベントである。NBCスポーツ・チャンネルはアメリカ史上もっとも視聴率が高かった「番組」は2015年のスーパーボウルで、一晩で11億4400人が視聴したという。それに比べれば、2012年ロンドン大会の閉会式は、NBCユニバーサル・チャンネ

ルで 3140 万人が見たに過ぎない。トップ 8 に並ぶ他の番組は、スーパーボウルの過去 6 大会で、長寿番組「MASH」の 1983 年最終回が 6 位に入っている。

(6) BBC は@BBC アカウント頼りで、オリンピック／パラリンピック特設アカウントのフォロワーより、こちらの方がかなり多い。

(7) 2012 年ロンドン・オリンピックとパラリンピックについて何も言及されていないのは興味深い。ロンドン大会がアート関係者の間では論争の的になり、距離を置くことになってしまったのかもしれないし、大会後も関係を維持しようとする政治的意欲がなかったせいかもしれない。どちらにしても、アート関係者にとっては、オリンピックが終わってしまうと、そのブランドも価値がなくなってしまうことは明らかだ。

第 10 章

(1) コラボを主導したのはデビー・ランダーで、彼女は、2012 年に新たに企画された大会前フェスティバル「通常の道具を放棄せよ」（共同プログラムも制作した）と、「ダダフェスト」（イギリス有数の障害者／聾者によるアートプログラム）への関心を基盤に活動した。「AND」を共同で創設した、マンチェスターの「コーナーハウス」と「アート・アンド・クリエイティブ・テクノロジー財団」がイニシアティブを支援した。FACT はコミュニティ・メディア班――「テナントスピン（TenantSpin）」――を派遣して、大会中のスタジオ設置を手伝った。

(2) このデモ行進への参加を表明した団体は、「カウンターオリンピック・ネットワーク」のウェブサイトに記載されている。参加団体名は以下の通り。
Action East End, ALARM, Athletes Against Dow Chemical's Olympic Sponsorship, BADHOC, Black Activists Rising Against Cuts, Blacklist Support Group, Bread and Circuses, Brent Trades Council, Camden and Islington Unite Community Branch, Coalition of Resistance, Communities against the Cuts, Counterfire, Defende the Right to Protest, Disabled People Against Cuts, Drop Dow Now, East London Against Arms Fairs, G4S Campaign, Games Monitor, Grunts for the Arts, Hackney Green Party, Hackney Trades Council, Hackney Woodcraft Folk, Haldane Society of Socialist Lawyers, Haringey Trades Council, Islington Hands Off Our Public Servoces, Islington Trades Council, Jewish Socialist Group, Lewisham People Before Profit, Lewisham Stop the War, Lewisham Trades Council, London Green Party, London Mining Network, Netpol, Newham monitoring Project, No Games Chicago, Occupy London, One Law For All, Our Olympics, Partizans People and Planets, Save Leyton Marsh Campaign, Socialist Workers Party, Space Hijackers, Stop the Olympic Missiles, Thurrock Heckler, UK Tar Sands Network, Wlatham Forest Trades Council, War on Want, Youth Fight For Jobs.

おわりに

(1) 賞金は、地域コミュニティからの寄付で成り立っている。2014 年、「International」コンペの賞金は 1093 万 1103 ドルに達した [e-Sports Earnings 2015]。